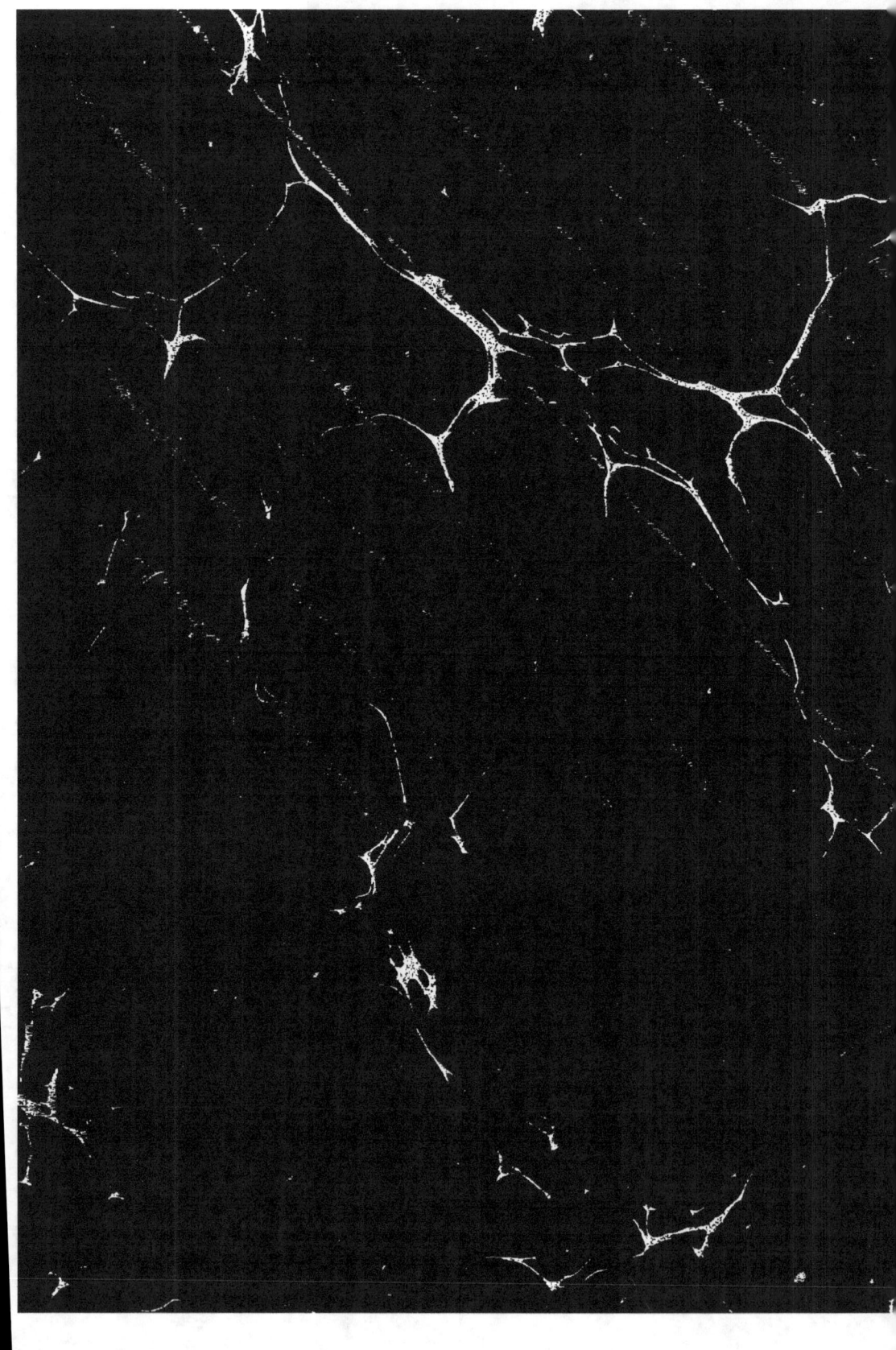

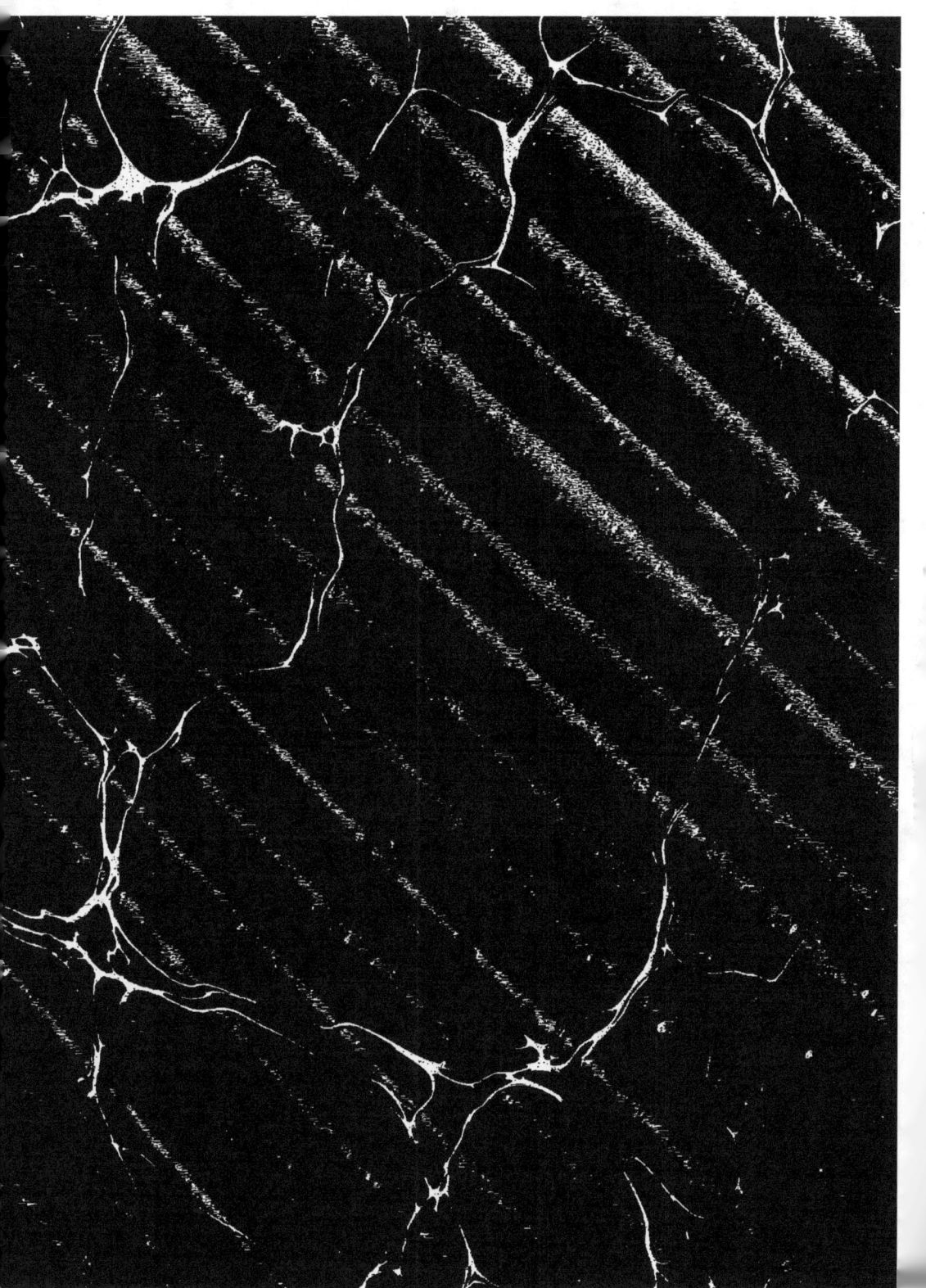

CRÉATION

OUVRAGES DE EDGAR QUINET

ŒUVRES COMPLÈTES. — 10 volumes grand format in-8°, 50 francs. Format in-18, 25 francs. — Pagnerre, éditeur, rue de Seine, 18.

TOME I. — Génie des religions, 5e éd. — Origine des dieux, 3e éd.

TOME II. — Les Jésuites, 9e éd. — L'Ultramontanisme, 4e éd. — Philosophie de l'histoire de l'humanité, 4e éd. — Essai sur les œuvres de Herder, 4e éd.

TOME III. — Le Christianisme et la Révolution française, 4e éd. — Examen de la vie de Jésus-Christ, 4e éd. — Philosophie de l'histoire de France, 4e éd.

TOME IV. — Les Révolutions d'Italie, 4e éd.

TOME V. — Marnix de Sainte-Aldégonde. Fondation de la République des Provinces-Unies, 4e éd. — La Grèce moderne, 3e éd.

TOME VI. — Les Roumains, 3e éd. — Allemagne et Italie, 3e éd. — Mélanges, 3e édition.

TOME VII. — Ahasvérus, 4e éd.

TOME VIII. — Prométhée, 3e éd. — Napoléon, 3e éd. — Les Esclaves, 3e éd.

TOME IX. Mes vacances en Espagne, 3e éd. — Histoire de la poésie, 3e éd. — Épopées françaises inédites du XIIe siècle, 3e éd.

TOME X. — Histoire de mes idées, 2e éd. — 1815 et 1840. — Avertissement au pays. — La France et la Sainte-Alliance. — OEuvres diverses, 3e éd.

MERLIN L'ENCHANTEUR. — 2 vol. in-8, 15 francs. — Michel Lévy frères, éditeurs, rue Vivienne, 2 bis.

HISTOIRE DE LA CAMPAGNE DE 1815. — 3e éd. 1 vol. in-8, 7 fr. 50. — Michel Lévy frères, éditeurs, rue Vivienne, 2 bis.

POLOGNE ET ROME. — In-8. — Dentu, libraire-éditeur, Palais-Royal.

LA RÉVOLUTION. — 2 forts vol. in-8, 5e éd., 15 fr. — 2 forts vol. in-18, 5e éd., 7 f. — Librairie internationale, Paris.

ŒUVRES POLITIQUES. — 2 vol. grand in-18, 7 fr. — Bruxelles, A Lacroix et Co.

CRITIQUE DE LA RÉVOLUTION. — 1 fr. — Librairie internationale. Paris.

FRANCE ET ALLEMAGNE. — In-18, 1 fr. — Librairie internationale. Paris.

FRANCE ET ITALIE. — In-8.

LA RÉVOLUTION RELIGIEUSE AU XIXe SIÈCLE. — 1 vol. in-8, 1 fr. — Bruxelles, Lacroix et Ce.

L'EXPÉDITION DU MEXIQUE. — In-18, 1 fr.

IDÉES SUR LA PHILOSOPHIE DE L'HISTOIRE DE L'HUMANITÉ, par Herder. — Trad. E. Quinet. 3 vol. in-8. Levrault, éditeur.

LE RÉVEIL D'UN GRAND PEUPLE. — Le Chevalier, éditeur, 61, rue de Richelieu.

Ouvrage de Mme Edgar Quinet.

MÉMOIRES D'EXIL (Bruxelles, Oberland). 1 vol. in-18, 3 fr. 30. — Librairie internationale. Paris, 15, boulevard Montmartre. A. Lacroix, Verboeckhoven et Ce.

Imprimerie L. Toinon et Cie, à Saint-Germain.

LA
CRÉATION

PAR

EDGAR QUINET

TOME DEUXIÈME

PARIS
LIBRAIRIE INTERNATIONALE
15, BOULEVARD MONTMARTRE
A. LACROIX, VERBOECKHOVEN ET Cⁱᵉ
Éditeurs à Bruxelles, à Leipzig, à Livourne

—

1870

Tous droits de traduction et de reproduction réservés.

LA CRÉATION

LIVRE SEPTIÈME.

L'HOMME.

CHAPITRE PREMIER.

SI LA PREMIÈRE ÉPOQUE DE L'APPARITION DE L'HOMME A ÉTÉ L'ÉPOQUE GLACIAIRE. — TABLEAU DE CETTE ÉPOQUE. — L'HOMME ET L'OURS DE CAVERNE. — L'HOMME ET LE MAMMOUTH.

Ici m'attendait une des contradictions qui devaient m'embarrasser le plus dans mes recherches sur l'origine de l'homme. Quand a-t-il paru pour la première fois? à quel moment de la vie universelle placerai-je son berceau? quelles furent les heureuses dispositions de tout ce qui l'entourait sur la terre et dans le ciel, à l'heure où il surgit du milieu des êtres inférieurs ?

Sans doute la nature entière sourit ce jour-là de son plus doux sourire au nouveau-né. Ce fut une heure de fête; et j'y voyais concourir tout ce que la terre enfermait alors de parfums et de vie. Quel oiseau refuserait son hymne de bienvenue à ce préféré de la nature? quelle fleur sa corolle? quel insecte son bruissement? quel rayon de soleil sa chaleur et sa magnificence? Oui, assurément, c'est dans une heure de plénitude et de jeunesse que l'homme a été enfanté et qu'il s'est montré à la lumière du monde.

Voilà ce que je répétais avec les premières mythologies, avec les poëtes, avec le bon sens du genre humain, auquel je croyais, cette fois, pouvoir me confier sans crainte. Mais quelle fut ma surprise, et pour mieux dire, ma confusion, quand m'étant tourné vers les savants, je vis qu'ils rejetaient comme une fable l'idée de cet épanouissement du monde, à l'époque de l'apparition de l'espèce humaine !

Pour eux, au contraire, ils faisaient coïncider cette première rencontre de l'homme avec ce qu'ils appellent l'époque glaciaire (1), époque de mort, pour notre hémisphère boréal, où toute vie était ensevelie sous un immense linceul de glace. Pour la première fois, la neige tombe; elle couvre une partie de notre continent. Si elle se fond, c'est pour se convertir en névés ; la température, qui baissait depuis la période miocène, achève de tomber, comme si la vie allait finir. Vous diriez la nature frappée d'une mort prématurée.

(1) M. E. Desor. *Le Cimetière de Hallstatt.* Extrait de la Bibliothèque universelle, p. 1. « Après la constatation de la présence de l'homme à l'époque glaciaire. »

Ed. Lartet. « Il n'y a pas de caverne habitée avant l'époque glaciaire. » *Congrès international d'anthropologie et d'archéologie préhistoriques*, p. 133. 1867.

Boyd Dawkins, ibid., p. 96.

« La botanique confirme que les plus anciens habitants, dont nous ayons trouvé les traces dans notre pays, ont vécu dans un climat glacial. » Albert Stendel. *Congrès d'anthropologie*, 1867, p. 150. Notice sur les débris de Renne trouvés avec des instruments, près de Schussenried.

Charles Lyell. *L'Ancienneté de l'homme prouvée par la géologie*, traduit par M. Chaper. « Phases successives du développement de l'action glaciaire dans les Alpes. Relation probable de ces phénomènes avec la plus ancienne date connue de la présence de l'homme. » Ch. xv, p. 304.

Frédéric Troyon. *L'homme fossile.* « Les plus anciennes traces de l'homme, nettement constatées, nous reportent après les dépôts glaciaires. » Page 120.

Et c'est ce moment d'évanouissement, c'est ce grand sépulcre que l'on dit être le berceau de l'homme ! Il serait donc né dans la décrépitude et dans la mort, enveloppé de langes de neige et de frimas ?

Interrogeons-nous. Portons-nous en nous-mêmes le sceau éternel de ce monde glaciaire ? est-ce bien là notre fond originel ? ne sommes-nous que les fils de l'hiver et de l'enfer de glace ? est-ce là tout notre être ? n'avons-nous en nous-mêmes, enfouis au plus profond de notre esprit, aucune réminiscence, aucun rejaillissement, aucune parcelle d'un rayon de soleil et d'amour ? J'ai froid en faisant cette question.

Il faut, en effet, regarder de plus près ce berceau glaciaire d'où l'on nous fait sortir : une mer demi-congelée qui charrie çà et là des montagnes flottantes ; l'Angleterre, tantôt engloutie, tantôt émergée, tour à tour île et continent ; les hautes terres de la Scandinavie et de l'Écosse moulées dans des blocs immobiles ; l'intérieur de notre continent semblable, en partie, à un Groënland européen ; les sept glaciers de Suisse poussant devant eux leurs moraines, deux au midi, en Italie, les cinq autres au nord, transportant à plusieurs mille pieds au-dessus des lacs, les blocs erratiques avec les roses alpines du Simplon et du Saint-Bernard, sur les sommets du Jura.

A mesure que ces grands fleuves de glace font un pas, ils gravent patiemment au burin leurs lignes de passage sur les deux flancs striés des vallées, où ils descendent : écriture mystérieuse, inscriptions éternelles où l'on déchiffrera plus tard leur histoire, quand elle sera écoulée, et qu'ils auront fait place à la vie renaissante de toutes parts. Mais à l'époque dont nous parlons, ils étendent au loin leurs froids déserts d'où émergent, à mi-corps, les pics des Alpes. Ces blancs fantômes surgissent du blanc sépulcre de neige.

Aujourd'hui, si l'on regarde ce qui reste de ces fleuves glacés, on dirait qu'ils ont été pétrifiés instantanément, alors qu'ils se précipitaient dans une nuit de mort et d'horreur. Car ils sont sillonnés à leur surface par des ornières que l'on croirait creusées sous les roues de chars gigantesques, emportés dans une course furieuse. Mais ce qui paraît l'œuvre d'un moment est, au contraire, l'œuvre d'une éternité froide et patiente. Dans les profondeurs, s'ouvrent des grottes bleuâtres, d'où s'étendent des rivières gelées qui étaient comme les bras et les tentacules allongés des glaciers.

A mesure que le glacier descendait de siècle en siècle, les plantes alpines qui lui faisaient cortége descendaient avec lui; elles le bordaient de leur guirlande, et refoulaient devant elles les plantes sous-tropicales des époques antérieures. Le jour vint où la flore glacée des hautes Alpes, descendue dans les plaines, se répandit jusqu'aux régions du pôle. Le glacier de l'Europe centrale faisait sentir au loin son haleine; les mousses de Laponie croissaient en Suisse, en France, en Allemagne. Et ce n'était pas seulement en Europe que la nature semblait s'abandonner et périr. Le désert de Sahara était caché sous une mer morte. Il ne pouvait plus répandre au loin son souffle de feu, le fœhn, pour fondre les neiges accumulées. Dans l'autre continent, l'Amérique était de même coiffée de glace à 10 degrés plus au sud que l'Europe.

Où s'arrêtera ce déluge glaciaire? La mer de glace a eu, comme la mer des temps précédents, ses époques où elle semblait vouloir tout envahir.

Puis, à un certain moment, elle s'arrête, dans son mouvement insensible. « Tu n'iras pas plus loin. » Cet ordre a-t-il été donné aussi à ses flots pétrifiés? Elle recule, puis elle revient encore; enfin, elle se retire pas à pas. Et dans ces vallées à peine essuyées qu'elle vient de quitter, qu'ai-je vu? l'homme. Oui, sur ce sol humide encore, je rencontre pour la première fois l'homme tel que je le connais. Il erre, en même temps que le grand ours de caverne, l'éléphant primigenius et le rhinocéros; ces derniers se sont couverts tous deux d'une épaisse fourrure pour résister au climat du pôle, étendu au milieu de l'Europe.

Le voilà donc enfin celui que je cherchais, l'homme (1), le favori de la nature. Tout l'atteste, il est impossible de douter de sa présence. Voilà l'homme, c'est lui! Mais quel étrange avénement! partout le silence, le froid, un horizon sibérien, les eaux qui ne se distinguent pas de la terre, sous leur manteau de neige. A mesure que se retire la mer glaciaire, il la suit; il entre tout

---

(1) V. Frédéric Troyon. *L'Homme fossile*. 1867. V. a note supplémentaire, par E. Renevier, sur *les divers moments de l'ère moderne ou humaine*, p. 180.

frissonnant dans le lit encore humide des océans. Il en sort, en brisant, de sa hache de pierre, la surface durcie des fleuves pour y chercher sa nourriture ou étancher sa soif. C'est ainsi qu'on le rencontre, pour la première fois, en France dans la vallée de la Somme, en Wurtemberg à Schussenried, en Belgique dans la grotte d'Engis, en Suisse au Salève. C'est ainsi qu'il arrive dans les îles Britanniques, partout également misérable, également étranger à la terre qui se refuse encore sous ses pas. Si c'est là, en effet, son berceau, avouons que tout est fait pour lui apprendre à s'endurcir au dedans, à se roidir au dehors, à lutter contre une nature marâtre, inexorable à son nouveau-né.

Dans cet abandon de l'univers entier, quel est son premier compagnon, son contemporain, avec lequel il semble vivre d'une vie commune? Car partout ils se retrouvent ensemble. C'est le grand ours de caverne, Ursus spelæus, le plus ancien des carnassiers de cette époque, celui qui s'éteindra le premier, en ne laissant que des représentants qui ne donnent l'idée ni de sa grandeur, ni de sa force.

L'homme s'attache à ses pas; et, imitateur en

naissant, qui sait jusqu'à quel point il se fait son disciple et son émule dans l'art de se creuser une caverne, de l'habiter, de se bâtir une hutte, de s'y blottir pour attendre une proie, de briser les os dans leur longueur pour en chercher la moelle? Heureux si, après tout cela, il peut aussi lui prendre sa fourrure.

Les forces de cet ours indomptable commencent à s'user. Il décline, l'espèce va disparaître. Il faut à l'homme un nouveau contemporain, plus puissant, plus industrieux, qui marque pour lui la période nouvelle. Voici l'ancêtre des éléphants (Elephas primigenius), le mammouth qui précède le troupeau de tous les êtres animés, sur lesquels il règne par sa masse autant que par son intelligence. Cosmopolite, il a étendu son domaine sur tout l'hémisphère boréal. Ce vaste monde de mort lui appartient; il y est conforme en tout.

Et d'abord, il s'est enveloppé d'une épaisse toison, comme d'un manteau; son cou s'abrite sous une crinière qui défie les frimas. Que de leçons il peut donner à l'homme dans l'art de vaincre une nature ennemie! Il sait déterrer sous la neige la végétation que l'hiver glaciaire a épargnée. C'est lui qui connaît les oasis de verdure, dans les déserts de glace qui commencent à fondre. Que l'homme suive seulement ses pas; il apprendra où sont les sources d'eau douce, où sont les pommes de pin que l'écureuil a commencé à entamer, où sont les racines alimentaires cachées dans le sol ; comment on peut briser la surface durcie des fleuves, labourer, d'une dent d'ivoire, la terre sous la neige amassée, parvenir aux lieux où croissent les noisetiers, les noyers, les néfliers, les châtaigniers d'eau qui viennent de se montrer et de verdir au pied des monts, dans les golfes et les fiords de la mer glaciaire, diminuée et desséchée.

Surtout, en voyant les manteaux velus du mammouth et du rhinocéros, il apprend d'eux à se faire aussi une crinière, une enveloppe de fourrure, une toison, à coudre autour de lui les peaux de la race déclinante de l'ours de caverne, son ancien compagnon, vieillissant et bientôt désarmé. Car l'homme ne peut rester nu plus longtemps, tel que la nature l'a fait, quand tous les autres sont vêtus autour de lui.

Depuis qu'il est ainsi vêtu et protégé à l'égal

du mammouth, où n'ira-t-il pas? Il le suivra dans son domaine illimité de la Sibérie au Périgord, de l'Allemagne au Groënland, de l'Oural aux lacs de l'Ohio et de la Pensylvanie. Dans le lit de la mer glaciaire, le mammouth, au bord de la plage, tâte le terrain de son pied massif. Il ouvre le chemin, l'homme suit; la vide immensité est peuplée.

CHAPITRE II.

L'HOMME ET LE RENNE. — PREMIÈRE ÉDUCATION DE L'HOMME PAR L'ANIMAL. — ART DU DESSIN DE L'HOMME FOSSILE. — AGE DU RENNE. — COMPARAISON AVEC L'ÉTAT DE L'HOMME DANS LA SIBÉRIE ACTUELLE.

Cependant, le temps vient où le mammouth décline à son tour, sous une force invisible. Des troupeaux de ces colosses, il ne reste plus que des groupes, et ceux-ci sont de plus en plus rares. Le géant de l'époque glaciaire erre seul au loin. Même aux confins du pôle, il ne trouve plus le monde qui lui est conforme. Soit que la température boréale ne soit plus assez âpre pour lui, soit que l'homme, armé de flèches de pierre, ait osé l'insulter, le harceler et le parquer dans quelque région morte, où la vie herbivore était impossible, soit qu'il commence à être embarrassé de sa toison et de sa crinière, il dépérit à mesure que la terre se réchauffe. Il se dérobe, il se réfugie obscurément dans quelque fiord de la mer polaire, comme aujourd'hui le bison au plus épais des forêts de Lithuanie. Avec lui périt toute une époque dont lui seul marquait le souvenir. Il en était le monument.

A sa place, voici le troupeau de rennes qui s'élance, comme s'il prenait lui seul possession du grand héritage de neige abandonné par l'éléphant chevelu. Le renne trouve, dans l'Europe centrale, en Allemagne, en France, dans le Périgord une mousse diluvienne (Hypnum diluvii), analogue à celle qu'il trouve aujourd'hui en Laponie, au Groënland, au Labrador. On a découvert dernièrement son bois ouvragé par la main humaine, jusque sur le terrain erratique de l'ancien glacier du Rhin ; preuve certaine que le renne et l'homme vivaient ensemble sur le sol détrempé de la mer glaciaire, dans l'Europe centrale. C'est là, au moment où j'écris, le point le plus reculé de cette chronologie mouvante, où l'animal sert de date à l'histoire diluvienne. Et qui sait, si demain, cette même date ne sera pas portée plus loin, dans le passé, par une autre découverte?

On a toujours parlé de l'éducation de l'animal par l'homme; disons aussi quelque chose de l'éducation de l'homme par l'animal. Les êtres qui l'ont précédé lui ont assurément légué une partie de leur expérience. Et qu'est-ce que l'animal pouvait enseigner à l'homme? En premier lieu, la connaissance de la terre habitable. D'après une légende, les barbares ont appris l'existence de l'Europe, en poursuivant un cerf à travers le Palus Méotide. Combien de fois cette légende a dû se réaliser pour l'homme de l'époque glaciaire! Ce n'est pas seulement le Romain qui a été élevé par la louve, c'est l'homme. En voyant les premiers tissus grossiers de l'homme post-glaciaire, j'ai peine à ne pas croire qu'il a appris d'abord à tisser la toile, à l'exemple de Minerve-araignée.

L'ours de caverne lui a appris le chemin des lieux montagneux, celui des antres formés par l'éboulis des rochers. C'est en suivant le mammouth qu'il a pénétré dans les marécages et les vallées profondes. Mais, avec le renne, quel espace s'ouvre devant lui dans les steppes moussues, stériles, qui se perdent à l'horizon! Aucun objet ne semblait pouvoir l'y attirer jamais. Si, avec l'ours, il s'est fait un premier domicile fixe dans un rocher ou dans un tronc d'arbre, il a dû changer de mœurs avec le renne et devenir promptement nomade comme lui. Les sentiers intelligents, tracés par les rennes, l'ont amené, à Genève, au pied du Salève, dans les vallées du Rhin, et de là, dans celle de la Tamise.

Ce qui se voit, de nos jours (1), dans le nord de la Sibérie, chez les Yakoutes, les Toungouses, a dû se passer dans le centre de l'Europe. L'homme attendait le passage des rennes dans leur double migration de chaque année. Il s'embusquait, pour les surprendre, sur les bords de la Garonne, de l'Adour, du Rhône, de la Somme, de la Meuse et du Rhin, comme il s'embusque aujourd'hui aux bords des affluents de la Léna, de la Kolima et de l'Amouy dans les toundras de Sibérie.

(1) V. *Le Nord de la Sibérie*, voyage parmi les peuplades de la Russie asiatique et dans la mer glaciale, entrepris par ordre du gouvernement russe par MM. de Wrangel, amiral, chef de l'expédition, Matiouchkine et Kozmine, officiers de la marine russe, traduit par le prince Emmanuel Galitzin. 1843.

S'il manquait le passage, c'était un malheur irréparable, une cause d'angoisse et de famine pour toute une saison ; et, dans des langues encore monosyllabiques, semblables au râlement des rennes, éclatait une plainte funèbre qui remplissait la contrée. Au contraire, s'il avait été bien inspiré dans le choix de son embuscade, s'il s'était trouvé à son poste au bord du fleuve, à l'endroit et au moment où le grand troupeau se jetait, par milliers, dans les flots glacés des rivières de France, de Belgique ou d'Allemagne, la scène était différente. Armé de haches et de couteaux de silex, il se précipitait à la nage ou dans un tronc d'arbre creusé sur la horde des rennes qui s'embarrassaient l'un l'autre de leurs cornes rameuses, au milieu des flots.

Il les égorgeait de son large couteau de pierre et teignait de leur sang les neiges des deux rives. Alors c'étaient des hennissements de joie, et un jour de fête, tel qu'on peut se le représenter chez l'homme fossile. Car il pouvait, ce jour-là, rassasier sa faim ; et peut-être avait-il déjà appris à se ménager sa pâture pour le lendemain, en laissant plonger les cadavres de rennes dans l'eau, ou en les enfouissant dans un bloc de glace.

Du moins, il savait dépecer les peaux avec des lames de pierre, et les coudre avec des aiguilles d'os. Son vêtement était donc assuré jusqu'à la prochaine saison, et aussi, en partie sa nourriture. Quelle richesse! quel loisir! il a non-seulement le nécessaire, mais le luxe. Il va en profiter pour se donner un art.

C'est, sans doute, en effet, à la suite d'une chasse heureuse, qu'il se met à graver de son silex sur l'empaumure et le merrain des bois du renne ou du cerf gigantesque, la figure de l'animal tombé sous ses coups; premier art, premier instinct du sculpteur et du peintre, qui a toujours manqué aux Toungouses, aux Lapons et aux Samoièdes, même lorsque les joies du chasseur de l'époque glaciaire se sont retrouvées pour eux.

Dans les dessins, les sculptures de l'homme glaciaire, on sent, en chaque trait, la netteté du coup d'œil, la précision de l'observation qui font le peuple chasseur. Combien l'animal qui a servi de modèle, mammouth, renne, ours, cerf, cheval, loutre ou castor, a été lentement épié dans l'embuscade! Comme le trait caractéristique, celui qui doit frapper l'homme de proie, est indiqué avec vigueur dans ces esquisses! Que de fois l'artiste fossile a dû suivre et épier le mammouth dans ses retraites profondes, pour reproduire ainsi, en quelques entailles, sa tête, son petit œil, sa longue crinière! Le mammouth est visiblement en marche et en troupeau, tel qu'il a été rencontré; il s'avance sans crainte de l'embuscade. Suivez-le des yeux. Sans doute, ce qui redouble sa confiance, c'est que, malgré le poids énorme de son corps, il ne fait aucun bruit en marchant; il arrive où il veut, sans que ses pas rompent le silence des forêts. Car ses pieds sont enveloppés comme d'une ouate qui amortit le choc; plus les mouvements de ces colosses sont puissants, plus ils sont mesurés (1). C'est le moment de surprise où il apparaît qui revit dans l'œuvre du chasseur.

Ces figures ne sont point celles d'un peuple religieux, tel que l'Égyptien qui corrige et change la nature pour la rapprocher de son idole. Ce ne sont point les ébauches d'un peuple idéaliste, tel que le peuple grec, qui, dans son

(1) Thomas Baines. *Voyage dans le sud-ouest de l'Afrique*, p. 174.

lion sculpté de la porte de Mycènes (1), cherche déjà à embellir le lion rugissant de Némée. Les sculptures de l'homme fossile sont l'art d'un peuple chasseur qui vit de proie, aime la proie, ne trouve rien de plus beau que la proie, la reproduit telle qu'elle est sans la changer ni l'embellir, avec le seul but de la reconnaître et de la saisir encore une fois toute vive au passage.

(1) V., dans mes œuvres complètes, *la Grèce moderne* T. V, p. 310.

CHAPITRE III.

LA FRANCE CENTRALE A L'ÉPOQUE DU RENNE.

Nos vignobles de Bourgogne ont été aussi d'abord d'impénétrables halliers, peuplés de tigres, d'ours, d'éléphants, à travers lesquels se dérobait l'homme, rare encore, à face de Mongol. Je voudrais voir, à cette même époque, la Bresse, mon coin de terre natale. Quelle était sa forme, son aspect? Quel butin attirait les chasseurs mongols, affamés, sous nos forêts de chênes et de bouleaux? Une chose importante, le désir de ramasser, dans nos *crau* (1), les cailloux roulés de silex pour en faire leurs premières armes, haches, hachettes, lances, casse-têtes.

(1) Il y a aussi des crau en Bresse comme en Provence. Voyez *Histoire de mes idées*, p. 254.

Savaient-ils déjà bander un arc, décocher une flèche? Ou l'arc leur était-il inconnu comme il l'était de nos jours chez les Australiens, les Cafres, les Néo-Zélandais? Avec les rennes, le Mâconnais prit l'aspect de la Laponie actuelle. On vient de découvrir (1), à Solutré, près de Mâcon, des ossements de rennes, mêlés à ceux d'un mammouth et à des restes humains. Preuve qu'il y avait déjà, dans cette peuplade mongoloïde, des sacrifices d'animaux, sur la tombe des chefs, comme, plus tard, chez les Scythes d'Hérodote.

Que d'époques s'écoulèrent jusqu'au jour où la tribu mongole établie en Bourgogne vit arriver pour la première fois la race nouvelle, Celtes, Aryens, Celtibères, avant-coureurs des Gaulois! Quels combats se livrèrent les anciens maîtres du sol et les nouveaux? Comment se mêlèrent-ils? Chacune de nos landes et de nos forêts contient une partie de cette histoire. Les naturalistes, en voyant les types divers, mongoloïdes, celtibères, romains, burgondes, persister dans les familles du même village, lisent

(1) De Ferry. *L'homme pré-historique en Mâconnais*. 1868. P. 14, 23. Discours de Réception, p. 8, 13.

cette ancienne histoire écrite encore dans les traits des hommes de nos jours.

Le campement de quelques centaines de chasseurs retranchés sur la montagne rocheuse de Solutré, voilà un des embryons de la nation qui sera un jour la Gaule aux mille clans, puis la France. Partout au loin, la solitude, le silence, comme aujourd'hui dans les savanes de l'Ouest américain.

CHAPITRE IV.

PREMIÈRE IDÉE DE L'IMMORTALITÉ DANS L'HOMME FOSSILE.
PREMIER GERME DES RELIGIONS ET DES DIEUX (1).

Approchons de cet homme que nous avons aperçu aux limites du monde glaciaire. Il a déjà vu passer devant lui deux époques, et, comme deux dynasties, qui se sont succédé l'une à l'autre, celle du grand ours et celle du mammouth. Toutes deux lui ont disputé l'empire.

Maintenant il règne sans rival sur le peuple désarmé des rennes dont il n'a rien à craindre, et dont il tient presque tout ce qu'il possède. Ces époques premières ne sont pas séparées par

(1) Voyez, dans mes œuvres complètes, le *Génie des Religions*, p. 26, 28.

des révolutions subites ; elles se fondent l'une dans l'autre. Voyons quels traits communs leur appartiennent à toutes.

A l'époque la plus lointaine, si je poursuis l'homme, de grotte en grotte, jusque dans celle des ours gigantesques, je m'attends à le surprendre dans la condition la plus inférieure, dans le dénûment le plus complet que je puisse imaginer. Au lieu de cela, quelle surprise ! A l'entrée de son antre, j'aperçois de loin, pardessus les forêts, une mince fumée qui s'échappe à travers les branches d'arbres. A ce signe, je reconnais, comme dans Homère, la demeure de l'homme.

Quoi donc! à l'époque où l'homme coexistait avec les espèces éteintes, ours, éléphants, rhinocéros à toison, l'homme connaissait déjà l'usage du feu ! il avait déjà reçu au temps de l'Ursus spelæus et de l'Elephas primigenius le feu de Prométhée ! Et comment avait-il reçu, pour la première fois, ce présent du Titan ? En quel lieu ? depuis quand ? A cette seule question, combien le passé recule encore !

Une chose est certaine. Je vois dans les grottes d'Aurignac, d'Engis, son foyer de larges dalles, rougies par le feu. Il vient d'y traîner des corps entiers d'ours, de cerfs géants, de rennes ; il fait rôtir leur chair, il calcine leurs os, il prépare le repas pour lui, pour ses compagnons et pour sa famille de troglodytes.

Sait-il déjà, à la manière des Toungouses et des Yakoutes de Sibérie, allumer une mèche de mousse et la tremper dans la graisse de baleine ou de morse? cela est douteux. Du moins il sait entretenir la flamme, la rallumer si elle s'éteint ; ce que n'a jamais essayé aucun animal. Dès le premier moment, voilà l'homme distingué de tous les êtres. Il a déjà un foyer.

Autour de lui, pas un seul animal domestique ; parmi tant d'êtres inférieurs, aucun ami, tous hostiles, même le chien. Nul troupeau, excepté sauvage ; et de là, pas même encore, l'usage du lait des rennes, comme chez les Sibériens, ou du lait des chèvres de Polyphème. Nul métal, nul effort pour se servir de celui que le hasard fait rencontrer ; point de plantes céréales ; et pourtant, dans une si grande misère, déjà l'art du potier, celui des vases de terre, l'art perfectionné de tailler le silex, de le chercher au loin, de le colporter de contrées en contrées, de s'en faire des haches, des couteaux-poignards, des lances, des pointes de flèches; et, qui le croirait, déjà le désir de s'orner de colliers, de bracelets, de figurines d'ours taillées dans des andouillers de cerfs; et, pour cela, toute une collection d'outils et d'instruments de travail: poinçons, polissoirs, biseaux; c'est-à-dire, l'industrie et le travail établis dès les assises inférieures des dépôts diluviens.

Cet homme, compagnon de l'ours de caverne, vous croiriez que le soin de vivre doit suffire pour l'occuper tout entier. La difficulté de chaque jour est si grande! Sans doute, il ne peut y avoir place dans ce dur cerveau que pour les nécessités dévorantes du moment. Atteindre sain et sauf le lendemain, n'est-ce pas là toute son ambition? Eh bien! non; voici la nouvelle surprise qu'il me prépare.

Cet homme qui est, pour moi, comme un nouveau-né, à peine venu à la lumière du monde, a une pensée qui l'obsède. Quelle pensée? Celle de ses morts. Il leur fait un abri, avant d'en avoir un pour lui-même; il les range, accroupis, au fond de sa grotte, comme ils l'étaient dans le sein de leur mère.

C'est donc, à ses yeux, une seconde naissance que la mort de ses compagnons! Près d'eux, il place des armes, haches, flèches de pierre, pour qu'ils puissent chasser le mammouth, le cerf au bois gigantesque, ou le renne. De plus, il répand, à leurs côtés, des membres dépecés d'ours et de chevaux pour rassasier leur première faim.

Cela fait, il ferme d'une pierre l'entrée de ce premier sépulcre, et il s'en va.

Mais il a posé si solidement cette pierre que les tempêtes diluviennes ne pourront l'ébranler; elles passeront, et ne réussiront pas à la desceller. Les ours, les hyènes, les grands chats de caverne viendront à leur tour, ils essayeront en vain de la renverser; leurs ongles s'useront dans ce travail; leurs espèces disparaîtront et cette même pierre restera debout.

C'est qu'elle enferme ici la première pensée de la société humaine, le lien des vivants et des morts dans le premier rite des funérailles, au milieu du monde des mammouths qui vont achever de disparaître. Pour la première fois, une génération se souvient de la génération qui l'a précédée. Chose absolument nouvelle dans le monde, les êtres ne se suivent plus, comme un torrent aveugle.

Dans cet être, en qui je ne savais s'il fallait voir un égal ou un esclave de tous les autres, l'instinct de l'immortalité vient de se révéler au milieu de ses morts. Combien, après cette découverte, il me paraît différent! que je l'observe avec plus d'attention et de curiosité! Quel avenir je commence à entrevoir dans cet animal étrange qui sait à peine se construire pour lui une hutte meilleure que celle de l'ours, et qui déjà s'inquiète de donner une hospitalité éternelle à ses morts! il me semble que je viens de toucher la première pierre sur laquelle repose l'édifice des choses divines et humaines. Après ce commencement, le reste est aisé à concevoir.

Il vient de se passer là quelque chose de plus difficile, de plus fécond que la construction de Thèbes et de Persépolis. Par cette étroite porte caverneuse font leur entrée dans le monde, les vastes pensées obscures qui seront les religions et les dieux. Ours de caverne, éléphants, rhinocéros velus, retirez-vous, disparaissez. Votre règne est fini; celui de l'homme a commencé.

Un jour le capitaine Cook rencontra subitement, dans les mornes de Van Diémen, un sauvage, au plus bas de l'échelle humaine ; il s'avança vers lui et l'embrassa : il avait reconnu l'homme. Nous aussi, dans le contemporain de l'ours de caverne, nous venons de découvrir l'homme. Il est des nôtres, nous l'avons reconnu au premier tombeau. Approchons-nous ; de l'autre extrémité des temps et de l'histoire, donnons-lui la main.

CHAPITRE V.

QUE L'HOMME N'A PU NAITRE DANS L'ÉPOQUE GLACIAIRE.

Si les anciens avaient su que l'homme nous apparaît, pour la première fois, sur la limite des glaces éternelles, que de traits ils auraient ajoutés à la peinture de sa misère originelle ! Ce n'est donc pas assez de naître en pleurant; il faut encore qu'il naisse nu et tremblant dans un monde qui le repousse et semble le haïr. Voilà des traits que Pline n'eût pas manqué d'ajouter à son tableau sinistre de l'arrivée de l'homme en ce monde.

Car, dans le temps où le christianisme ravalait l'orgueil de l'homme et faisait si bon marché de ce favori de la nature, le paganisme, dans Pline, noircissait encore les couleurs; il montrait dans l'homme, non un coupable, mais un condamné, que la nature attendait pour s'en faire un jouet : « Animal pleureur qui doit commander aux autres. »

Combien cette philosophie désespérée se serait plu au spectacle de l'homme nouveau-né, jeté nu et proscrit, en naissant, dans un monde sibérien ! Mais les imaginations désolées, telles que celles de Pline, n'ont pu approcher de ce qui semble aujourd'hui la réalité, d'après le dernier mot de la science. Et c'est là justement ce qui me porte à penser que ce mot n'est pas le dernier, qu'il s'expliquera par des découvertes nouvelles, et que l'homme naissant ne restera pas à jamais muré dans ce berceau de glace.

On vient de retrouver, ces jours-ci, les contemporains de l'homme, l'Ursus spelæus, l'Elephas antiquus, le Rhinoceros hemitæchus, recouverts par les blocs erratiques des glaciers. Ils vivaient donc avant que les glaciers fussent étendus, puisqu'ils sont ensevelis sous leurs dépôts ; et s'ils vivaient, ne faut-il pas en dire autant de leur compagnon, qui semble inséparable d'eux, de l'homme qui a connu, pratiqué leur espèce? Ce n'est là, il est vrai, qu'une induction que tout le monde n'admet pas, et qui a besoin d'être confirmée; mais elle est grave ; elle renferme et laisse pressentir toute une série de faits nouveaux.

D'ailleurs, si j'ai rencontré, pour la première fois, l'homme au bord du glacier de l'Europe centrale, s'ensuit-il qu'il y soit né? Tant s'en faut. Il y est arrivé en suivant les sentiers tracés par les rennes. Il a pénétré, à la suite des ours, aux confins de la terre habitable; mais ce ne peut être là sa première demeure.

Je l'ai trouvé accroupi auprès d'un foyer. Dirai-je qu'il a eu un foyer préparé en naissant ?

Non, sans doute; et de même que nous établissons les époques de l'homme avant l'âge du bronze et des métaux, il faut porter plus loin les bornes de cette histoire et ajouter, à ce passé, tout un long âge de l'homme avant le feu.

S'il y a eu évidemment un temps où il n'en connaissait pas l'usage, et s'il ne pouvait lutter contre l'hiver, c'est une nécessité qu'il ait apparu sur la terre, dans une contrée et une époque tempérées, où il pouvait se passer de la chaleur empruntée à la flamme. Il est le plus nu des êtres ; il faut donc qu'il soit venu au monde dans une région où il n'avait pas besoin d'être vêtu pour résister aux frimas. Dans une pareille misère, les rayons d'un soleil bienfaisant ont dû être longtemps son unique vêtement et son seul foyer.

Que tout cela nous rejette loin de notre hémisphère boréal à l'époque glacière! J'ai beau voir s'avancer sur la terre gelée le rhinocéros et le mammouth velu en compagnie de l'homme; je me dis que l'homme n'a pas surgi de ce désert de glace; il y est entré et l'a traversé, il n'y est certainement pas né.

Là où la science m'abandonne, je consulte la vie. Je vois l'activité fiévreuse de l'homme, cet esprit qui ne connaît pas de saison, ce génie des tropiques qui ne sait ce que c'est que s'engourdir, à la manière des ours, cette course que rien ne ralentit, cette flamme qui ne peut s'éteindre ni dans le bien ni dans le mal ; et j'en conclus, prématurément peut-être, mais avec certitude, que cette flamme inextinguible a été allumée, pour la première fois, sous un ciel hospitalier, sur une terre amoureuse, au rayon du soleil qui a laissé ses étincelles dans les Védas, non point au milieu des animaux à fourrure de la région glaciaire, mais au milieu d'une faune sous-tropicale, avant que l'éléphant et le rhinocéros aient eu besoin de se faire leur toison et de se couvrir de laine.

Le cœur humain, tout seul, à défaut d'autres preuves, protesterait contre l'origine glaciaire. Bon ou mauvais, il dit assez haut qu'il n'est pas né dans la mer de glace.

Cette terre hospitalière, ce ciel indulgent où sont-ils? On le saura peut-être un jour. Il suffit de dire aujourd'hui que l'homme, aventuré dans es glaces de notre hémisphère, avait déjà pourtant une ébauche d'art et d'industrie dans les cavernes du Périgord et de la Meuse. Peut-être, n'était-il qu'un groupe égaré d'une race humaine, qui, ailleurs, sous un climat moins hostile, avait déjà fait de plus grands pas au-dessus de la nature brute.

Sans poursuivre cette hypothèse qui ne peut être aujourd'hui ni prouvée ni démentie, je m'attache aux traces de cet homme que je viens de reconnaître. Pendant la longue durée de son existence, que fait-il?

Il voit, autour de lui, les espèces éteintes disparaître et s'enfouir, l'une après l'autre, dans les grottes qui se superposent d'étages en étages dans les nécropoles antédiluviennes ; le mammouth succéder à l'ours de caverne, le renne au mammouth ; à ses pieds les vallées se creuser, le niveau des lacs baisser. Mais comme ces changements se font insensiblement, il ne s'en aperçoit pas. Il croit avoir autour de lui les mêmes choses, la même nature ; lui-même, il participe de cette apparente immutabilité.

A peine si, dans cette longue série de siècles, il change la forme de ses armes, de sa flèche. Sa hache était ovale, oblongue ; il la fait en ciseau. Voilà une de ses révolutions. Ce Samson antédiluvien se taille, en massue, des mâchoires non d'ours, mais d'ânes. Et ces changements sont eux-mêmes si lents, qu'il est aussi impossible de les saisir, à leur première apparition, qu'il l'est de saisir la succession des formes dans les êtres organisés.

Tant qu'il a le renne autour de lui, le lendemain ne se distingue pas pour lui de la veille. Immuable, il vit dans un monde qu'il croit immuable.

CHAPITRE VI.

UNE ÈRE NOUVELLE. — DISPARITION DU RENNE DE L'EUROPE CENTRALE.

Une ère nouvelle commence. Quel en fut le premier signe? le voici :

Il arriva un jour, que l'homme, embusqué au pied des Pyrénées, au bord de la Dordogne, ou de la Garonne, ou de la Saône, attendit vainement le retour des rennes, à l'époque ordinaire du passage. Les rennes ne parurent pas.

On les attendit l'année suivante; ils ne se montrèrent pas davantage.

Ce fut là comme une révolution de la nature qui dut jeter l'homme de notre Europe dans la stupeur; le premier effet fut de l'obliger de changer ses habitudes et son genre de vie.

Pourtant, il finit par apprendre que si les rennes n'étaient pas revenus jusqu'aux Pyrénées, ils avaient reparu dans le voisinage des Alpes. Il dut être facile de les suivre et de quitter avec eux la Dordogne et la Garonne pour le Rhin et la Meuse.

Mais par degrés, les rennes disparurent aussi de toute l'Europe centrale, pour se confiner dans l'extrême nord. A mesure que la température changeait, que la terre se réchauffait, ces grands troupeaux, chassés par les mousquites, allaient chercher vers la mer glaciale le climat qu'ils ne trouvaient plus en France et en Allemagne. Privé de sa ressource la plus sûre, l'homme se crut abandonné de la terre et du ciel. Si l'on pouvait retrouver un écho de ce lointain passé, je ne doute pas que ce ne fût une plainte et une lamentation, comme celles qui remplissent aujourd'hui les toungras de Sibérie, quand la chasse a manqué par la méchanceté des esprits infernaux. La plainte de l'ancienne Égypte, à la saison de la retraite du Nil, approche à peine de la désolation de l'homme glaciaire, séparé, pour la première fois, de son monde de rennes.

Cependant, ce qui parut d'abord à l'homme

un insupportable fléau était un vrai bienfait. Le moment où il se croyait abandonné, fut, au contraire, celui où il reçut les plus grands dons. Car que signifiait cette disparition des rennes ? Elle annonçait que les glaciers achevaient de se retirer ; que la terre sortait de son linceul, que la vie revenait de toutes parts, que le monde entrait dans une saison nouvelle, qui était à la précédente ce que le printemps est à l'hiver.

Accoutumé à son désert de glaces, l'homme commença, sans doute, par maudire ce qu'il ne connaissait pas, la résurrection des choses, la végétation nouvelle qui est celle de nos jours. Il put regretter les plantes alpines, qui cessaient de s'étendre des Alpes au pôle. Tout lui parut désordre et mal dans la renaissance des êtres organisés. Il s'était fait à un monde mort, la vie le blessait, il s'en plaignit comme d'une injure.

Les mille dons de la nature nouvelle le laissaient insensible. Il croyait les avoir payés trop cher parce qu'il avait perdu celui auquel il était accoutumé.

CHAPITRE VII.

UN PRESSENTIMENT CONFIRMÉ.

Voilà où m'avait amené la suite de mes recherches; comme les faits manquaient, je m'arrêtai à une conclusion qui n'avait pour elle qu'une sorte d'intuition, sans preuve réelle. Mais depuis que ceci a été écrit, de nouvelles explorations ont confirmé les vues précédentes. Si ces découvertes n'ont pas tranché la question, elles ont, du moins, préparé les esprits à reculer plus loin dans le passé les bornes des origines humaines.

J'avais été conduit, comme on l'a vu, à conclure à l'existence de l'homme avant l'époque glaciaire ; je le plaçais dans le temps où la figure générale du globe est devenue ce qu'elle est aujourd'hui. Si j'en crois les résultats publiés des explorations nouvelles, l'expérience n'aurait pas tardé à confirmer cette conclusion et à faire entrer dans cette voie l'histoire naturelle de l'homme. On aurait trouvé des ossements humains dans un estuaire marin du tertiaire supérieur de Savone et des silex taillés par l'homme à la base du calcaire de Beauce, c'est-à-dire dans le tertiaire moyen. Peu de mois se sont passés, et l'on entend déjà parler de l'homme miocène (1).

Sans accepter à la lettre ces dernières merveilles du monde souterrain, et en attendant que ces résultats soient pleinement démontrés par des observations irréfutables, on peut du moins les prendre comme une de ces rumeurs qui quelquefois précèdent l'événement. Ils ne sont pas certains, je le crois; ils sont exagérés, je le veux bien. Mais ils marquent de quel côté penche, en ce moment, l'impatience humaine.

Autant on se faisait gloire, hier encore, d'être la plus récente des créatures; autant, aujour-

---

(1) *Congrès d'Anthropologie et d'Archéologie pré-historique.* Paris, 1867, p. 67-71.

d'hui, on prétend à une incommensurable antiquité. Une fois dans ce chemin, craignons que l'illusion s'en mêle. Où nous arrêter dans cette prise de possession et ce débordement des âges géologiques ? La moindre entaille sur un ossement fera l'effet sur nous des pas de Vendredi sur le sable.

N'allons pas nous égarer dans ce mirage à la recherche d'un berceau qui s'éloigne toujours. Croyons-nous allonger notre vie en nous donnant ces quartiers de noblesse qui vont à l'infini? Vérifions avec soin notre arbre généalogique. Avec tant de science, il serait fâcheux de nous tromper de quelques milliers de siècles sur notre jour de naissance.

LIVRE HUITIÈME.

LES PROPYLÉES DE L'HISTOIRE.

CHAPITRE PREMIER.

PREMIER REFUGE DE L'HOMME. — COMMENT DE CHASSEUR, IL EST DEVENU PASTEUR. — COMPARAISON DES CASTORS CABANÉS ET DES LACUSTRES.

En poursuivant le renne, en le cherchant, l'homme s'est approché de la source des glaciers des Alpes. Il est arrivé au pied du Salève (1), sur le lac de Genève, et par le glacier du Rhin, sur le lac de Constance.

Quel monde nouveau s'offrit alors à lui? Un monde dont il n'avait aucune idée, celui des lacs helvétiques. Ce n'étaient ni les mers, ni les fleuves au bord desquels il avait vécu, orageux, ca-

(1) F. Thioly. *L'époque du renne au pied du mont Salève.* 1868, p. 11, 13.

pricieux, toujours différents d'eux-mêmes, emportés, prêts à briser tout ce qu'il leur confiait.

Au lieu de cela, des nappes tranquilles, des eaux sereines, qui se ridaient, à peine, au souffle des vents ; point de courant, une surface toujours unie, l'image d'un port éternel où le naufrage est impossible. La nature lui offrait enfin la paix. Combien cette nouveauté dut frapper l'homme !

La terre, jusque-là, lui avait été si ennemie ! Partout un péril, un combat à livrer. Où s'abriter contre tant d'adversaires ?

Voici maintenant un lac immobile qui s'ouvre sous ses pas. S'il pouvait s'arracher à cette terre hostile, entrer dans ce lac, s'envelopper de ses eaux, s'en faire une barrière contre les carnassiers, et, sans doute, aussi contre l'homme ! Pour la première fois, il pourrait mettre en sûreté ses richesses, je veux dire, sa hache de pierre, les restes de ses troupeaux, ses animaux domestiques et les fruits qu'il a commencé à cueillir. Enfin, il dormirait tranquille.

Tels furent les idées, les projets qui s'éveillèrent dans les premiers hommes en arrivant dans la région des grands lacs, au pied des Alpes, en

Suisse, en Italie, en Autriche, et dans l'Europe centrale.

Mais, comment faire? Quel moyen d'établir son domicile au milieu des eaux dormantes? Probablement, il se construisit d'abord de petits îlots artificiels, en entassant des pierres dans les parties les moins profondes. Mais il restait encore ainsi trop près du rivage. Les ennemis (c'était la terre entière) pouvaient l'y atteindre trop aisément. Comment donc naîtra en lui l'idée de se bâtir, au loin, un refuge assuré au milieu des eaux profondes?

Peut-être a-t-il vu quelque part les castors cabanés abattre des arbres, s'en former des pieux, les enfoncer dans le lit d'une rivière ou d'un lac, unir entre eux ces pilotis par des branches flexibles, asseoir sur ces fondements, à fleur d'eau, des cabanes qui sont, à la fois, des endroits de refuge et des magasins de provision? Les castors, que l'homme n'avait pas encore troublés dans leur industrie, auraient été ses premiers maîtres dans l'art de bâtir sur pilotis.

Lisez dans Buffon la description des huttes des castors cabanés; vous croirez qu'il s'agit des villages de nos lacustres. Pilotis, planchers, cabanes, magasins de provisions, maisonnettes en dômes, bourgades aquatiques, tout s'y trouve (1). Comment croire que ces traits communs, cette parfaite ressemblance de détails appartiennent seulement au hasard?

Dès que le modèle de ces constructions aquatiques fut fourni à l'homme, il l'imita. Partout, il se fit des villages et des bourgades de castors sur les lacs de Genève, de Neuchâtel, de Zurich, de Varèse, de Côme. D'abord, il n'osa établir ses constructions qu'à une courte distance du rivage; tant il était encore peu familier avec le monde lacustre. Mais, l'art croissant, il porta plus loin son domicile. Il se sépara davantage des rives, et se sentit assuré contre les périls.

Ainsi, il a un refuge où il est maître de ce qu'il possède. N'ayant plus l'inquiétude de chaque moment, il peut songer au lendemain. De chasseur nomade, il devient pasteur; et de nomade, sédentaire.

C'est alors qu'il put commencer à apprivoiser les animaux, à choisir ceux qu'il rendit domestiques, à faire peser sur eux le joug de l'habi-

---

(1) Buffon. *Hist. Nat.* T. VIII, p. 49.

tude ; choses impossibles tant que le domicile n'était pas assuré.

Déjà, il a autour de lui le cheval, le bœuf, la chèvre, l'âne, le mouton, le porc ; il les conduit paître dans les alpages inférieurs ; le soir, au moment où l'ours et le loup sortent de leurs repaires, il rentre dans son refuge, où lui et son troupeau sont inexpugnables.

Grâce à cette sécurité, il n'est pas seulement pasteur, le voilà agriculteur ; il sait déjà semer et moissonner. Il récolte la petite orge à six rangs, le petit froment, le même qui se trouve dans les briques de la pyramide de Daschour, le millet, le pavot, le lin dont il se fait un premier tissu ou un gâteau. Il a des vases en terre cuite où il conserve la pomme sauvage, la fraise, les nèfles, la framboise, surtout la noisette. Il en a d'autres pour le laitage.

On a comparé les premiers hommes lacustres de Suisse et d'Italie aux sauvages de la Californie et des îles de la Sonde ; et il est vrai que, par leurs armes et leurs outils de pierre, ne connaissant aucun métal, ils semblent encore au degré le plus infime de la condition humaine. Mais, en voyant leurs nombreux troupeaux, leur agriculture naissante, en entendant le mugissement de leurs vaches, le beuglement de l'aurochs, autour de l'enceinte de la bourgade, le hennissement des chevaux, l'aboiement des chiens, le sifflet des bergers dispersés sur les plateaux des alpages, on est ramené à l'état de civilisation représenté par les plus anciens chants du Rig-Véda.

Les choses, les animaux, le genre de vie pastorale se ressemblent. Seulement, à cette vie des lacustres manquent le chant, l'adoration, la prière. Une vie fourmille autour des lacs, peuplades isolées, emprisonnées dans leurs enceintes de pilotis. Ce n'est pas la grande âme, le souffle immense du genre humain, à son berceau, dans les hymnes védiques de l'Inde. Les Alpes se taisent devant l'Himalaya.

CHAPITRE II.

TABLEAU DE LA VIE LACUSTRE. — PREMIER SOMMEIL TRANQUILLE DE L'HOMME. — CONSTRUCTION D'UN VILLAGE. — POURQUOI LA CITÉ LACUSTRE NE GRANDIT PAS. — EMBRYON DE L'HISTOIRE DU PEUPLE SUISSE.

En écrivant ceci, je vois de mes fenêtres les eaux tranquilles que sillonnaient les pirogues des premiers habitants des rivages du Léman. Je les suis des yeux vers la bourgade lacustre qu'ils ont commencé d'élever, dans mon voisinage, à l'extrémité est du lac. Quelle hâte! quels coups retentissants au milieu de cette nature première qui, jusque-là, n'avait entendu que le grondement de l'ours et le glapissement de l'aigle! Il s'agit de se donner un abri avant que l'ennemi paraisse; et l'ennemi est partout; les armes d'os ou de silex dont on a si souvent éprouvé l'impuissance ne suffisent pas à le vaincre (1).

Heureusement, les grands arbres descendent jusqu'au rivage. L'homme les attaque de sa hache de pierre. Il se contente d'abord de les entamer par une fente circulaire autour du tronc, puis il parvient à les briser. Voilà les troncs dépouillés, dégrossis, amincis vers le bout, durcis au feu. Du haut des rochers, il les précipite à travers le fouillis des forêts. Le lac les reçoit et les charrie jusqu'à l'endroit où doit s'élever la bourgade, à cent pas de la rive.

Pendant que, sur les pirogues, les constructeurs ont plongé les pilotis au fond du lac, d'autres y jettent des pierres qui serviront à les assujettir ; d'autres les enfoncent sous les coups redoublés d'un arbre qui leur sert de marteau. Sur ces pilotis qui défient les tempêtes, ils étendent, à dix pieds au-dessus du niveau des eaux,

---

(1) V. Frédéric Troyon. *Habitations lacustres des temps anciens et modernes.* 17 planches. « Il est probable que plusieurs des points occupés dans l'âge du bronze l'ont été précédemment. » P. 78, 79, 81. « On retrouve à Vevey, à Villeneuve et à Nernier des pilotis séparés de la rive actuelle.... et tout permet de supposer qu'ils ne sont point étrangers à l'âge de la pierre. » P. 81.

E. Desor. *Les Palafittes, ou constructions lacustres du lac de Neufchâtel.* 1865. P. 17.

une esplanade de bois légers et ronds. Là s'élèvent déjà une trentaine de cabanes circulaires aux toits coniques, enduites au dedans d'un ciment d'argile qui les protége contre le froid et la bise. Une large pierre est placée au milieu de chaque cabane, pour servir de foyer, et la fumée s'échappe en tourbillon par les interstices du toit.

Premier gîte tranquille de l'homme dans nos contrées. Qu'il s'y repose en paix pour la première fois. Le voilà qui s'est dérobé à la terre. Des eaux dormantes l'environnent. Au loin, dans les failles des monts, les carnassiers ont beau hurler ; les Alpes encore innomées font descendre leur ombre sur ces cabanes et sur ces couches de feuilles. Ne pouvant vaincre d'emblée la nature première, l'homme lui a échappé. La nuit est venue, une nuit sans alarmes, telle qu'il n'en a jamais connu de semblable auparavant, depuis son apparition sur la terre. Il a suspendu à la cloison sa hache, sa pique, ses flèches de pierre, et il dort.

Avec le jour, voici la bourgade qui s'éveille. Le pont ou plutôt la passerelle de bois qui doit la réunir à la rive est rétablie. Le troupeau de chèvres donne son lait que l'on recueille dans des vases pansus, très-semblable aux vases des chalets d'aujourd'hui ; et il passe sur les poutres branlantes. Il va se mêler au troupeau de vaches et de bœufs qui sont restés parqués pendant les ténèbres.

Le village lacustre a ainsi une première physionomie du village suisse, de même que la forme de la tête, chez les hommes, est déjà semblable au type crânien de l'Helvète de nos jours. Il sait déjà faire sa provision d'herbe pour l'hiver, l'entasser à l'abri du rocher, remuer avec un hoyau de pierre le sol maigre des Plans qui s'étendent au flanc de la montagne, y semer le même froment, la même orge qui se retrouvent dans les plus anciens monuments d'Égypte. Quand le blé fut connu, le gâteau de glands (1) se maintint jusque dans l'époque de bronze.

Ces travaux se font dans le voisinage de la bourgade. Si quelque danger se présente, si l'alarme est donnée, aussitôt tous se précipitent, la hache de pierre au côté, vers l'endroit du refuge. Les embarcations fourmillent. Elles emportent,

(1) On voit un de ces plats de glands, dans la riche collection de M. Forel, à Morges ; époque du bronze.

au bruit des pagaies, le berger, l'agriculteur, le chasseur, hommes, femmes, enfants, vers la cité aquatique. Le pont est retiré, le salut de la cité est assuré.

Souvent il arrive que les bêtes fauves, surtout les grands cerfs, traqués et poursuivis des hauteurs, se jettent dans le lac. Alors s'élancent de la bourgade dans les pirogues, les hommes restés par hasard dans les cabanes; ils vont faire la curée, armés de leurs couteaux de pierre.

C'étaient là les grands événements du monde lacustre, auxquels il faut ajouter la pêche. Vie dormante au sein des eaux dormantes. Le reste du temps se passait à fabriquer, tailler, emmancher, dans les bois et les empaumures du cerf, cette première hache de silex, sur laquelle reposait alors tout le premier édifice de l'humanité naissante.

Dans les longs hivers, lorsque le village blanchissait sous la neige au milieu des lacs azurés, les hommes réparaient l'esplanade; ils s'ornaient de colliers faits de dents de carnassiers, ou d'épingles en os, pendant que déjà les femmes filaient le lin à leur foyer. On a retrouvé les pesons de leurs fuseaux.

Mais déjà dans ce monde lacustre un art semble s'être perdu, depuis le temps du renne ou même de l'ours de caverne. On ne trouve plus nulle part, de représentation d'animaux ni sur les os, ni sur les vases, comme si le premier instinct de dessin et de sculpture de l'homme fossile n'avait été qu'un germe de talent, prématuré et trompeur, qui devait être étouffé avant de s'élever à un art véritable. Peut-être avait-il péri entre l'époque du renne et celle de l'aurochs, dans le tumulte et l'angoisse de la vie diluviale.

Sans doute aussi la race humaine avait changé; trop de besoins nouveaux s'étaient éveillés pour laisser place à des images, qui durent paraître inutiles, à mesure que la vie du chasseur ne fut plus la seule condition de l'existence et qu'il céda au berger et à l'agriculteur. Alors l'esprit de l'homme ne fut plus seulement occupé d'observer, d'épier l'animal sauvage; n'ayant plus à le craindre ou à en faire dépendre sa propre vie, il cessa peu à peu de le dessiner et de le sculpter. Peut-être aussi l'art fut abandonné, quand la matière principale de l'art disparut avec le bois de renne.

Le jour que je viens de raconter se répéta indéfiniment et, presque sans aucune différence, il remplit l'âge de pierre. Les siècles s'ajoutaient aux siècles, ils n'amenaient que des changements insensibles. Si l'on réfléchit à ce genre de vie insulaire, on voit que la cité ne pouvait guère s'accroître, puisque tenant la terre pour hostile, elle ne pouvait s'y répandre. Les hommes ne s'éloignaient point de la côte; ils ne prenaient pas possession de la contrée. Encore moins songeaient-ils à passer les monts, à émigrer, à conquérir, à s'adjoindre des territoires et des peuples. Les bourgades qui occupaient les lacs avaient beau être nombreuses, elles ne sortaient pas de leur bassin.

Peut-être les plus voisines se firent entre elles une guerre de pirogues. Armées de flèches incendiaires, elles purent réussir à porter le feu, au défaut du fer, au milieu des cabanes de feuillage et de chaume qui s'allumaient et brûlaient dans les lacs. Pendant des siècles de siècles, ce fut là leur seul péril. Elles étaient défendues des autres par la solitude, par la hauteur des monts, surtout par leur obscurité. La force des choses les défendit de leur propre ambition et de celle des autres.

Voilà comment elles se conservèrent inconnues de toute l'antiquité derrière les Alpes, de même que les peuplades océaniennes furent soustraites et dérobées à la curiosité du genre humain, par l'immensité des mers.

La bourgade lacustre de Morges était la plus nombreuse, elle comptait plus de douze cents habitants. Passé ce nombre, elle ne pouvait s'accroître. Les eaux profondes eussent englouti l'ambition des lacustres, si elle avait pu naître. Ainsi ces villes commençaient comme Rome à être des lieux de refuge; elles avaient devant elles un temps incommensurable; mais elles restèrent à la fin, ce qu'elles étaient au commencement, dans leur berceau, des villages, à travers l'ère de pierre et même de bronze.

La cité lacustre a beau durer; elle ne grandit pas. Une bourgade ne s'adjoint pas une autre bourgade. Chacune d'elles, renfermée dans son îlot, tremble d'en sortir, situation unique pour un peuple naissant.

Dans ces premiers traits, ne reconnaissez-vous pas, comme dans l'embryon, les linéaments de l'avenir du peuple suisse? Obscurité, simplicité, modestie. Si la paix peut exister quelque part, ce sera chez lui. Nulle capitale, nul centre, nulle usurpation durable. Des bourgades qui s'allient, sans pouvoir s'annuler, doivent finir par se confédérer entre elles.

Dans ce monde lacustre apparaît déjà en germe la Suisse de nos jours, retranchée en face du reste de l'Europe, derrière ses lacs, ses montagnes, comme sur un pilotis. Renfermée en elle-même, dans les bassins de ses lacs, elle met son ambition à vivre à l'écart, en dehors de la mêlée des choses humaines, comme à l'époque des palafittes. Sa neutralité, qui est la condition de sa vie, qu'est-elle autre chose qu'une vie insulaire? La barrière est posée entre elle et le continent.

CHAPITRE III.

LES TROIS AGES DANS LA CITÉ LACUSTRE. — L'ULYSSE HYPERBORÉEN. — POURQUOI LES LACUSTRES SONT RESTÉS INCONNUS DES ANCIENS. — SACRIFICES HUMAINS DANS L'AGE DE FER. — COMMENT L'HOMME PEUT DEVENIR PLUS INDUSTRIEUX ET PLUS CRUEL. — PARTI QUE LES ANCIENS POËTES AURAIENT TIRÉ DES LACUSTRES. — LA VIERGE CONTEMPORAINE DE L'OURS DES CAVERNES ET IPHIGÉNIE EN TAURIDE.

Avec l'âge de bronze, je vois les lourdes épées homériques pénétrer, je ne sais par quelles voies, dans les villages lacustres de Suisse; la lame du moins est bien celle des glaives d'Agamemnon et d'Achille. On a retrouvé aussi, parmi les pilotis de Sempach, un poignard tout semblable à des poignards d'Ithaque. Est-ce celui qu'Ulysse a laissé tomber au pied des monts hyperboréens?

Remarquez seulement, que ces armes homériques n'ont plus que de petites poignées. C'est l'arme des héros dans la main d'une petite race d'hommes. Elle ne pourra s'en servir pour frapper les grands coups qui retentissent dans l'Iliade et l'Odyssée. Larges épées, petites poignées, comme pour des adolescents ou des pygmées.

D'où viennent-ils ? Est-ce le peuple des Lapons et des Finnois (1) qui a laissé derrière lui des tribus après le départ des rennes ? Est-ce le premier groupe avancé des Hindous ? Question jusqu'ici insondable. Une seule chose est certaine. L'arme homérique de la civilisation est trop pesante pour ces mains enfantines. Ce ne sont pas elles qui ouvriront la grande voie à Argos, Mycènes, Troie.

Comment l'anneau ciselé du serment (2) a-t-il passé, de main en main, des lacustres du Léman, aux statues bouddhiques, aux Sassanides, aux héros des Niebelungen, pour se retrouver sur les armoiries féodales des derniers temps du moyen âge ?

A la fin, les villages des lacs connaissent

(1) Cfr. Sven Nilsson. *Habitants primitifs de la Scandinavie*, p. 71, 274, 303.
(2) Collection de M. Forel, à Morges.

aussi le fer. Ils en forgent ces longues épées gauloises mal trempées, qui se pliaient au premier choc, et qu'il fallait redresser à chaque coup. C'est assez pour n'avoir plus à craindre les animaux carnassiers du rivage. Dès lors, le refuge n'est plus nécessaire, l'habitation lacustre ne sert plus que de magasin. Bientôt elle est abandonnée, surtout quand une nouvelle race d'hommes, les Helvètes, ont pris possession de la terre. Alors les petites mains, armées de bronze, cèdent aux larges mains des nouveaux venus, armés de fer; et de cette longue histoire engloutie, de cette population évanouie des lacustres, que reste-t-il? Quelques pêcheurs, qui, ayant eux-mêmes oublié leurs ancêtres, tendent çà et là leurs filets, dans le voisinage de ces pilotis calcinés dont ils ne connaissent plus ni l'usage, ni l'histoire, ni même l'existence.

Rien de plus étrange que ce passé sans nom, qui traverse toute l'antiquité, orientale, grecque, romaine, et ne laisse de trace dans aucun souvenir. Quel isolement cela suppose! Comment les cités lacustres qui ont précédé Athènes, Rome, ont-elles pu échapper à l'œil du monde? Les Romains surtout vivaient si près de ce peuple amphibie ! Comment ne l'ont-ils pas aperçu ? Pline va chercher tous les monstres que l'imagination se figure en Éthiopie, dans l'Hæmus, le Caucase ; et il n'a pas un mot sur ce monde si réel qui s'étend jusques dans l'Italie centrale. Il se met en quête de tableaux extraordinaires au bout du monde ; et il ne se doute pas de ce que lui cache le flot dormant qui baigne ses villas.

Dans leur vie insulaire, les lacustres rentraient chaque soir au gîte, sur leurs pilotis. Qu'en arriva-t-il ? Que leur renommée n'a pas dépassé l'enceinte de leurs bourgades aquatiques. C'est le plus grand engloutissement qui se soit fait dans le monde. Leur nom, leur race même sont inconnus.

Et après que l'antiquité a passé, il n'est pas même resté une tradition, une légende. Le flot a achevé d'user les pilotis de l'âge de pierre jusqu'au niveau du fond des lacs. Le moyen âge, les temps modernes n'ont rien su de ce mystère. C'est hier seulement, en 1854, que pour la première fois, cette histoire engloutie, comme les villes de la Bible, a été retirée du fond des eaux.

Ici, je me demande quel parti les anciens auraient tiré de la demi-civilisation des lacustres, s'ils l'avaient connue. Il me semble qu'Hésiode, Homère, Lucrèce, Virgile lui auraient emprunté quelques traits. Je crois déjà voir ces villages aquatiques gravés sur le bouclier d'Hercule ou d'Achille. Les pilotis auraient été, sans doute, enfouis par les dieux souterrains au milieu des flots aplanis. Les troupeaux de petites vaches se seraient abreuvés dans les lacs, sous la garde d'un cyclope hyperboréen. La cabane d'Eumée ou d'Évandre eût surnagé au-dessus des tempêtes : l'image de la paix dans les Alpes Pennines eût accompagné les héros dans les murs de Troie.

Lucrèce eût placé là ses temples sereins, inaccessibles aux orages, ou plutôt encore ses raffinés, qui goûtent du bord, en sûreté, la volupté des tempêtes. Je crois aussi, que, dans leur misanthropie, Sénèque et Pline auraient comparé la destinée de ces bourgades à la destinée de Rome, heureux d'envier aux lacustres leur Capitole de feuillage et d'argile.

Pendant l'âge de fer, la civilisation augmente. L'industrie se montre en toutes choses : forges, fonderies, poteries, jeux de la guerre et de la paix, figules, agrafes, disques. On trouve même la croix gravée sur des amulettes, plus de mille ans avant Jésus-Christ (1). Mais prenez garde à ceci : au milieu de ces raffinements précoces, voici une chose que l'âge de pierre et de bronze ne connaissait pas. Et quoi donc? les sacrifices humains.

Les os brisés des femmes, des esclaves égorgés ou lapidés sur le tombeau du chef, pêle-mêle avec les os des chevaux et des bœufs; quelle vue cela ouvre sur l'histoire de l'homme! Est-ce donc qu'il peut devenir plus industrieux, plus civilisé et plus cruel? Peut-être. Comment cela se fait-il?

Je cherche et voici ce que je trouve : Une pensée fausse, ténébreuse, monstrueuse, peut entrer dans cet esprit; il deviendra cruel par système plus qu'il ne l'était auparavant par tempérament. Dans ce temps-là, l'Iphigénie de Tauride s'arme de sa faucille. Elle coupe froi-

---

(1) Cfr. Fréd. Troyon. *L'homme fossile*, 1867. — *Habitations lacustres*, 1860. — Desor. *Les Palafittes*, 1865. — *Actes de la Société helvétique*, 1866. — Mortillet. *Matériaux pour l'histoire primitive de l'homme*. 1868.

dement de sa main les têtes humaines à la porte du temple ; et elle les suspend en ordre, avec piété, aux rameaux de l'arbre sacré. Voilà la noble fille d'Agamemnon, plus féroce que la vierge contemporaine de l'ours de caverne.

CHAPITRE IV.

DÉCOUVERTE DU FEU. — PREMIER EFFET DE CETTE DÉCOUVERTE SUR L'ESPRIT DE L'HOMME. — COMMENT LE PREMIER FOYER EST DEVENU LE PRINCIPE DES RELIGIONS ET DE LA CIVILISATION. — L'HISTOIRE HUMAINE VUE DANS SON EMBRYON. — PREMIER CHANT DES BERGERS POUR ÉVOQUER LE FEU. — NAISSANCE DU MONDE CIVIL.

Qu'était-ce que le feu pour l'homme contemporain de l'ours de caverne? S'accoutuma-t-il promptement à cet hôte nouveau? Trembla-t-il de le perdre après l'avoir trouvé? En approcha-t-il ses mains avec piété, avec terreur, comme d'une puissance surhumaine, d'un dieu qu'il pouvait évoquer avec la certitude de le voir apparaître? Ou n'éprouva-t-il qu'une muette stupeur, en allumant deux branches sèches après les avoir frottées l'une contre l'autre, comme le sauvage de nos jours?

C'est dans les hymnes indiens du Rig-Véda que se retrouve le témoignage le plus ancien de l'effet de la découverte du feu sur l'esprit de l'homme. Il possède la flamme ; mais le foyer rallumé chaque jour n'est pas encore devenu une habitude. C'est un moment d'extase, un prodige.

Si l'on n'appelait le dieu par des hymnes, c'est en vain que l'on frotterait l'une contre l'autre les deux tiges de l'arani ; elles refuseraient de s'allumer. Le dieu refuserait de se montrer avec sa robe étincelante, sa chevelure dorée. Il dédaignerait de s'asseoir sur les touffes sèches du couza, et il laisserait le monde dans la nuit. Le taureau rouge ne viendrait pas creuser son noir sillon.

Aussi que de cantiques, que de paroles de flamme pour éveiller, attirer le puissant Agni ! Nul des immortels n'est célébré si souvent avec tant d'instance et de supplication. La prière se joint à chaque souffle pour faire jaillir la flamme ; et quand elle a paru, quand le dieu, sous la cendre, a montré sa langue effilée, quand il est monté sur son char de lumière, quel chant d'enthousiasme éclate et monte vers la nue, avec la fumée du sacrifice ! (1)

Le moment où l'homme reçoit un foyer est sacré; il devient un culte, une religion. L'homme qui a fait jaillir le dieu dans le tison est lui-même sacré ; il devient prêtre. A lui seul il est donné d'évoquer les naissances éternelles, toujours nouvelles d'Agni. Et non-seulement les hommes viennent s'asseoir sur des siéges de couza, autour de ce premier foyer, mais de toutes parts, averties par les rouges messagers, les divinités descendent des nues et prennent place au milieu du brasier.

Ainsi le premier foyer devient presque aussitôt une religion chez les Indous. En a-t-il jamais été de même de l'homme dans nos cavernes du Périgord et de la Meuse? Était-il capable de cette fascination? Donnait-il à chacun des actes de sa vie, aux plus humbles comme aux plus importants, ce caractère de foi, d'extase qui renfermait tout l'avenir des religions et des civilisations?

(1) Rig-Veda-Sanhita, liber primus. Edidit. F. Rosen. 1838. — Rig-Véda, ou le livre des *Hymnes*, traduit du sanscrit, par M. Langlois. — Rig-Veda-Sanhita, translated and explained by F. Max Muller. 1869.

Ou plutôt son foyer ne fut-il pas privé du souffle des grands dieux? Feu de broussaille d'une peuplade égarée, en dehors des grands sentiers des peuples à venir. Ce ne fut pas le large foyer où devait s'asseoir, avec les dieux, la famille principale du genre humain.

Ce qu'il y a de plus étonnant, de moins connu dans l'histoire de l'homme, c'est le trésor de sentiments, de pensées qu'il a tiré de la première possession d'un foyer. Essayons d'en donner une idée (1).

Voulez-vous voir naître une grande civilisation? Voulez-vous surprendre le moment où l'homme crée, d'une première impression et d'un fait qui vous semble très-simple aujourd'hui, tout un monde de mystère, de rites, de poésie, qui sera comme la substance de l'avenir? Voulez-vous mesurer, en peu de mots, tout ce que l'esprit humain au berceau est capable de faire avec un premier germe, tout ce qu'il peut bâtir de solide et d'immortel sur un peu de fumée? Voulez-vous, une fois, saisir la société humaine et toute l'histoire renfermée dans son embryon? Vous le pouvez.

(1) V. ma thèse, *De Indicæ poeseos naturâ et indole*. 1839.

Approchez. Voyez-vous ce feu de berger qui s'allume sur la pente de cette colline sub-himalayenne? Quoi de plus simple et de plus indigent? Une poignée de feuilles sèches amassées sur un lit de terre ; des bergers qui frottent, l'un contre l'autre, deux morceaux de bois d'arani ; une étincelle rougeâtre qui jaillit, les touffes sèches qui s'enflamment. Où est le prodige ? Cela se voit tous les jours. Que peut-on tirer d'un événement aussi insignifiant? Passons et cherchons autre chose. Non, c'est là qu'il faut s'arrêter si l'on veut assister à la naissance d'un monde.

Écoutez. Autour de ce premier foyer s'élève un chant dont les paroles arrivent jusqu'à nous :

« Chantez l'éclatant mystère de l'illustre Agni; ô mes amis, apportez vos hymnes et vos offrandes pour Agni le victorieux. »

D'autres chants semblables éclatent au même moment, partout où une famille humaine est rassemblée sur les flancs ou dans les vallées de l'Himalaya. Que font ces groupes d'hommes ? ils frottent l'une contre l'autre la tige de l'acacia et celle du figuier. Rude travail. La sueur dégoutte du front des maîtres et des serviteurs.

Pour s'encourager, après avoir repris haleine, ils continuent :

« Voici le moment d'agiter l'Arani, d'enfanter le dieu. Allons les premiers conquérir les rayons du Sage. Amis, travaillez à doubler sa force. »

Ont-ils donc la pensée que l'homme peut produire le dieu, ou du moins le faire apparaître par la vertu des hymnes ou des prières ? Oui, sans doute ; voilà aussi pourquoi ils redoublent de supplications, en même temps qu'ils préparent le berceau divin en entassant les branches les plus sèches sur le foyer.

Si le feu tarde à s'allumer, c'est que « la jeune mère porte l'enfant royal mystérieusement caché dans son sein et refuse de le remettre au père du sacrifice. » « Où est le dieu qui est l'enfant des hommes ? Qu'il apparaisse sur le sein de sa mère et ouvre ses yeux. » Première incarnation.

Le dieu a écouté la prière ; il a cédé, il est né de la bouche des prêtres (1). Mais qu'il est encore faible et insaisissable ! Tel que l'enfant, il rampe sur le foyer où il promène sa langue tremblotante.

(1) Rig-Véda. Langlois. T. IV, p. 339.

Que faut-il pour que le nouveau-né grandisse? Il faut lui apporter les offrandes qui lui plaisent, les branches du couza dont il aime à se nourrir. Il faut verser sur lui, dans sa bouche dévorante, le beurre liquide. Si le souffle de l'homme est impuissant, il faut appeler, par la force du chant, les vents déchaînés, les Marouts. Ils viendront sur leurs chars attelés de daims; ils seront les premiers à célébrer la nativité du dieu enfant.

Voyez! Le chef de famille, debout dans l'intérieur de sa hutte, a salué le jeune Agni en se prosternant jusqu'à terre. Les membres du dieu se sont développés à chaque verset de l'hymne. Le voilà maintenant qui secoue sa chevelure dorée sur le foyer.

De quel nom l'appellerons-nous pour mieux l'honorer? Il aura d'abord tous les noms qui conviennent à l'enfant divin. « Je l'ai vu à sa naissance au moment où sa mère le mettait au monde; il ouvrait ses mille yeux pour voir celui qui lui apportait ses aliments. »

Mais hâtons-nous de lui donner les attributs qui plaisent le plus à une peuplade de bergers; et puisque tout est contenu, pour eux, dans la possession d'un bon troupeau de vaches, louons le jeune dieu pour la beauté de son troupeau de vaches lumineuses qui s'agitent en mugissant dans les flammes de son bûcher : « Je l'ai vu s'environnant de ses rayons comme de son riche troupeau. »

Ainsi, il est maintenant un Dieu-pasteur qui erre de tous côtés pour garder ses vaches de feu (1). Si le foyer s'éteint, la lumière et la vie disparaissent; c'est que le troupeau a été enlevé par des méchants. Il faut le poursuivre, le ramener au bercail.

Langage de bergers qui ne prennent pas à la lettre chacune de ces images, mais qui s'en servent pour caresser le dieu nouveau venu. Et n'est-ce pas ainsi que, dans les litanies de la Vierge, véritables évocations, tous les noms les plus étranges, tour d'ivoire, étoile du matin, rose mystique lui sont donnés, sans que l'idée vienne à personne de la confondre avec une tour, une étoile ou une rose? De même, de rudes bergers de l'Himalaya pensent ne pouvoir mieux charmer, caresser, *gâter* le jeune Agni, qu'en le fêtant, comme le roi des bergers, pendant sa

(1) Rig-Véda. Langlois. T. II, p. 116.

nativité, dans la crèche, au milieu de ses vaches rouges.

Images enfantines qui grandiront bientôt ; car ce jeune dieu, aux cheveux blonds, au carquois retentissant, armé de flèches aux têtes de feu, qui garde ses troupeaux chez les mortels, à qui on a enlevé, par surprise, ses vaches et ses bœufs aux cornes d'or, ne pressentez-vous pas que, d'âge en âge, il peut devenir, chez un peuple moins enfant, déjà plus épris du beau, mais de même race, le jeune Apollon, descendu de son char, pasteur chez un mortel, le roi Admète ?

Jusqu'ici nous n'avons vu que le berger dans Agni. Mais il a grandi, il s'est engraissé. Voyons le sacrificateur.

Dans les premières heures matinales, il est encore incertain, ce n'est pas le roi triomphant : c'est un ami familier, qui se présente le matin, avec bonté, humilité sous le toit du père de famille ; il est son hôte avant de devenir son roi. Que de paroles ingénues, tendres même pour fêter cet ami, pour inviter ce nourrisson chéri à goûter des mets préparés pour lui ! Bientôt, il sera lui-même un maître de maison.

« A la pointe du jour, il naît doux et brillant ; il murmure sourdement. Ami splendide et immortel, viens habiter la maison d'un homme pur et innocent. »

Tout ce qu'il y a de tendresse innée, cachée sous la dure écorce des premiers hommes, éclate à son approche. Nul dieu n'inspirera des accents si intimes : « il nous aime comme s'il était de notre race. » L'homme trouve déjà pour le célébrer des sentiments d'une profondeur qui étonne. Il s'attendrit sur ce jeune dieu et sur lui-même, en pensant que ses ancêtres (1) se sont déjà assis à cette même place, autour de cette même flamme. A peine né, l'homme parle comme un vieillard qui s'appuie de la tradition immémoriale : « Toi que nos pères ont toujours chanté. » Ainsi cet humble foyer, ce trône de terre est déjà le fondement des familles et le lien des générations.

(1) « Tu connais nos pères qui sont ici et ceux qui ne sont pas ici, ceux que nous connaissons et ceux que nous ne connaissons pas. » Rig-Véda. M. Muller, p. 24.

CHAPITRE V.

Embryon des religions. — Comment le principe des cultes est né du premier foyer. — Nativité du dieu. — Sacrifices. — Oblation. — L'enfant divin. — Le dieu pasteur. — L'oint. — Le sauveur. — Le médiateur. — Incarnation. — Dieu triple. — Que les divinités grecques sont un reflet du premier foyer. — Comment Agni du Rig-Véda est devenu Apollon pasteur.

Ce n'est pas tout. Le feu naissant n'était que l'ami de la famille. Voyez tout à coup la conception grandir avec la flamme. Le pasteur, l'ami, l'hôte divin de la maison va devenir le pontife et le sacrificateur. Comment cela? Agni, en croissant, a dévoré les nourritures qu'il a reçues ; il a consumé les offrandes de branches de couza, le lait, le beurre qui ont été libéralement versés sur lui. « Mange, ô dieu (1), les

(1) Rig-Véda. M. Muller, p. 24.

oblations qui te sont apportées. » Voilà la première idée du sacrifice.

Le dieu a besoin de nourriture, il s'en est rassasié, et il est devenu ainsi à la fois le sacrifice et le sacrificateur. Il se tient debout comme le chef des prêtres et il prend l'holocauste. « Il se revêt des rayons du sacrifice.... Avec ta douce langue de flamme, viens, remplis ton office de sacrificateur. »

L'enfant divin, l'oint a bu à la mamelle de la libation. Première cérémonie sacrée ; première oblation de l'homme au dieu. Le feu du berger est le premier autel. De ce bûcher flambant, chaque tribu, chaque peuple emportera une étincelle, un tison allumé: et l'idée du sacrifice, du bon pasteur, du sacrificateur (1), de l'oint, ira se répandre, de générations en générations, aux extrémités des temps.

Poursuivons. Nous n'avons encore vu que la partie inférieure du foyer. Levons les yeux : « Le dieu vient de renaître, les vieilles flammes ont rajeuni. » Une fumée s'élève en tournoyant jusqu'au ciel, elle ondule sur les flancs herbus

(1) Rig-Véda. Rosen, p. 83, 140, 143. Cf. *le Génie des Religions*, p. 111.

des montagnes. Qu'est-ce que cela? C'est Agni qui monte dans les nues. Et pourquoi? Pour porter sur les lieux hauts, à la race des immortels, leur part de l'holocauste.

Il monte, il monte encore pour avertir les dieux, pour leur porter l'heureux message, pour les prendre sur son char et les amener dans la maison du chef de famille où des siéges de gazon sont déjà préparés autour du foyer. « Portes divines, ouvrez-vous! laissez entrer les dieux protecteurs qui viennent compléter le sacrifice. »

Les dieux, en effet, sont descendus, les voilà. Ils ont pris leur place sur les touffes d'herbe nouvelle, amassées autour du foyer. Ainsi, le sage Agni est devenu le messager des hommes et des dieux. Il est leur médiateur. Il se fait volontairement mortel pour attirer ici-bas les immortels dans la demeure des hommes. Sage, il monte vers les hautes régions; il rassemble les races divines et les races humaines; messager, héraut, sauveur, il s'interpose entre le ciel et la terre pour les unir. « Agni, dieu à la barbe d'or, porte nos holocaustes dans les lieux hauts. Que l'amitié fraternelle qui existe entre nous, et vous autres dieux, nous soit favorable! »

Bon, doux, clément, adoré, adorable, ce dieu du foyer, ne le louera-t-on pas aussi de la chaleur qu'il répand? Ne le célébrera-t-on pas comme le vainqueur de l'hiver? Non, c'est le seul éloge qui ne lui soit pas donné. Chose étrange, je ne trouve nulle part, dans aucun hymne, l'impression du froid qui se dissipe au souffle d'Agni. On remercie de toutes choses le dieu du feu excepté de la chaleur qu'il apporte. Preuve manifeste que ces hymnes sont nés dans les régions heureuses de l'Inde, là où l'homme ne connut jamais le supplice de l'hiver. Que nous sommes loin déjà de la nature morte, pendant les siècles de l'époque glaciaire!

Dans les tièdes régions de l'Inde, ce que l'homme redoute, ce n'est pas le froid, ce sont les ténèbres. Nées dans la lumière, ces races ont horreur de l'obscurité. La nuit, le jour noir, voilà pour eux le fléau. Aussi le bienfait principal du dieu du foyer, du brillant Agni, c'est d'être un dieu de lumière. A peine né, le Héros rouge (1) poursuit de ses flèches la troupe noire des ténèbres. Il les perce de ses aiguillons. « Il élève

---

(1) Arusháh Vrishâ. — The red Hero (Agni). Rig-Véda. Max Muller. Vol. 1, p. 8.

au loin son étendard pour avertir celui qui est dans la nuit. » Et on l'excite par ces mots : « Donne la mort à ces mauvais esprits qui se cachent sous la forme de la chouette, du chat-huant, du chien, du loup, du vautour. » Preuve que le chien était encore un animal sauvage; et qui sait combien il a fallu de temps avant qu'il devînt le compagnon et le serviteur de l'homme?

Tant que dure le combat de la lumière et de l'ombre, aux premières heures matinales, tous les chants qui s'élèvent des huttes de pasteurs, pressent, encouragent, acclament la victoire du jour blanc sur le jour noir. Nulle part, dans aucune œuvre humaine, n'éclate à ce degré la joie de revoir la lumière après l'obscurité de la nuit. Pour l'homme primitif, comme pour l'oiseau, revoir la lumière est la plus grande des félicités, celle qui contient toutes les autres. Et de même qu'à ce premier moment du jour, toutes les voix des oiseaux se délient, on sent cette même extase dans chacun des hymnes qui s'élèvent parmi les peuples pasteurs disséminés sur les plateaux et dans les vallées de l'Inde. Les hymnes védiques sont le gazouillement des races humaines à l'approche du jour.

Aussi, ce même feu de berger qui n'était tout à l'heure qu'un dieu enfant, le voilà devenu le roi des êtres. Il semble créer le ciel et la terre parce qu'il les montre. Dans sa joie infinie de retrouver l'univers, l'homme n'épargne pas sa reconnaissance au génie de son foyer. Agni n'a-t-il pas paru, dans sa hutte, et allumé les feuilles sèches, longtemps avant que l'aurore ait jailli? C'est donc Agni, l'hôte de son toit, l'ami de la maison qui précède les aurores? C'est donc lui qui les éveille et les colore de ses feux? Le ciel lumineux n'est que le foyer du grand pasteur des mondes. « Il est mort hier, il renaît aujourd'hui. » Premier instinct d'immortalité.

Celui qui rampait tout à l'heure, maintenant soulevé et grandi par l'hymne, remplit l'immensité. « De lui naît le soleil, il s'élance et enfante la magie des dieux. » Il est le parent du soleil qui est un autre lui-même. Ou plutôt il habite en haut, en bas, avec les mortels et les immortels. « Il enfante les mondes. » Il est la vie, il est le souffle, il devient Brahma, il renferme en lui tous les dieux, comme la jante renferme en elle tous les rayons de la roue.

Ici l'extase de la lumière se perd dans l'éblouissement (1). De plus en plus attisé par le chant, le petit Agni qui s'éveillait sur le foyer indigent, se nourrit de prières et devient, de splendeurs en splendeurs, le plus puissant des maîtres, le dieu des dieux, l'œil éclatant de l'univers : « Il connaît tout, lui qui séjourne ici-bas, et qui voit d'en haut par l'œil d'un autre lui-même. »

« O toi, qui es notre fils, tu es digne de nos hymnes. Maître de la force, donne-nous la force. Roi, donne-nous la victoire. Tu habites la maison d'un homme sans tache. »

Pour récompense de tant de caresses et de cantiques, que peut-il donner aux premiers hommes? Il leur donne ce qui plaît le plus à une peuplade de bergers. Et quel est l'objet permanent de leurs désirs? Des vaches fécondes, des taureaux, des chevaux, de l'orge, des béliers, des enfants. Voilà ce qu'il répand autour de lui; en échange des hymnes des pasteurs, il donne la richesse, il agrandit la maison.

Et ce qu'il ne fait pas par lui-même, il l'obtient des autres dieux, car c'est lui qui enfante les

---

(1) *Sur la confusion d'Agni avec l'infini* (Aditi), v. *ibid.*, M. Muller, p. 250.

prières; il les porte avec l'holocauste partout où elles ont hâte d'arriver.

Non-seulement il est le sauveur, il est aussi le purificateur. Après avoir chassé les ténèbres du ciel et de la terre, il entre dans le cœur de l'homme. Il y met la clarté; il en chasse le mal; le berger s'étonne de trouver en lui-même le même foyer sacré qu'il vient d'allumer sur la montagne. « Lorsque je pense que cet être lumineux est dans mon cœur, les oreilles me tintent, mon œil se trouble, mon âme s'égare. Que dois-je dire? Que dois-je penser? »

Voilà une partie des idées, des sentiments, des merveilles morales que les premiers hommes ont fait jaillir d'un événement aussi simple que la première apparition de la flamme dans le foyer domestique (1). Je touche ici le commencement des choses humaines; je reconnais mon semblable.

(1) Comparez les traductions de Rosen, de Langlois, Wilson, Benfey, M. Muller, vous trouvez sans doute d'importantes différences. Mais elles ne vont pas jusqu'à empêcher un observateur attentif de saisir les traits principaux et le fond du Rig-Véda.

CHAPITRE VI.

PREMIER MOMENT D'ÉCLAT DE LA SOCIÉTÉ HUMAINE. — POURQUOI CETTE PREMIÈRE FORME DE RELIGION EST PLUS PRÈS DE NOUS QUE LA RELIGION DES GRECS ET DES ROMAINS. — LE MONUMENT LE PLUS ANCIEN DE LA PAROLE. — LES HYMNES DE L'HIMALAYA EXPLIQUÉS PAR LES ALPES.

Ici, véritablement, nous apparaît tout entier cet être nouveau, l'homme, dont aucun être antérieur ne nous avait donné la moindre idée. Car nous venons de le surprendre à son avénement, et ce n'est pas par un lent travail incommensurable qu'il s'élève à ces éblouissantes régions. Non, sa langue une fois déliée, les trésors naissent d'eux-mêmes. Nous entrons dans ce qu'il y a de plus primitif, une société de bergers incultes, un balbutiement d'enfants, une humanité au berceau, nourrie de lait, et déjà, par un élan inconcevable, un monde de pensées qui atteignent aux cimes les plus hautes, un rayonnement qui s'étend sur toute la race humaine, le germe, ou plutôt la forme entrevue de toutes les religions à venir : incarnation, sacrifice, dieu enfant dans la crèche des bergers, dieu descendu sur terre, fils de l'homme, immortel chez les mortels, dieu triple en naissant, sauveur, médiateur, pacificateur. Si les langues occidentales sont renfermées en germe dans l'aryenne, les religions ne sont-elles pas aussi visiblement enfermées dans ce premier culte du foyer ?

Moi-même, à quatre mille ans de distance, je me reconnais, je me retrouve, vivant, dans ces pasteurs de l'Himalaya. Il en est de leurs hymnes que je pourrais m'approprier. Car, moi aussi, je puis redire avec eux : je cherche, j'invoque la lumière. Qu'elle vienne, qu'elle m'apporte la paix.

« Soyons unis comme les deux roues d'un char. » Ce premier cri de l'humanité naissante est encore le mien aujourd'hui, à l'heure où j'écris cette ligne. Je me sens, en mille points, le contemporain de ces premières races humaines. Je me réchauffe à leur foyer de pâtre; surtout, je sens la présence de leurs dieux bien autrement que celle des dieux d'Homère ou de Virgile qui pourtant devraient être plus près de moi.

Pourquoi cette différence? Pourquoi Agni me parle-t-il aujourd'hui mieux et plus clairement, cent fois, que ne peut faire Apollon? Parce que la nature seule paraît dans les dieux enfants du Rig-Véda, réunis autour du foyer, et qu'un art infini, le long travail des siècles et des générations, s'interposent entre les dieux homériques et ma conscience. Je ne puis comprendre ces derniers que par un effort d'érudition; ils m'échappent.

Au contraire, les autres revivent d'eux-mêmes. Après quatre mille ans, ce même Agni (1), poëte à la langue de flamme, à la douce chevelure d'or, est là mon compagnon dès l'aurore, au pied des Alpes, comme il était le compagnon des bergers védiques au pied de l'Himalaya.

Ce foyer que j'ai entrevu à l'origine de l'histoire est vraiment le foyer du genre humain. Les races humaines sont assises sur les touffes d'herbe

(1) Thou, a poet with a bright tongue, ô Agni. — Rig-Véda. M. Muller, p. 30.

autour de l'âtre, et, à mesure qu'elles se séparent, elles emportent chacune un tison allumé. Dans le monde des divinités grecques, il m'est impossible de ne pas reconnaître un rayon, un reflet de ce premier feu des bergers sur le visage des Olympiens. Ce rayon les suit de station en station. J'entends résonner le carquois d'Agni sur les épaules d'Apollon.

Je reconnais dans l'ami de la race humaine le précurseur de Prométhée (1).

Le dieu médiateur, entre ciel et terre, continue de briller en Perse. Le sacrificateur qui se sacrifie lui-même se retrouve partout. L'immortel qui vient s'incarner dans le mortel, le dieu enfant que l'on voit naître, dont on connaît la mère, et qui est le nourrisson des hommes, où n'est-il pas ? Christianisme avant le Christ. Si Agni est l'épervier céleste, n'est-ce pas lui qui est venu se

---

(1) En 1837, sans connaître le Rig-Véda, je faisais naître la société humaine du premier foyer. C'est là, en effet, e fond de la première partie de mon Prométhée. Combien e traits de cet inventeur du feu semblent se rapporter à Agni :

    Autour du foyer qui pétille,
    Déjà la première famille
    Se réchauffe au seuil du chaos.

                       PROMÉTHÉE.

reposer jusque sur les obélisques d'Égypte ?

Si je pénétrais chez les Romains, dans les mystères de Vesta, assurément j'y retrouverais l'étincelle du dieu de la maison primitive et quelques-uns des rites du berger védique parm les bergers du Palatin. Si le feu s'éteignait dans l'Himalaya, l'hymne suffirait pour le rallumer dans le bois d'arani. Il faut maintenant que la prêtresse soit enterrée vivante.

Dans les premiers sacrifices au foyer, quelle paix ! quelle douceur ! Des plantes, des tiges de couza, de l'herbe séchée, du lait caillé, du beurre liquide. Voilà les offrandes des bergers aux dieux naissants. Ces sacrifices respectent toute créature vivante : « Rends heureux dans cette demeure les hommes et les animaux. Que le bonheur soit chez nous pour les bipèdes et les quadrupèdes ! » Plus tard, en grandissant, ces mêmes dieux, portés dans d'autres climats, sous d'autres cieux, seront plus exigeants. Ils demanderont des hécatombes, des troupeaux entiers et souvent le sang de l'homme.

Je ne me sens rien à dire aux dieux grecs et romains. Je les admire, et c'est tout. Ils ne sont pas de ma famille. Au contraire, je puis converser avec Agni ; j'aime à le voir naître, grandir, à le servir de mes mains. Ainsi le plus ancien et le premier des dieux est encore aujourd'hui, après quatre mille ans, celui qui est le plus près de moi.

J'ai dit ce qu'une race heureuse a pu tirer de la simple construction du foyer, comment de cette première étincelle a jailli la merveille de la société humaine. Il en a été autrement de l'homme contemporain de l'ours de caverne. Il possédait le feu. Quelle impression en a-t-il reçue? A-t-il su le caresser, le flatter par des litanies intarissables dont chaque mot contenait, en germe, tout l'univers moral? On ne peut l'imaginer. Quand Magellan montra pour la première fois le feu aux sauvages de la mer du Pacifique, ils prirent la flamme pour un animal qui dévorait le bois.

Si un murmure s'échappait de la bouche de l'homme, au premier temps de l'âge de pierre, de quoi pouvait-il remercier le dieu de son foyer sauvage? Il pouvait lui rendre grâce d'une chasse heureuse, d'avoir consumé les os de l'ours. Peut-être est-ce alors qu'ont été faites les offrandes du sang, comme il convenait au chasseur. Mais le monde, nourri de lait, tel qu'il éclate dans les Védas, ne pouvait apparaître dans l'antre de l'ours de caverne. Si l'homme de ce temps eut des dieux, ce furent des dieux de meurtre, habiles à tendre des embûches, à têtes de loups ou de lions, avides de chair et peut-être du sang de l'homme. Origine des sacrifices humains.

On voit, dans les cantiques des bergers védiques, que chaque chef de famille héritait des cantiques de ses ancêtres. « Je suis fort des chants que m'a transmis ma famille et que je tiens de mon père Gotama. » Aussi le maître de maison faisait-il de grands efforts pour posséder le meilleur hymne, celui qui, plus agréable à Agni, plus caressant, plus insinuant, avait plus de chance de l'attirer au foyer. Ces hymnes se payaient très-cher à leur auteur. Deux chevaux attelés à un char, cent vaches, une provision d'orge, étaient le prix ordinaire d'un chant qui était en même temps une évocation.

De cette émulation des chefs de famille à courtiser, célébrer le dieu du foyer, naquit une richesse incroyable de formes, de litanies, de louanges, de caresses. Peut-être les prêtres

avaient-ils seuls encore le secret d'allumer le
eu. Ils ajoutaient au mystère en le variant à
l'infini. On dirait, dans un bois sacré, une multitude d'oiseaux chanteurs qui essayent, à la
pointe du jour, de se surpasser l'un l'autre par
leur ramage. Plus tard, quand ces chants ingénus, disséminés dans les familles, furent réunis
en une sorte de psautier, on peut se figurer l'éclat, la magnificence de ce livre sacré, œuvre
e toute une race humaine.

Que de fois j'ai cherché à remonter, en esprit,
vers le point initial et le premier moment où la
société humaine a paru avec éclat sur la terre !
Je m'approchais de ce berceau, puis aussitôt il
s'éloignait et se dérobait à moi. J'étais obligé
de le poursuivre dans un autre horizon ; trop
d'éléments manquaient encore pour qu'on pût le
saisir. Quand j'écrivais le *Génie des religions*, je
ne possédais qu'un fragment du Rig-Véda. Je
m'approchai du foyer ; mais il me restait encore
des pas à faire pour l'atteindre.

Aujourd'hui j'ai embrassé ce foyer ingénu et
sacré. J'en ai senti la douce flamme pénétrante.
Et combien, à ce tiède berceau, s'éclairent les
premiers dieux qui remplissent de leur génie les

premiers jours ! Quelle simplicité, et, en même temps, quelle grandeur ! Tous nés avec le jour pour soutenir le grand combat de la lumière et de l'ombre ! Je relis les hymnes de l'Himalaya au pied des Alpes, et j'en retrouve partout le commentaire vivant dans la lutte prolongée du jour blanc et du jour noir. J'entends la voix des terribles Marouts (1) dans le hurlement déchaîné des vents qui se disputent l'entrée des combes, des cluses, des failles alpestres. Certains noms de montagnes, la Corne rouge ou le Rothhorn, les aiguilles rouges du Mont-Blanc, reflet des premiers feux du matin, sont pour moi des noms poétiques, populaires de la même famille que, dans le Penjah, les chevaux rouges d'Agni. Et les troupeaux de vaches védiques ne sont-ils pas mêlés à tout ce que je rencontre? Leurs mugissements ne remplissent-ils pas les échos comme dans les hymnes des premiers Hindous? Le bœuf primitif, l'urus, ne fait-il pas entendre son beuglement dans Uri? N'ai-je pas vu, quand l'incendie menaçait ma maison, au milieu de la foule effarée un paysan verser lentement, goutte à goutte, un petit vase de lait sur la flamme dévorante, sans

(1) Cf. Rig-Veda. M. Muller, 137, 141.

doute pour rendre plus clément l'Agni de nos contrées ? Souvenir étrange des libations des pasteurs himalayens chez les pasteurs de Suisse.

N'ai-je pas vu le troupeau des vaches rousses sortir en foule de l'étable, en même temps que la première aurore printanière, et ne puis-je pas dire aussi qu'elles devancent son char ? Au flanc des grands monts, les nuages déchirés et les rayons perçants du jour forment une véritable bataille qui tient, aussi longtemps qu'elle dure, tous les êtres dans l'attente et la stupeur. Combien de fois, moi aussi, avant de connaître l'hymne védique, j'ai appelé la victoire du rayonnant, du pur, contre les ténèbres épaisses amoncelées autour de moi, dans les vallées de Glaris et de l'Oberland ! J'ai vu aussi la fumée des feux de berger s'élever, de cime en cime, au-dessus des pâturages, au-devant des dieux qui habitent les sommets. Il me semblait, au pied de la Jungfrau, que la nuit ne finirait pas, tant le soleil était lent à paraître. Je l'appelais, je le pressais d'arriver. Si j'avais eu alors le chant matinal d'Agni, j'en aurais fait mon bréviaire.

Je comprends que j'aurais pu être le berger de l'un de ces troupeaux errants autour du foyer du Rig-Véda. De tous les âges de l'histoire, c'est peut-être celui où il m'est le plus aisé de me placer en songe, celui où j'aurais le mieux aimé vivre. L'égalité existait encore. J'ai eu, dans mon enfance (1), des jours de cette vie sub-himalayenne, au milieu des bœufs, des vaches, des chevaux demi-sauvages, dans les forêts inhabitées. Quel silence! Quelle renaissance de la nature entière autour de nos rares champs d'orge et d'avoine! Nous allumions le feu d'herbes sèches, seul compagnon, seul visiteur, seul protecteur. Je ne sais quelle magie nous entourait; je la retrouve et la comprends aujourd'hui dans le Rig-Véda.

Ces hymnes sont le monument le plus ancien des langues humaines; et déjà ils semblent récents en comparaison de l'âge de pierre. Car les bergers assis au foyer d'Agni ont déjà des haches et des armes de fer. Ils connaissent l'or. Ils ont des attelages de chevaux, de bœufs, de vastes demeures, des chariots pour les migrations de la montagne à la plaine. Ils marquent le seuil ou les propylées du genre humain. Je

(1) Voyez dans mes œuvres complètes. T. X. *Histoire de mes idées*, p. 105, 111.

vois de loin les premiers commencements des villes, des peuples, des sociétés. Un pas de plus et nous sommes dans l'histoire.

Autour de ce premier foyer patriarcal, il n'y a pas encore de castes. Le prêtre est le chantre, l'inspiré, et pourtant il reste soumis au chef de famille. Mais on pressent que, possédant seul le mystère, il grandira avec le Dieu et finira par tout dominer. La poésie naturelle, spontanée, deviendra alors une formule entre les mains des brahmanes.

Pour nous, à ce premier foyer d'Agni, faisons provision de paix avant de franchir le seuil qui s'ouvre devant nous. Souvent, au milieu des sociétés et des empires qui vont naître et qui seront nourris par les louves, nous tournerons la tête en arrière vers ces premiers âges du monde civil. Dieux nourris de lait, donnez-nous votre science et votre lumière. Même quand vous ne serez plus, assistez-nous de votre souvenir.

Les pensées dont vous remplissiez les hommes sont si loin de nous qu'elles nous semblent n'avoir jamais été possibles autrement qu'en rêve. Versez vos antiques libations sur nos blessures saignantes.

Apportez-nous le *soma* qui apaise la douleur. Que le ciel et la terre soient unis et réconciliés comme les deux roues d'un char.

Étendez jusqu'à nos siècles la vertu de vos hymnes. Moi aussi, à l'autre extrémité des temps, je vous loue, je vous célèbre, je vous implore (1).

(1) Arrivé au moment de la vie où il est permis de regarder en arrière sur son passé, j'éprouve quelque joie de voir que mes premières idées sur les Védas (en 1838, dans le *Génie des religions*), sans autre document que le fragment de Rosen, sans aucun commentaire, ont été confirmées et le sont chaque jour par les découvertes et les traductions des indianistes. J'avais montré que le Rig-Véda est l'hymne du lever du soleil, sous une multitude de formes toutes empruntées à la vie d'un peuple de bergers, sur de vastes plateaux de montagnes. J'avais établi (il y a trente ans) que la première religion védique était la religion de la lumière; que l'impression du lever du jour était le fond de la mythologie; que toute la théogonie de l'antiquité se concentre dans la révélation de la nature par l'aurore. J'osais avancer cela, lorsque les travaux les plus célèbres sur la mythologie et les religions de l'antiquité étaient dirigés dans un sens diamétralement opposé, alexandrin et mystique. Aujourd'hui M. Max Müller et les principaux orientalistes confirment admirablement ce que j'avais aperçu. Voyez le *Génie des religions*, pages 107 et 123, sur la révélation par la lumière. Cf. Max Muller. *Mythologie comparée. Passim.*

LIVRE NEUVIÈME.

PALÉONTOLOGIE DES LANGUES. — LES LOIS DE LA VIE ET DE LA PAROLE.

CHAPITRE PREMIER.

LE LANGAGE DES OISEAUX.

Rien de plus vain que de comparer, comme on le fait, les lois du développement des langues aux formules de l'astronomie. Ce n'est point là que se trouvent les analogies fécondes. Les langues sont des formes vivantes, organisées. C'est donc à des êtres organisés qu'il faut les comparer, je veux dire aux diverses parties des règnes végétal et animal.

Ne dites pas que vous ne trouvez dans toute la nature vivante, ni rudiment ni indices du langage. Ce serait avouer que vous n'avez jamais étudié le règne animal dans le libre mouvement de ses instincts.

Une chose a empêché longtemps d'entrer dans la voie véritable. On opposait l'homme aux quadrupèdes, surtout aux singes muets. D'autre part, des voyageurs ont reconnu les intonations grêles du renne dans la langue des Lapons. Les anciens chevaux sacrés ont pu prêter au zend et au teutonique des nasales aspirées, avec « les hennissements de leurs cœurs lascifs. » Malgré cela, ce n'est pas avec les mammifères, c'est avec les oiseaux que peuvent s'établir les vrais points de ressemblance.

Dès l'origine, l'idée de la parole et celle du chant n'étaient point séparées. Qui chantait, parlait, et réciproquement (1) ; aussi les deux choses ont-elles la même racine.

Quand Homère nomme l'hirondelle, il lui attribue une parole, une voix humaine, une faculté de langage, un discours suivi ; tout cela compris dans le mot dont il se sert, αὐδή (2). Au moyen âge les poëtes disaient de même : « les oiseaux dans leur patois. »

(1) Adolphe Pictet. *Les Aryas*. T. I, p. 478.
(2) Cf. Odyss. c. VI. v. 125.

C'est qu'en effet, les oiseaux ont un langage, puisqu'il est parfaitement parlé et compris. A l'appel de l'oiseau blessé, ses compagnons accourent ; à une autre intonation ils se dispersent. Au roucoulement de la tourterelle, le mâle vient la remplacer sur la couvée sans autre avertissement. Hier, en rase campagne, sur la grande route, un pinson se jetait dans mes mains et presque sous mes pieds, avec le cri de détresse, *pi-pi-pi ;* son petit était tombé du nid, j'allais l'écraser sans le voir. C'est pour le sauver que la mère s'oublia et jeta cette note perçante que je compris aussitôt. Qu'est-ce que tout cela, si ce n'est parler, interroger, répondre ?

Vous dites : ils ne profèrent pas de mots. Fort bien. Mais ils profèrent des syllabes. Le rouge-gorge, avec son *ti-ri-titt,* l'oiseau-mouche avec son *screb, screb,* sont aussi sûrs d'être compris que le sauvage Peau-Rouge qui renferme toute une longue phrase dans un mot, et ce mot dans une syllabe. Sans doute, la fauvette, le rossignol n'ont pas une langue humaine ; mais ils possèdent au moins une syllabe du grand vocabulaire que se partagent les peuples.

Ayant vécu de longues années, séparé presque de toute société humaine, l'occasion ne m'a pas manqué d'observer le langage des oiseaux. Je rassemble ici quelques-unes des réflexions que m'ont suggérées ces observations prises sur la nature.

Aujourd'hui, l'homme peut être l'instituteur de l'oiseau. Mais qui sait jusqu'à quel point, dans l'origine, l'oiseau a été l'instituteur de l'homme? Venu le dernier sur la terre, il imitait ceux qui l'ont précédé. J'entrevois ici toute une source nouvelle d'expériences, d'études et d'idées. Entrons dans ce chemin.

Presque tous les oiseaux, pendant la mauvaise saison, ne font entendre qu'un monosyllabe qui est le cri caractéristique de l'espèce. Le printemps venu, le chant d'amour commence. Il se forme de mélodies plus ou moins variées, sous lesquelles disparaît le radical monosyllabique auquel se réduisait auparavant le langage de l'oiseau.

Mais ce chant cadencé, radieux, vibrant, prolongé, d'où sort-il? Cette langue, avec ses modulations, ses phrases, ses accents, ses dialectes, comment s'est-elle formée? Comment cette merveille a-t-elle éclaté? Le musicien ailé a-t-il connu son art tout entier, dès la première heure?

LIVRE NEUVIÈME.

Beaucoup de naturalistes, et parmi eux Buffon (1), pensent que le chant d'aucune espèce d'oiseau n'est inné, mais que le ramage propre aux diverses espèces d'oiseaux et ses variétés, ont eu à peu près la même origine que les langues (2) des différents peuples et leurs dialectes divers.

Suivons cette lueur, voyons où elle conduit.

Que de découvertes singulières se dévoileraient à qui porterait son attention sur cette philologie

---

(1) Buffon. *Hist. nat. Oiseaux.* T. VII, p. 87, 88, 89.

« Les personnes qui n'ont jamais observé le chant des oiseaux, supposent que les oiseaux de chaque espèce chantent exactement les mêmes notes et les mêmes phrases, ce qui n'est point vrai du tout, quoiqu'il y ait une ressemblance générale dans le dessin des mélodies... A peine y a-t-il deux oiseaux de la même espèce qui aient un chant absolument pareil. Barington. » *Experiments and observations*, p. 287.

« Les notes dans l'oiseau ne sont pas plus innées que le langage de l'homme, et dépendent entièrement du maître qui l'élève. J'ai élevé un jeune linot avec une vengoline, et le linot a pris le chant de son instituteur africain, sans aucun mélange du chant du linot. » *Ibid.*

(2) « Les différences dans le chant des oiseaux de la même espèce ne peuvent mieux être comparées qu'aux variétés des dialectes provinciaux. Barington, vice-pres. » R. S. *Experiments and observations on the singing of Birds. Transactions philosoph.* T. LXIII, p. 280.

comparée dont retentissent les forêts au retour de la saison nouvelle! Chants, hymnes, mélodies, nous en jouissons sans nous demander s'ils ont eu la même puissance dès la première heure du monde. Comment est né le chant de chaque espèce? Il est certain que chaque couvée l'apprend de ses parents. Le petit oiseau, dans les premiers jours de sa vie, n'est pour ainsi dire, qu'oreille.

Les sons qu'il entend autour de lui s'impriment alors dans sa mémoire. Il en forme ses voix. Il écoute le gazouillement de son père et de sa mère; plus tard il le répète. S'il ne l'avait jamais entendu, le saurait-il? Privé de son père ou de sa mère, il prend la langue de son instituteur.

C'est par des oiseaux soustraits à l'éducation de leurs parents, que de nouvelles notes entrent dans le vocabulaire de l'espèce. Au-dessus de ces variétés, que nos oreilles ont peine à saisir, domine le chant de l'espèce, qui, en dépit des petits dialectes, reste à peu près fixe, comme une langue formée, nationale, dont les racines et la grammaire ne changent plus.

Mais les parents, d'où ont-ils appris cette mélodie première et non telle autre? Leur a-t-elle été révélée comme la parole au premier homme dans l'Éden? Le problème du langage serait-il donc aussi complexe pour le rossignol que pour l'homme? Peut-être (1).

Si un oiseau est pris au nid et élevé par un oiseau étranger, il prend le ramage de l'étranger (2). Certains langages d'oiseaux se marient plus aisément que d'autres : le chardonneret prend volontiers le chant du roitelet, le bouvreuil de la fauvette, le bruant du pinson, le linot du canari. Même en liberté, pareils mélanges s'accomplissent. Une oreille délicate découvrirait facilement des dialectes divers dans le chant spécifique de chaque famille de passereaux.

Quelle étude charmante de retrouver la note originale de chaque genre, modifiée par la note imitée! On peut croire que la richesse étonnante des motifs, des modulations est le résultat d'une longue éducation de chaque espèce par elle-

---

(1) Cf. Aristote. *Hist. des animaux*, Liv. IV, c. 9.
(2) « On peut demander comment il arrive que certaines notes sont particulières à certaines espèces. Ma réponse est que l'origine des notes des oiseaux est aussi difficile à expliquer que celles des différents langages des peuples. Barington. » *Experiments and observations on the singing of Birds. Transactions philosoph.* T. LXIII, p. 287.

même et par les autres. Avec le don d'imitation qui est le génie de l'oiseau, le plus habile accroît son chant de chaque note qui le frappe, dans le répertoire de sa famille ou d'une famille étrangère.

Naturellement, les espèces les plus rapprochées sont celles dont les langues se mêlent et s'enrichissent les unes par les autres. Si la langue du chardonneret se mêle à celle du roitelet, ou celle du linot à celle du serin, c'est par la même raison que les dialectes rapprochés dans les langues humaines se mêlent, l'un à l'autre, l'ionique à l'attique, l'osque à l'ombrien, le pisan au toscan. L'espèce qui est capable de réunir le plus grand nombre de ces dialectes divers d'oiseaux, est la plus riche parmi les oiseaux chanteurs.

Un naturaliste anglais du XVIIIe siècle (nul n'a mieux étudié cette question), Barington (1), vice-président de la Société royale de

(1) *Experiments and observations on the singing of Birds.* 1773, p. 280, 286, 287. Barington. « La perte du parent mâle, à l'époque critique pour l'instruction, a, sans doute, produit les variétés que j'ai observées dans le chant de chaque espèce. Dans ce cas, le petit a entendu le chant de quelque autre oiseau. Ou peut-être a-t-il inventé quelques

Londres, pensait que le rossignol a été, à l'origine des temps, le premier instituteur des oiseaux chanteurs, et qu'ils se sont tous formés à ses leçons. C'est de lui qu'ils auraient reçu leur première langue d'oiseau.

Je croirais bien plutôt, qu'étant le plus parfait, le rossignol a paru le dernier dans l'échelle ; car c'est lui qui rassemble dans son chant le plus grand nombre de notes et de motifs partagés entre toutes les espèces voisines. Non que son œuvre soit un plagiat. Au contraire, il lutte d'émulation avec chaque espèce pour porter plus loin la variété, la puissance, le nombre de ses mélodies. Il ne chante qu'après la fin du jour, comme s'il voulait laisser à ses rivaux le temps d'épuiser leur art.

La nuit venue, il reprend leurs notes inachevées ; il semble d'abord converser tout bas avec lui-même ; puis il part, il se donne carrière, il résume toute l'harmonie du jour. Vous diriez qu'il a médité sur ces accents divers pour en tirer comme d'une ébauche une œuvre incom-

notes de son propre mouvement, lesquelles se sont perpétuées de génération en génération, jusqu'à ce que des accidents semblables aient produit d'autres changements. »

parable, dans laquelle l'imitation ne se sent jamais, et qui ne se souvient que pour créer.

Pourquoi le rossignol est-il le premier? parce qu'il a enrichi sa langue propre de toutes les voix de la nature qui ont résonné autour de lui. Il est l'Homère qui a fondu dans sa langue tous les dialectes de la grande race des oiseaux chanteurs.

C'est par cette émulation que le ramage se développe; et nous pouvons, à notre gré, en rapprochant des oiseaux de contrées différentes, introduire les notes de l'Asie, de l'Afrique, de l'Amérique dans nos bois. Ceci explique une chose extraordinaire, remarquée par les naturalistes : dans les espaces déserts où les êtres vivants sont séparés les uns des autres par de grands intervalles, tels que l'intérieur de l'Afrique ou de l'Amérique, vous ne rencontrez que des oiseaux à la voix rauque, sans presqu'aucun vestige de chant. L'art périt, ou plutôt il n'a pu naître, faute d'émulation et de cette sorte de concours permanent que la nature établit entre ces petits êtres passionnés, dans tous les lieux où les migrations les rassemblent (1).

(1) C'est le résultat de l'expérience que j'ai faite. Barington. *Loc. cit.*

Le moqueur d'Amérique est célèbre par l'art d'imiter et de fondre tous les sons qu'il entend dans les savanes et les forêts; ce qui lui donne une inépuisable richesse de phrases, et le fait appeler par les sauvages, « l'oiseau aux quatre cents langues, » et par les naturalistes, « le polyglotte. » Le rossignol d'Amérique réunit ainsi dans sa langue tous les dialectes inconnus qui retentissent dans les forêts vierges du Nouveau-Monde.

Comparez, par une belle nuit de printemps, le chant du rossignol à la description qu'en faisait Pline, il y a dix-huit siècles. Suivez dans le texte les notes exactement marquées de ce concert. Vous en reconnaîtrez les moindres nuances transcrites sur ces tablettes antiques : longs soupirs, modulations, explosions, interruptions, silence, reprises; plein, grave, aigu, fréquent, étendu, puis encore vibrant, haut, moyen, bas; *plenus, gravis, acutus, creber, extentus; ubi visum est, vibrans, summus, medius, imus* (1). Ne l'entendez-vous pas? La musique du rossignol, en passant par cette majestueuse

---

(1) Pline. *Hist. nat.* L. X. C. 43.

langue romaine, s'enfle du grand écho de Rome; elle nous arrive du fond des siècles, printanière, intarissable, triomphante des ruines.

Mais ce chant, si fidèlement transcrit par Pline l'Ancien, a-t-il toujours été le même? Dès l'origine, ses périodes, ses rhythmes, ses cadences étaient-ils achevés? Il est permis d'en douter. Peut-être y a-t-il eu un temps où ce chant se bornait à sa note première, fondamentale, ithys! ithys! telle que les Grecs nous l'ont transmise dans une légende mélodieuse. Parmi les dialectes de l'espèce du rossignol, il en est de très-inférieurs aux autres (1). Il s'est trouvé de ces maîtres chanteurs qui, par une circonstance quelconque, frappés d'un son nouveau, ont introduit une note nouvelle dans la mélodie des ancêtres et l'ont transmise ainsi perfectionnée à leur postérité.

Il peut arriver encore qu'un autre rossignol s'approprie de nouveaux sons, qu'il enrichisse sa

---

(1) « Dans le chant du rossignol, j'ai observé seize préludes différents et autant de finales. Les autres oiseaux n'ont que quatre ou cinq changements; le chant dure quelquefois vingt secondes. » Barington. *Transact. philosoph.* *Loc. cit.*

mémoire de phrases, de tours qui n'existent pas aujourd'hui ; que nous n'entendons pas ; mais qu'une postérité lointaine entendra au milieu des nuits profondes qui enveloppent l'avenir. Ces sons nouveaux inconnus, impossibles à pressentir, éveilleront, dans le cœur de l'homme, des nuances de sentiments mélodieux qu'il ne connaît pas encore (1).

Ici que d'observations naissent en foule ! Tout est nouveau et inexploré dans ce sujet. Si les mélodies des espèces voisines se mêlent comme les dialectes, les voix des espèces trop éloignées ne peuvent presque rien s'emprunter l'une à l'autre. Les chardonnerets, les bruants, les bouvreuils, si bons imitateurs des petites phrases des roitelets, des pinsons ou des serins, n'empruntent pas une syllabe au vocabulaire des oiseaux carnassiers ou des oiseaux de nuit. La distance est trop grande pour être franchie. La grammaire de chacun reste immuable. C'est ainsi que des langues humaines trop opposées ne peuvent

---

(1) « On sent combien, dans la suite des générations, ce même chant peut être encore perfectionné ou modifié diversement par d'autres hasards semblables. » Buffon et Montbeillard. *Hist. nat. Oiseaux.* T. IX, p. 129.

se mêler l'une à l'autre, le cafre à l'anglais du Cap, l'araucan à l'espagnol, l'indien des pampas au portugais de Camoëns.

Faisons un pas de plus. Voici une merveille à laquelle nous ne prêtons plus d'attention, parce que l'habitude nous empêche d'y réfléchir. Chaque année, au printemps, nous assistons, sans y prendre garde, à l'origine, à la formation, à l'éclosion d'une multitude de langues, qui nous font, pour ainsi dire, toucher du doigt l'origine de nos propres langues humaines. Comment cela? Écoutez.

Tant qu'a duré l'hiver, chaque espèce d'oiseau est sinon muette, du moins réduite, pour toute expression, à une syllabe qui est comme le radical de toute sa langue (1). Ce monosyllabe, cri bref, strident, suffit, par la différence d'accent et de tonalité, à exprimer toutes les affections d'une existence appauvrie qui se resserre sous le froid de l'hiver. Le besoin, la douleur, la misère, l'inquiétude, la faim, n'ont pas besoin d'un clavier plus riche; c'est là une analogie frappante avec ces peuplades errantes de l'Afrique et de l'Amé-

(1) Buffon. *Hist. nat. Oiseaux.* T. V, p. 390.

rique qui ont, à leur manière, une de ces langues d'oiseaux (1), formées au plus de quelques racines monosyllabiques, lesquelles, diversifiées par l'accent, hautes, graves, ou moyennes, suffisent aux conditions d'une vie abaissée au degré le plus infime de l'humanité.

Saison d'hiver pour l'homme; il ne rompt le silence que lorsque le besoin, la douleur, la stupeur lui arrachent un monosyllabe. Taciturne le moment d'après, qui croirait que de cette bouche muette sortiront un jour, à flots pressés, les idiomes d'Homère, de Virgile ou de Dante? L'oiseau aussi se tait; et dans ce croassement d'hiver, comment soupçonner jamais les mélodies de la fauvette et du rossignol qui écloront avec la fleur, dans la saison nouvelle?

Cependant le printemps est venu; le miracle s'accomplit. Quel est-il? Ces mêmes tribus d'oiseaux indigentes, égoïstes, dont l'âme s'était retirée, sont tout à coup comblées de tous les biens de la terre, soleil, chaleur, lumière, richesse, sécurité, abondance, allégresse. Des siècles de siècles les séparent de la saison de mort. Un sen-

(1) Voyez sur les peuples à langues d'oiseaux, Max Müller. *Science du langage.* T. II.

timent surtout les a transformées, l'amour. Et alors, qu'arrive-t-il? Entendez. Tous ces muets commencent à bégayer et à parler. Tous ces gosiers se délient; la merveille du langage s'accomplit sous mille formes.

Ils s'essayent d'abord et l'instrument semble rouillé. Les voix sont encore à demi enfermées dans le bourgeon comme la fleur. Un oiseau prélude, un autre tente de le surpasser. Enfin, après bien des essais, ils ont retrouvé le chant oublié, nouveau, ravissant, où l'âme renaît en toutes choses. Il y a aussi des saisons pour les peuples où l'âme a disparu; mais qu'elle est lente à renaître!

Au lieu du cri monosyllabique qui semblait appartenir à la nature morte, voici des voix qui se répondent, des phrases prolongées, des cadences soutenues, véritables langues agglutinantes, composées, où éclate chacune des nuances d'une âme qui s'éveille, langueur, désir, joie, tendresse, surtout extase de la lumière; tout cela né aux premiers instincts de l'amour et de la famille.

Comme le chant n'a pas éclaté soudainement au printemps, il ne cesse pas non plus tout à coup en hiver, mais par degrés. Les voix baissent de ton ; les pauses deviennent plus fréquentes et plus longues ; le vocabulaire s'altère. Aux grandes voix de l'été succède le petit ramage de l'automne. Enfin, de ce chant diminué, timide, il ne reste plus qu'un murmure ; et, comme si la vie se resserrait encore, il n'y a plus en hiver qu'une note brève, rare, qui achève même de disparaître.

Mais cette note renferme, dans sa racine, le germe du chant nouveau, qui recommencera à bourgeonner et à s'épanouir dans la saison nouvelle. Ainsi les langues d'oiseaux meurent et renaissent chaque année ; vous pouvez en suivre la décadence et la restauration dans un cercle éternel : chant du printemps, chant d'été, chant d'automne. Autant de périodes différentes d'une même langue, qui se forme, se développe, s'étend, puis se décolore, s'altère, se décompose, s'éteint et meurt pour renaître.

Diminuez, tant que vous le voudrez, les analogies entre ce petit monde inférieur et le monde de l'homme. Comptez, amplifiez les différences, les incompatibilités. Je le veux bien. Après tout, il restera toujours assez de ressemblance entre ce langage embryonnaire et le langage de l'homme, pour que les analogies nous conduisent à des vérités dont on cherche vainement à pénétrer le mystère par un autre chemin.

Donnez, en effet, à ce germe imperceptible de l'instinct du langage, les proportions humaines, père, mère, enfants, famille; que le nid devienne la hutte; surtout que le grand rayon d'une religion réchauffe, pénètre ces premières couvées humaines. Il se fera bien alors un autre miracle que celui qui s'accomplit, sous nos yeux, chaque printemps.

Les monosyllabes se lieront aux monosyllabes. Ce n'est pas seulement le chant, c'est la parole qui naîtra, après le long silence de l'âge de pierre, saison d'hiver de l'humanité.

La même extase de la lumière qui n'avait enfanté qu'un ramage d'oiseau, enfantera les hymnes des Védas.

CHAPITRE II.

COMMENT SE FORMENT LES VARIÉTÉS ET LES DIALECTES DANS LES CHANTS OU LES LANGUES D'OISEAUX.

Je n'exagérerai pas ce que l'homme a emprunté aux cris des animaux. Je sais que ces imitations semblent aujourd'hui stériles, comme si les langues cultivées avaient répugné à puiser dans cette source et à imiter les voix des êtres inférieurs. Il est certain, je le reconnais, que les sons, les bruits de la nature, les rugissements des carnassiers, les mugissements des ruminants et même les chants des oiseaux, quand ils ont été reproduits dans les langues humaines, n'y ont pas enfanté ces riches familles de mots que d'autres causes, moins faciles à montrer, y ont fait entrer.

Cependant, là aussi, il ne faudrait pas trop

nier. Après avoir si longtemps tout accordé à l'onomatopée, il ne faudrait pas lui tout refuser aujourd'hui; les plus habiles pourraient y être trompés. J'en veux citer un exemple.

Je lisais un jour le grand ouvrage de M. Adolphe Pictet, « *la Paléontologie linguistique,* » et je ne me lassais pas d'admirer comment il pénètre, avec une clef magique, le secret des origines les plus lointaines. Un étourneau des plus avisés, qui faisait alors notre unique société, était posé sur ma main ; il s'était à demi endormi, pendant que je suivais dans le livre les savantes étymologies de son nom : étourneau, en latin, *sturnus;* en allemand, *star*. J'étais ramené au zend, au sanscrit ; et, sur la foi de mon guide, je ne faisais aucune difficulté d'admettre que la première origine du nom avait été tirée de la ressemblance du plumage aves les couleurs marquetées, irisées des étoiles. « En védique, *stara*, en latin, *stella*, sans doute de *st, sternere,* ce qui est étendu, répandu à la voûte du ciel; l'étourneau serait ainsi nommé de ces taches étoilées. »

En lisant ces lignes, je trouvais moi-même de nouvelles ressemblances entre le reflet des étoiles et la gorge de notre sansonnet, rayée de violet, d'or, d'azur et d'orangé. Pour mieux l'examiner, je fis un mouvement ; l'oiseau assoupi se réveilla, et me jeta dans l'oreille son cri *str*, *str*, *str*. Il le répéta si haut et avec tant d'obstination que je fus bien obligé de reconnaître que ce str avait été la racine de son nom chez tous les peuples indo-européens. Les premiers Aryens n'avaient fait évidemment qu'accepter le nom qu'il s'était donné lui-même.

Outre le cri strident qui marquait l'accent de sa race, notre sansonnet avait les chants de la fauvette, du canari, du rossignol. Il ne confondait pas ces diverses mélodies. Mais il les faisait succéder l'une à l'autre en longues phrases distinctes qu'il coupait par des soupirs et des silences.

Comment s'expliquer cette variété d'idiomes ? Par l'éducation, par la tradition. La première fois que je l'entendis, je crus entendre tout un concert d'une multitude d'oiseaux différents qui se répondaient l'un à l'autre dans un bosquet. Sans doute, il avait vécu, dans son enfance, en compagnie d'un rossignol, d'un canari, d'une fauvette, et il avait appris en bas âge les dialectes de ses compagnons de captivité. Il parlait ainsi trois ou quatre langues d'oiseau, à peu près comme l'enfant qui, élevé au milieu de personnes d'origines différentes, parle, sans les mêler, les langues de chacune d'elles.

Bientôt, avec sa faculté merveilleuse d'imitation, notre sansonnet joignit à ses mélodies le long gémissement d'une porte qui grinçait sur ses gonds. On ouvrit un chemin de fer sous nos fenêtres ; l'oiseau écouta d'abord en silence ; puis, un matin, il ajouta à ses notes le sifflet éclatant de la locomotive qui vingt fois par jour retentissait dans le voisinage. Un étranger qui ne l'eût pas observé eût certainement cru que cette longue note tenue appartenait à son chant naturel. Ainsi, son clavier s'augmentait de sons nouveaux qu'il n'avait jamais entendus auparavant.

Cette observation, jointe à une multitude d'autres, me fit penser que le chant des oiseaux emprunte aux bruits de la nature une partie de ses trésors ; par où s'expliquent les consonnances de ces voix avec le monde environnant.

Ne retrouverait-on pas le frémissement du

feuillage des taillis dans le chamaillis des petits granivores, les soupirs du vent dans les soupirs du rossignol, le clapotement des rivages dans le nasillement des oiseaux aquatiques, le coassement de la grenouille dans le râle d'eau, le sifflement du roseau dans le bouvreuil, le cri de la tempête dans la frégate, le murmure des vastes forêts sonores dans le roucoulement des tourterelles?

N'y a-t-il aucun rapport entre le piaulement de l'épervier et le piaulement des poussins qu'il passe sa journée à épier? Où les oiseaux de nuit ont-ils pris les sons tremblés, frissonnants, qui semblent la répercussion d'un écho souterrain dans des ruines?

Le hou-hou du chat-huant n'est-il pas l'écho des longs hurlements éclatants des louveteaux que l'on entend aussi à la tombée du jour? Où la chouette a-t-elle trouvé son effrayant éclat de rire? Où la mésange charbonnière a-t-elle pris le grincement métallique de sa lime de serrurier?

Il y a dans les Alpes un corbeau, le coracias huppé, qu'on appelle le sonneur parce qu'il imite la sonnerie des clochettes des troupeaux, sur les hauts pâturages où il se tient en été. Le chant véritable de l'alouette est un chant de lumière. Elle monte dans un rayon vers la source de feu. Avec cela, cette même alouette, vivant dans le chaume en compagnie de la sauterelle, en emprunte la note stridente ; elle l'imite si bien que les naturalistes en font un de ses caractères spécifiques. Ils l'appellent la locustelle.

Ainsi tous les accents de la nature morte ou animée ont leur écho et leur consonnance dans la nature vivante. Et qui sait si parmi ces voix, ces cris qui nous étonnent aujourd'hui, il n'y a pas le dernier retentissement d'une époque paléontologique dont tout vestige vivant a disparu ? Peut-être tel cri d'oiseau qui nous est insupportable est-il l'écho, l'imitation traditionnelle d'un bruit qui s'est éteint avec une certaine époque du monde.

Non-seulement les mélodies, ou plutôt les langues des oiseaux se perfectionnent, s'embellissent par l'émulation des espèces et des races proches parentes, mais aussi elles s'altèrent par la fréquentation des familles à la voix rauque ou criarde. L'homme qui parle le mieux, s'il est jeté dans une société de gens qui parlent mal, prend de mauvaises locutions dont il a peine ensuite à se corriger. Cela arrive aussi journellement aux meilleurs des oiseaux chanteurs. Buffon raconte qu'il entreprit d'extirper et d'étouffer par la vapeur du soufre et du charbon les moineaux de son jardin de Montbard, parce qu'ils corrompaient, de leur patois grossier et de leur vilain *tui-tui*, le chant correct de ses linottes, de ses tarins et de ses canaris (1).

Pourquoi les grandes espèces d'oiseaux ne chantent-elles pas? la raison principale tient, sans doute, à leur organisation même. Beaucoup de causes aussi tiennent à leur genre de vie. Ils sont trop occupés des dures nécessités de chercher leur nourriture.

Toujours en quête de proie, la grande tribu des carnassiers ne peut faire entendre que le cri de la faim ou celui de leurs victimes. Les peuples chasseurs aussi ne chantent pas. Toujours à la piste du gibier, ils chassent ou ils dorment.

---

(1) « Je m'étais aperçu que non-seulement ils troublaient le chant de mes oiseaux par leur vilaine voix, mais que même à force de répéter leur désagréable *tui-tui*, ils altéraient le chant des serins, des tarins, des linottes, etc. » Buffon. *Hist. nat.* Oiseaux. T. VI, p. 216.

De même, de la tribu des pêcheurs. Lutter avec la mer, poursuivre la proie sous les flots est toute leur vie. Voyez le héron, les grands échassiers. Ils se tiennent immobiles, tout le jour, au bord de l'eau, de peur d'effaroucher la proie ; ils se garderaient bien de pousser un cri. Tout au plus, se permettent-ils, de loin en loin, un claquement du bec. Pour le chant, il faut du loisir, et il n'est donné qu'aux peuples agriculteurs. Les granivores, qui trouvent leur grenier rempli, peuvent développer leur chant. Surtout les insectivores, dont la nourriture est partout assurée, ont le loisir de devenir artistes. Mais l'aigle, l'hirondelle de mer, la frégate, les oiseaux de nuit, comment songeraient-ils à chanter ?

Un cri lamentable, perçant, peut-être imité de ceux qu'ils égorgent, voilà leur langue.

CHAPITRE III.

LES LANGUES DE L'AGE DE PIERRE.
QUE LES PREMIERS ÉLÉMENTS DE LA PHILOLOGIE COMPARÉE
ONT ÉTÉ DÉCOUVERTS PAR LES NATURALISTES.

Dans l'antiquité fossile qui vient de se découvrir à nous et qui effraie l'imagination, lorsque l'homme vivait avec le mammouth, depuis l'Angleterre jusqu'aux Pyrénées, il avait déjà un instinct des arts du dessin ; témoin les gravures et les sculptures antédiluviennes que l'on découvre chaque jour. Son burin était une pointe de silex, et il sculptait des bois de renne ou des fragments de calcaire. Quel était le principal objet de cet art de l'homme fossile? C'étaient surtout les animaux qu'il rencontrait.

Vous reconnaîtrez aisément dans ces dessins le mammouth, en marche, à la vaste crinière, ou le renne couché qui fait effort pour se lever. Mais quel était le vrai caractère de ce premier art ? la réalité. L'homme s'applique uniquement à reproduire l'image exacte de l'animal. Comme les Yoweys de nos jours imitent dans leur danse la marche de l'aigle, de même l'artiste de l'âge fossile copie scrupuleusement ce qu'il a sous les yeux ; il se rapproche, autant qu'il le peut, des êtres mystérieux ou gigantesques en qui il voit ses conducteurs ou ses maîtres : car c'est d'eux qu'il apprend, d'abord, à choisir sa nourriture.

D'ailleurs, nulle trace de système, comme dans les plus anciens dessins égyptiens. Les traditions religieuses n'ont pas eu encore le temps de voiler la nature ; elle est toute neuve devant l'homme tout neuf. De là une vérité, une réalité, une fidélité qui perce à travers les essais antédiluviens de cette gravure fossile, imitation nue de la nature vivante, à laquelle l'homme n'a pas encore ajouté ses symboles et son âme. Ces figures, si reconnaissables, sont, dans l'art, ce que les imitations des cris des animaux sont dans les premières formations des langues humaines. Ce sont les onomatopées du dessin.

Dans l'Amérique du Nord, chez les Illinois,

des tertres entiers (1) ont été taillés, sculptés en forme de carnassiers ou de reptiles gigantesques. Étranges cités, où chaque demeure était faite à l'image d'une bête, de six à sept cent pieds de long, buffle, élan, ours, oiseau, serpent, lézard, tortue, grenouille. L'homme, craignant tout, se dissimulait et se cachait dans l'animal. Le sauvage de l'Illinois pouvait dire :
— Mes ancêtres habitaient le serpent, j'habite l'ours ; mes fils habiteront la tortue.

Comment remplirons-nous les siècles incommensurables qui se découvrent à nous dans l'histoire de l'homme fossile ? Quels étaient son langage, sa grammaire, son vocabulaire, à l'époque où il était le compagnon de l'*Elephas primigenius ?* Il nous faut une réponse à cette question ; et comment en trouver le premier élément ? En remontant du connu à l'inconnu.

Il est vrai que, dans les langues policées, les voix imitées de la nature sont en petit nombre. Mais n'est-ce pas qu'elles sont les derniers débris oblitérés d'une époque où l'homme nouveau venu dans le monde imitait encore, comme

(1) John Lubbock. *L'homme avant l'histoire.* Trad. par M. Barbier, p. 224, 225.

l'enfant, tout ce qui le frappait dans les sons inarticulés de la nature vivante? Bégaiements, vagissements de l'humanité naissante, ces premières imitations ont été étouffées plus tard, sous la parole développée, dans les âges de bronze et de fer. Mais, il reste assez de ces vestiges pour montrer que ce fut là un des éléments du langage dans l'âge de pierre. J'en crois ici volontiers le poëte Lucrèce. Les hommes, avant de parler en vers, ont commencé par imiter « les voix liquides des oiseaux (1). »

Que sont les langues des sauvages, sinon une perpétuelle onomatopée? Les linguistes qui nient la puissance d'imitation dans les langues, n'ont certainement pas jeté les yeux sur les nomenclatures des oiseaux. Car les sons imitatifs du cri de l'espèce ont le plus souvent formé le nom dans toutes les langues humaines. Et aujourd'hui, le seul moyen qu'aient les naturalistes d'éviter le chaos est de laisser à chaque oiseau le nom qu'il s'est donné à lui-même par son cri spécifique,

(1) At liquidas avium voces imitarier ore
Antè fuit multò quàm lævia carmina cantu
Concelebrare homines possent, auresque juvare.
Lucret. *De Rer. Nat.* Lib. V, v. 1378.

lequel a passé dans l'idiome des indigènes. Rien de plus évident pour l'Amérique.

Parcourez seulement d'un regard les nomenclatures des ornithologistes du Nouveau-Monde. Vous verrez clairement que, dans les langues américaines, qui se forment aujourd'hui sous nos yeux, le nom des oiseaux est presque toujours dérivé de leur cri ; et ce qui se passe de nos jours dans les tribus américaines, polynésiennes, s'est passé certainement aussi, à l'origine des langues indo-européennes. Les noms ne sont restés si semblables, de peuple en peuple, de siècle en siècle, que parce que la prononciation a été maintenue par l'exemple et la voix de l'animal lui-même.

On demande toujours : comment l'homme a-t-il pu s'abaisser jusqu'à l'adoration des bêtes? Et moi, je demande : comment ne les eût-il pas adorées, ayant appris d'elles les éléments de tant de choses? Car il a appris des granivores l'usage des céréales encore barbares ; et de nos jours même, il observe le singe dans les forêts pour savoir ce qu'il mange et s'en nourrir comme lui.

Les premiers mots de chaque langue ont été des cris de passion instinctive. Dans l'oiseau, les racines ou les monosyllabes qui expriment la peur, sont sourds; ceux de la colère, brefs; de l'angoisse, aigus, répétés, perçants; de la douleur, traînants, coupés de silences; du plaisir ou de la joie, mielleux, cadencés, rhythmés. La langue grecque est la mélodie mielleuse d'une âme sereine au printemps de l'humanité.

Que l'on ne dise pas que les mots imités des voix de la nature sont restés stériles, qu'ils n'ont pas produit de famille. Eh! quelle famille nombreuse de mots le mugissement du bœuf n'a-t-il pas donnée au grec! certains vers d'Homère en retentissent; ils beuglent. La huppe a donné ποππίζω, la chouette, ὀλολύζω, *ululare*, la perdrix, τρίζω (1), la grue, *congruere* (2); et pour s'en tenir à ces exemples, on voit que ces mots, peu à peu détournés de leur signification première, ont été étendus à des objets et même à des idées auxquels d'abord elles ne s'appliquaient point.

Vous cherchez où les premiers hommes ont pris les racines de leur langue, les dâ, mâ, âr,

(1) Aristote. *Hist. des anim.* IV, p. 10.
(2) Festus. *Congruere, quasi ut grues convenêre*. T. I, p. 67.
Buffon. *Hist. nat.* T. XIII, p. 428.

des langues aryennes. Ils en ont pris quelques-unes là où les oiseaux ont pris le monosyllabe qui fait le fond de leur langage (1); le hibou, son hou-hou, le rouge-gorge, son tiriti, le corbeau, son krâ, l'oiseau-mouche son screb; et ces premières racines ont exprimé comme dans le langage embryonnaire de la nature, non pas un objet particulier, mais un mouvement passionné, désir, crainte, colère, joie.

Ici une chose me frappe. Je voudrais montrer ce qu'elle a de neuf et de fécond.

Personne n'a remarqué encore que Buffon, par la seule analogie des voix et des chants d'oiseaux, a été conduit, dans ses nomenclatures (2), à des rapprochements qui touchaient

---

(1) Que d'erreurs bizarres, pour avoir méconnu ce premier élément! Ceci conduirait à réformer une partie des étymologies des noms d'oiseaux dans nos lexiques grecs, si l'on veut les placer au niveau des sciences naturelles. Exemples : ἔποψ, ἔποπος ne vient pas de la combinaison privée de sens de deux mots ἐπὶ ὄψ, mais du cri de la huppe; γέρανος ne vient pas de γεραιὸς (vieillard), mais du cri de la grue; ἑλώριος ne vient pas de ἑλεῖν, ni de αἱρέω (prendre), mais du cri du courlis; ὀλολυγών, grive ou chouette, ou graisset, dit le lexique. Qui a entendu le hou-lou-lou de la chouette n'hésitera pas.

(2) On sait qu'il a remis tous ses papiers, nomenclatures, extraits, observations, à Montbeillard.

à la grande découverte de l'unité originelle des langues indo-européennes. Combien de fois il s'étonne de trouver une si grande ressemblance entre des langues que tout le monde croyait alors si séparées !

En observant le cri des oiseaux, et en le comparant avec leur nom, il arrive prématurément à cette philologie comparée que les philologues devaient ignorer encore plus d'un demi-siècle après lui. Tel de ses chapitres confine à la grammaire de Bopp. La grue, la huppe (1), l'étourneau, le corbeau, lui enseignent des parentés intimes entre le grec, le latin, l'allemand, le polonais, le russe, le lithuanien, le celtique, parentés qui ne devaient éclater que par la découverte du sanscrit et du zend.

La philologie des forêts lui révèle ainsi, avant tous les autres, ce que, plus tard, les philologues et les lexicographes croiront découvrir les premiers, par la grammaire comparée des dialectes aryens. Et combien d'erreurs d'étymologie cor-

---

(1) Buffon montre très-bien que le nom de la huppe ne vient pas de la touffe de plumes que l'oiseau porte sur sa tête, mais de son cri *pou-pou* (upupa, ἔποψ). *Hist. nat.* T. XII, p. 116.

rigées, combien de faits importants de l'histoire du langage humain, aperçus et déjà découverts au moyen de la seule comparaison des voix du règne animal !

Telle page de l'*Histoire des Animaux*, d'Aristote, embarrassait les naturalistes; ils ne savaient à quel animal la rapporter. Il a fallu que le courlis (1) de nos jours prononçât lui-même son nom pour qu'on le reconnût dans le texte grec. C'est l'oiseau qui est devenu le vrai commentateur du philosophe et du naturaliste (2).

Avez-vous vu les Yoweys des montagnes Rocheuses? Dans leur danse de l'aigle, ils imitaient ses sauts brusques, sa marche pesante et boiteuse. Puis, après un long silence ils lançaient du fond de leur poitrine, la note aiguë, le cri lamentable

---

(1) « La courte description qu'Aristote fait du courlis n'aurait pas suffi, sans son nom *Elórios*, pour le reconnaître et le distinguer des autres oiseaux. » Buffon. *Hist. nat.* Oiseaux. T. XV, p. 30.

(2) Buffon, ordinairement exact dans ses citations, s'est trompé en attribuant à Aristote le passage qu'il donne en latin sur l'ἐλώριος. Du moins, je l'ai cherché vainement dans le ΠΕΡΙ ΖΩΩΝ ΙΣΤΟΡΙΑΣ. Mais on voit l'équivalent de ce passage dans Athénée, VIII, p. 332, et cette légère erreur n'altère en rien la vérité de l'observation sur le nom grec du courlis.

du grand carnassier ; vous aviez aussitôt l'impression de l'horreur des forêts vierges.

Des voyageurs racontent qu'en entendant les langues monosyllabiques de la Cochinchine, ils croyaient entendre des chants d'oiseaux (1). Étendez cette observation à l'antiquité. Que pouvaient être les langues des époques personnifiées par Hermès-ibis, par Osiris-épervier, ou par les Centaures? Le glapissement et le hennissement en faisaient, sans doute, une partie.

Que de choses nous restent à apprendre dans l'adoration des Égyptiens pour certains oiseaux de grande espèce ! Il est difficile de regarder les oiseaux comme des êtres divins, et de ne pas les imiter. A force de vénérer les ibis, qui sait tout ce que la race égyptienne leur a emprunté? Je ne serais pas étonné que l'on découvrît un jour, dans les débris de la langue égyptienne, quelques échos, quelques racines détournées des voix et des claquements des ibis et des grands échassiers du Nil.

Étendons ces vues. Il y a des oiseaux divins à l'origine de tous les peuples; et, comme on

---

(1) Max Muller. *Science of the language*. T. II.

imite tout ce que l'on adore, il faut s'attendre à découvrir, au moins dans quelques racines, un accent, un cri, un vestige phonétique, une note imitée des oiseaux de l'Inde dans le védique, de ceux de la Perse dans le zend, des oiseaux d'eau dans le chinois, des ibis et des râles dans l'égyptien, du pic-vert dans l'étrusque, de l'alouette dans le gaulois, de l'aigle de Jupiter dans le grec primitif, de l'oiseau moqueur dans l'aztèque, du condor dans l'araucan du Chili.

Ne doutez pas que la chouette de Pallas-Athéné, nichée sous l'égide, n'ait donné quelque note à la langue d'Athènes. Quand la parole est épuisée et qu'elle manque à la douleur, les chœurs d'Eschyle finissent par des cris qui n'ont plus rien d'humain : l'animal sacré achève ce que l'homme ne peut dire. Cassandre glapit, comme la huppe :

Οτοττοτοτοῖ Ω ποποῖ (1).

Échos des glapissements nocturnes et des hurlements funèbres dans l'horreur des bois peuplés de dryopes.

(1) *Eschyle*. Agamemnon. Sc. XIV.

CHAPITRE IV.

CE QUE LES MYTHOLOGIES DOIVENT A LA LANGUE DES OISEAUX.
EXPLICATION D'UNE PARTIE DES MÉTAMORPHOSES.

Buffon rapporte qu'une nuit, dans sa vieille tour de Montbard, il fut réveillé en sursaut par quelqu'un qui l'appelait, à haute voix, à la fenêtre. Son domestique entendit le même appel; il se leva et répondit : Que me voulez-vous? je ne m'appelle pas *Esme*, mais *Pierre*.

Tout bien examiné, il se trouva que le visiteur nocturne était une chouette. Rassuré, le grand naturaliste se rendormit.

Au lieu du xviiie siècle, supposez les temps de la Grèce primitive; au lieu de l'auteur de l'*Histoire naturelle*, imaginez un rhapsode de l'époque homérique. C'est Pallas-Athéné que l'on eût entendue parler grec par la voix de la chouette. Et au lieu d'un nom seulement, c'est tout un discours que la déesse eût prononcé; plus tard, il eût été rapporté en vers hexamètres dans une des rhapsodies de l'Iliade ou de l'Odyssée.

Ne nous étonnons donc plus de tout ce que les langues humaines doivent au langage des oiseaux. Je pourrais citer des milliers de cas, où c'est l'oiseau lui-même qui s'est donné son nom. Il en est dont la parole est grave et ressemble naturellement à la parole humaine. Que devaient penser les peuples de l'âge de pierre ou de bronze, quand cette voix était celle d'un animal sacré?

Ils devaient la répéter, y attacher un sens, la traduire dans leur langue; et, pour peu qu'il y eût de ressemblance entre le son articulé de l'oiseau, et quelques mots de leur idiome, ils ne pouvaient manquer de confondre les deux vocabulaires, de les interpréter l'un par l'autre; d'où naissaient des légendes, des histoires fabuleuses et, enfin, des poëmes entiers.

En voici un exemple : la huppe jette son cri: *poû*, *poû*! Il se trouve qu'en grec ce monosyllabe a le sens de *où* adverbe de lieu. Il n'en faut pas davantage pour que les hommes imaginent l'histoire d'un roi Térée, qui, changé en huppe, cherche partout son fils, et demande à tous les échos : où? où?

De même, la longue note tenue, par laquelle le rossignol prélude à son chant, itys! itys! ressemble à une terminaison grecque. L'imagination hellénique achève la ressemblance. Ne voyez-vous pas déjà en esprit cette femme changée en rossignol qui appelle partout Itys?

Les demi-dieux eux-mêmes étaient dupes de ces méprises. La pie contrefait les vagissements des enfants. De là, une longue histoire d'Hercule (1) errant, qui accourt à la voix de son nouveau-né dans une forêt d'Arcadie. J'ai moi aussi entendu les cris de cet enfant d'Hercule, et suivi ce larmoyeur sous les vieux chênes de Lycossure et de Phigalée.

Quelques mythologues se sont trompés en prenant dans la métamorphose de Térée l'épervier pour la huppe. Là aussi, c'est l'oiseau de

---

(1) Pausanias. *Arcad.* C. 12. ὁ Ἡρακλῆς ἐρχόμενος τὴν ὁδόν ταύτην ἐπήκουσε τῆς κίσσης καὶ ἐνόμισε γὰρ παιδὸς εἶναι, καὶ οὐκ ὄρνιθος, τὸν κλαυθμόν.

nos jours qui a redressé par son commentaire vivant la méprise des érudits.

Restaurer le langage vrai des oiseaux, rétablir leur prononciation exacte, c'est là une philologie délicate qui conduit à des résultats certains; elle ne s'applique pas seulement aux langues mortes, mais aux nôtres. Par exemple, que de méprises populaires dans le nom de vanneau, appelé le *Dix-huit* à cause de son cri faussement dénaturé ! Quelle science des vents et des orages se pourrait attribuer au ventou de Cayenne ! Voilà un augure qui tiendrait uniquement à ce que le cri naturel *ouantou* a été défiguré (1).

Vous apercevez déjà la vraie cause d'un grand nombre des métamorphoses dans les religions antiques. Cette cause qui a échappé aux plus savants mythologues est facile à découvrir, par ce que j'ai dit précédemment.

Jugez-en. Voici, au milieu du silence de la solitude, un oiseau qui a fait entendre son cri. Chose singulière, il se trouve que ce monosyllabe résonne à l'oreille de l'homme comme un mot de

(1) Buffon. *Hist. nat.* Oiseaux. T. XIII, p. 76.

sa langue! Il reconnaît la ressemblance du son ; naturellement, il y attache le sens accoutumé. Mais de là, quelles conséquences il en tire aussitôt !

Quoi ! l'oiseau a parlé ! il a prononcé un mot. Sans doute il y a attaché la pensée que cette parole signifie dans la langue humaine. C'est un mot grec. L'oiseau parle donc grec quand il lui plaît ? Comment cela peut-il être ? Une seule réponse se présente, et la voici : Avant d'être oiseau, il aura été homme ; et l'explication morale ne tarde pas à s'ajouter à un fait chimérique, qui déjà passe pour certain.

Première pensée qui s'offre. Si l'homme a été changé en oiseau, c'est qu'il a commis quelque crime. La métamorphose a été pour lui un châtiment.

Mais sous ces formes nouvelles il a gardé, avec son ancien esprit, son ancienne langue. La passion, la douleur qui étaient concentrées dans son âme, au moment où il a quitté la forme humaine, survivent et se perpétuent dans le mot qu'il répète incessamment en voltigeant, ou en planant au haut des airs. De sa langue natale il n'a gardé qu'un mot, et ce mot renferme toute son existence antérieure.

Vous vous expliquez maintenant un principe de mythologie qui se retrouve au fond de toutes les religions des peuples en commerce intime avec la nature. Vous pouvez dire pourquoi, sur un seul cri d'oiseau, ont été bâties tant de fictions et de contes de fées. La langue grecque fournissait un grand nombre de parentés de ce genre avec la langue animale. Autant de ressemblances de cette sorte, autant de légendes mythologiques et poétiques.

Si de telles consonnances se sont trouvées dans le grec, combien aussi dans l'égyptien, dans le zend ou le sanscrit! Que d'inventions, de fables inexplicables, dont le secret nous serait révélé, si nous pouvions saisir les consonnances qui se sont rencontrées au berceau des religions, entre certaines voix des ibis, des éperviers, des pics, et les langues des Pharaons, des Perses, des Indous, des Étrusques! La féerie est presque entièrement fondée sur des méprises de ce genre.

Même de nos jours où nous sommes si loin des hymnes des Védas et des contes de fées, il reste encore des rudiments d'une mythologie embryonnaire, toujours prête à renaître jusque dans notre société moderne. Les paysans croient entendre le pic-vert jeter à certains jours un mot plaintif et traîné, *plieu, plieu* (1). En fallait-il davantage pour croire pendant des siècles que le pic-vert annonce la pluie, par ce cri répété?

De là, on lui a attribué, dans nos campagnes, une connaissance anticipée des bons et des mauvais jours et toute une science de l'avenir que le scepticisme de notre temps n'a pu réussir encore à extirper.

Donnez au paysan français l'imagination des Grecs, l'instinct augural des Étrusques, le naturalisme des Égyptiens et des Indous ; et voyez ce que le cri seul du pic-vert, interprété par le sacerdoce, eût pu produire de légendes, de contes, de métamorphoses et même de conceptions théologiques (2) !

(1) Buffon. *Hist. nat.* Oiseaux. T. XIII, p. 14.
(2) Les naturalistes n'avaient pas hésité à reconnaître le *crâ* du corbeau, dans le sanscrit *kara-va*, le grec *korax*, *korôné*, l'allemand *krahe*, le latin *cor-vus*, l'anglais *crow*, le français *cro-asser*. De même ils retrouvaient le cri de réclame de la grue dans le grec *géra-nos*, le latin *grus*, l'allemand *krane*, l'anglais *crane*, le gallois *grâne*. Nul doute, à cet égard, pour Buffon et ses collaborateurs. Un savant orientaliste, M. Max Muller, pense, au contraire, que ces mots n'ont aucun rapport avec la voix de l'oiseau qu'ils rap-

pellent à l'esprit. Selon lui, tous ces noms du corbeau seraient dérivés d'une racine abstraite *ru* résonner, qui s'applique au rossignol aussi bien qu'au corbeau. Quant à ceux de la grue, ils dériveraient d'une racine gâr, « crier, louer », laquelle s'appliquerait aussi bien au coq qu'à la grue.

Quel est le chasseur qui, en apprenant que le nom sanscrit de la perdrix est *titiri*, ne reconnaîtra pas le son d'appel qu'il a entendu tant de fois, le soir, dans le chaume! Tous les arguments des grammairiens indous ne le convaincront jamais que ce mot vient de la racine verbale *tar*, « sauter. »

Grave affaire de mettre ainsi en lutte le système philologique et l'observation de la nature. A M. Max Muller opposons ici Buffon et Montbeillard : « En comparant, disent-ils, dans la nomenclature du corbeau, les noms qu'on a donnés à cet oiseau, dans les idiomes modernes, on remarquera que ces noms dérivent tous visiblement de ceux qu'il avait dans les anciennes langues, en se rapprochant plus ou moins de son cri.» *Hist. nat.* Oiseaux. T. V, p. 16.

CHAPITRE V.

RAPPORTS DE L'ANATOMIE COMPARÉE ET DE LA PHILOLOGIE COMPARÉE. COMMENT L'UNE DE CES SCIENCES CONDUIT A L'AUTRE.

La découverte des anciennes langues mortes de l'Asie, le sanscrit et le zend, révèle chaque jour de nouvelles parentés entre des langues que personne ne songeait à rapprocher. Autant d'anneaux qui rattachent à un même ancêtre la famille dispersée des idiomes. Le perse, le grec, le latin, l'allemand, le celtique, le lithuanien, qui semblaient si étrangers les uns aux autres, se trouvent tout à coup proches alliés, issus d'une même descendance, fondus dans un même moule commun à tous; et ce moule antérieur, dont personne ne soupçonnait l'existence, il y a un siècle, exhumé sans altération, sert à rétablir les titres et la filiation de tout un embranchement de l'espèce humaine.

Il n'en est pas autrement des êtres organisés. La découverte du monde fossile est pour eux ce que le sanscrit et le zend sont pour l'histoire des langues. Cela est si vrai, que l'un des plus savants hommes de nos jours (1) a pu intituler un ouvrage d'étymologie : *Paléontologie linguistique*.

Les animaux actuels, les plus différents les uns des autres se trouvent subitement rapprochés par des intermédiaires qui n'existaient plus depuis les temps géologiques.

La vaste langue de la nature est ainsi rétablie ; les formes perdues tombées en désuétude et qu'elle-même semblait avoir oubliées, reparaissent au jour ; et le texte de ce grand discours, brisé, interrompu, dont le sens échappait aux esprits les plus pénétrants, commence à être restauré sous nos yeux. Chaque être organisé, végétal ou animal, forme une lettre de ce discours. La plupart de ces paroles vivantes ont été englouties ou détruites par le temps. Mais à me-

(1) Adolphe Pictet.

sure que l'on en retrouve des fragments, les lacunes entre les mots se comblent, la phrase interrompue s'achève, le sens entier reparaît.

C'est ainsi que par la découverte d'espèces oblitérées ou éteintes, on voit tout à coup diminuer l'espace, en apparence infranchissable, qui sépare aujourd'hui le cheval du tapir, le tatou du paresseux, le batracien du saurien, le pachyderme du ruminant, l'éléphant du phoque, le reptile du didelphe mammifère; et ces transitions entre des êtres si dissemblables causent la même surprise que le rapprochement subit et incontestable, entre le patois breton de France et l'aryen de Bactres, entre l'allemand de Luther et le zend de Zoroastre, entre le français de Corneille et l'idiome védique de l'Himalaya.

CHAPITRE VI.

SI LA SCIENCE DU LANGAGE APPARTIENT AUX SCIENCES NATURELLES OU AUX SCIENCES HISTORIQUES ET MORALES.

Vous demandez si la science du langage appartient aux sciences naturelles ou aux sciences historiques. Évidemment aux unes et aux autres, puisqu'elle en fait le lien. Ne la confinez pas dans le monde physique ou dans le monde social. Elle les parcourt tous deux, elle les éclaire, elle les explique l'un par l'autre.

La même loi régit le verbe de la nature et le verbe de l'homme.

Ouvrages de la nature, les langues sont aussi les ouvrages d'art de l'esprit humain : statues faites avec des mots. Si vous niez le premier de ces caractères, vous êtes bientôt réduit à ne voir dans les langues qu'un produit de conventions artificielles, ce qui en ôte toute idée de lois. Si, au contraire, vous ne voyez dans les langues qu'une branche des sciences naturelles, si vous en retirez la pensée d'art, vous tombez dans l'autre extrême. A force de vouloir tout ramener dans les idiomes aux lois de la nature inorganique, vous perdez de vue celles de la nature humaine. Vous identifiez le principe du développement des idiomes avec celui des formations géologiques ou des lois mathématiques des sons.

Après cela, que devient la pensée de l'homme? elle disparaît; on en vient à nier qu'il soit pour quelque chose dans son langage. C'est la nature irréfléchie qui parle à sa place.

De là, que d'erreurs palpables! Que d'éléments méconnus dans l'histoire et la succession des langues! Il faut nier l'influence des individus et celle du génie sur les révolutions de la parole humaine. Ce n'est plus Homère ou Démosthènes qui agit sur le grec, ni Dante sur l'italien, ni Shakespeare sur l'anglais, ni Pascal sur le français. C'est une force aveugle que l'on ne définit pas et qui ne se voit nulle part.

On ira jusqu'à dire qu'une langue ne peut ni se réparer, ni se corriger, ni s'épurer, quoique nous voyions de nos jours le grec moderne et le roumain se retremper dans leurs origines, se dépouiller des éléments étrangers dont ils s'étaient embarrassés. Or, ce travail de renouvellement, quelle langue ne l'a fait à son tour? Le persan de Ferdousi, l'italien de Dante, le français de Pascal, sont des langues qui, remises au creuset, en sont sorties incomparablement plus belles et plus pures qu'elles n'étaient auparavant.

Disons donc que les langues sont le lien de la nature et de l'art, ou plutôt le passage d'un monde à l'autre. Elles plongent dans les lois du règne inorganique, mais elles s'élèvent jusqu'aux lois les plus intimes du monde moral. Elles parcourent ainsi toute l'échelle des êtres, tirant de chaque chose un son particulier qui en est comme la révélation intime.

Elles donnent une voix à chaque degré de l'organisation; mais cette voix sort de la poitrine humaine. Si les langues sont un écho des choses, elles le sont bien plus encore des esprits et des volontés: c'est donc par les lois constitutives des langues que nous pouvons le mieux entrer dans le secret rapport de l'homme et de l'univers.

Une langue qui est la parole d'une race d'hommes est aussi la parole d'une époque du monde. Qui nous dira quelle était la grammaire de l'âge de pierre? Nous saurions par elle le secret de la nature à cette époque. Nous aurions un écho du monde paléontologique des mammouths et des ours de caverne. Telle forme de langue répond à l'époque de l'apparition du pin, telle autre au chêne, telle autre au hêtre. Que de sons, que de voix d'animaux perdus, que d'inflexions imitées de races éteintes, nous resteraient dans les débris de ces langues premières !

Quand je lis Pindare, je vois dans le fond du tableau une Grèce anté-historique, pleine de monstres. J'entends aboyer au loin le *chien terrible* de Géryon; je vois passer les chevaux avides de chair humaine et les dragons plus *grands que des vaisseaux*. D'où viennent ces populations colossales? elles ne sont pas nées dans le cerveau du poëte. Je crois y retrouver je ne sais quel souvenir d'un monde antérieur (1) dans les imaginations grecques.

(1) Gaudry. *Animaux fossiles et Géologie de l'Attique. Animaux fossiles de Pikermi*, p. 4.

Sur ce fond monstrueux, se détachent les fêtes olympiques, isthmiques, néméennes, chars d'ivoire, chevaux aux tresses dorées, athlètes, jeux, acclamations, danses, musique, odes. Et à travers cette poussière ne cessent de retentir les bruits, les rugissements, les échos du monde tertiaire, sous les mètres et les hymnes de la lyre thébaine. Les deux Grèces se répondent l'une à l'autre à travers les temps diluviens. Voilà des accords qu'il eût été impossible de sentir dans la langue de Pindare, avant les découvertes de nos jours.

En même temps que les géologues commencent à fouiller le sol tertiaire de la Grèce, une œuvre analogue s'accomplit sur la langue. Par delà l'idiome d'Homère, on reconstruit la langue grecque anté-historique, dont on saisit l'embryon à travers le sanscrit, le zend, l'aryen. Chaque jour les étymologies se découvrent et vont plonger dans un lointain plus reculé. Déjà on entend la parole des Pélasges, des Héraclides ou plutôt des Hellènes de l'âge de pierre engloutis sous le volcan de Santorin.

Le moment approche où pourra s'exécuter le plan que j'entrevois d'une histoire de la langue grecque, sans aucun intervalle, depuis l'époque des demi-dieux jusqu'à la révolution actuelle du grec moderne.

Heureuse postérité qui verra en pleine lumière ce que nous apercevons à travers des voiles ! A mesure que les antiquités reculent et que la perspective s'étend, Homère qui était, pour nos pères, le premier terme du passé, devient pour nous presque un moderne (1).

(1) V. Fr. Bopp, Adolphe Pictet, Georg. Curtius, Th. Benfey.

CHAPITRE VII.

CRÉATION SIMULTANÉE DE L'ANATOMIE COMPARÉE ET DE LA PHILOLOGIE COMPARÉE.

La plupart des idées qui ont été démontrées sur l'unité d'organisation et de structure dans la grande famille des langues indo-européennes se réfléchissent et se vérifient dans l'unité de type des vertébrés. La philologie eût pu servir de guide à l'histoire naturelle et réciproquement. Aussi, c'est presque en même temps que se sont produites les vérités correspondantes sur l'unité de structure dans les langues d'origine aryenne et dans les êtres organisés supérieurs, entre lesquels on n'apercevait auparavant aucune parenté. L'anatomie de Geoffroy Saint-Hilaire aurait pu s'éclairer de la grammaire comparée de Bopp, et Bopp des découvertes de Geoffroy Saint-Hilaire.

Quand je suis les dernières discussions sur les êtres organisés entre Cuvier et Geoffroy Saint-Hilaire, je m'aperçois que ce sont les mêmes débats qui s'agitaient alors, sur la formation des langues, entre Frédéric Schlegel et Bopp (1). Même fond d'idées, mêmes objections, mêmes réponses; et pourtant les uns n'avaient aucune connaissance des autres. Ici les espèces animales surgissant du premier coup, spontanées et demeurant immuables, étaient opposées à l'idée du développement sur un type uniforme. Là, les langues considérées comme achevées et fixes dès le premier jour, par un miracle analogue, étaient opposées à l'idée du développement des idiomes, depuis la première ébauche de la parole, jusqu'au système accompli des langues indo-européennes.

Ainsi la grammaire comparée et l'anatomie

---

(1) Étienne Geoffroy Saint-Hilaire. *Principes de philosophie zoologique.* 1830. Passim.

Isidore Geoffroy Saint-Hilaire. *Vie, travaux et doctrine scientifique.* P. 380.

François Bopp. *Grammaire comparée.* 1816, 1833, 1853. Voir la traduction de M. Michel Bréal et ses remarquables introductions au premier et au second volume.

Max Muller. *Science du langage.* T. I.

comparée naissaient ensemble ; elles produisaient, à l'envi, sans se connaître, des vérités analogues.

Comme la découverte de la langue zend a donné une dernière lumière, pour résoudre l'énigme de la filiation des langues, il semble aussi que l'on soit dans l'attente de quelque grand fait, de quelque grande découverte dans le monde fossile, qui éclaire subitement tout ce qui reste obscur dans le problème de la filiation des êtres organisés (1).

(1) En 1860, j'avais exposé à plusieurs naturalistes, et particulièrement à l'illustre auteur de la *Paléontologie*, M. Pictet de la Rive, les premiers résultats de mes vues sur les rapports de la formation des langues et de la formation des espèces. Lorsqu'en 1864, j'appris que Charles Lyell avait été conduit, de son côté, à des vues de ce genre, une pareille coïncidence ne me découragea pas. Au contraire, elle me sembla une confirmation éclatante de la vérité, puisque nous arrivions aux mêmes conséquences, par des chemins, en apparence, si opposés.

CHAPITRE VIII.

COMMENT LES LANGUES MEURENT ET RENAISSENT.

Comment une langue vivante, dans la bouche de tout un peuple, peut-elle cesser d'être parlée ? Comment devient-elle quelquefois, en peu d'années, une langue morte et sacrée, pétrifiée dans les livres, ainsi que les genres éteints dans les couches des rochers ?

Cela arrive de diverses manières. Premièrement, le peuple entier peut être arraché à son pays et transporté de force au milieu d'un peuple étranger ; témoin l'Hébreu.

Sa vieille langue, jusque-là presque immuable, était encore entière. La nation qui la parlait est transportée en Chaldée, à Babylone. Que se passa-t-il alors ? La première génération des exilés, non contente de garder sa langue, s'efforce de la ramener à la pureté première. Mais pour les enfants des exilés, c'est autre chose. Pour eux la langue de leurs pères n'est déjà plus qu'un idiome artificiel, qu'il faut entretenir par l'étude. Il devient presque inintelligible à la troisième génération. Celle-ci ne parle plus que la langue de la contrée étrangère où elle est reléguée. Les lettrés, les prêtres gardent seuls l'intelligence de l'idiome des ancêtres. De ce moment, c'est une langue sacrée ; elle n'est plus parlée par personne.

Les Juifs oublièrent d'autant mieux l'ancien hébreu, qu'il avait plus de parenté avec le chaldéen de Babylone et de Ninive. Ils glissèrent, sans s'en apercevoir, dans cet idiome étranger. De l'hébreu au chaldéen (1) le passage se fit

---

(1) Voyez sur le mélange des dialectes dans la Palestine, la *Grammaire hébraïque* d'Ewald, p. 20. « Par le mélange des peuples en Palestine se firent des mélanges corrompus de langues, « unreinere sprachmischungen. » *Lehrbuch der Hebraischen sprache.* 1844. Le chaldéen, dit Gesenius, a fréquemment une couleur hébraïque, le samaritain est fortement mêlé de formes hébraïques.

sans résistance. Une langue ne combattit pas l'autre.

Spectacle incroyable qui se vit un jour. Le peuple hébreu revenant de l'exil avait oublié sa langue; il avait dans la bouche l'idiome de ses vainqueurs ; mais il rapportait en triomphe sa langue nationale morte dans les cassolettes de cèdre qui contenaient les livres sacrés.

Quand la langue du vainqueur appartient à une autre race que celle du vaincu, la première ne peut réussir à s'imposer dans sa forme régulière. Voici alors ce qui arrive.

L'invasion détruit les classes supérieures, qui conservaient la langue dans sa pureté acquise par l'art et par la tradition. Cette langue ne s'écrit plus; elle ne donne plus la règle à laquelle se conformaient tous les hommes qui exerçaient quelque autorité religieuse ou politique. Dans le silence des hautes classes disparues, la parole reste aux classes inférieures ; celles-ci, n'ayant plus aucun type de langage traditionnel et cultivé, suivent leurs dialectes et leurs patois.

Le grand travail de l'art sur la langue a cessé ; reste seulement l'œuvre de la nature.

Tant que la langue classique était parlée, c'était un type qui, en se greffant sur tel ou tel patois, le relevait, se l'appropriait, s'en enrichissait et augmentait la langue nationale. Ce type une fois oublié, les patois demeurent seuls. Toute l'œuvre de la culture dans la parole se trouve détruite. Il reste des rejetons sauvages, capables, sans doute, d'être ramenés par la culture à des formes supérieures, mais qui d'abord ne présentent qu'une apparence stérile.

La nature fournit, de nouveau, le premier fond des langues nouvelles dans les anciens patois. Mais l'œuvre d'une civilisation nouvelle est nécessaire pour élever ces produits de la nature à la dignité de l'art ; car il faut redire ici que l'on ne résoudra aucune des questions les plus profondes du langage, si l'on n'y découvre ces deux éléments, la nature qui fournit la matière, l'art qui en fait un ouvrage de l'esprit. Tout le développement de la parole humaine est compris entre ces deux termes.

Voyez l'Orient : par l'invasion des Mantchoux dans l'Inde, il y eut un temps où la langue cultivée cessa d'être en communication avec les dialectes inférieurs. Ceux-ci cessèrent alors d'être absorbés par la langue littéraire. Ils furent abandonnés à eux-mêmes, et se produisirent sous la forme des idiomes modernes de l'Inde, prâcri, pâli, indoustani.

De même, dans notre Occident, après les invasions des barbares, le latin écrit, n'étant plus parlé, cessa de se mêler aux dialectes inférieurs. Il ne les attira plus à lui; il ne les fit plus entrer dans son œuvre de culture, et dans la circulation de la langue romaine. Il ne s'enrichit plus de leur substance. Voyez, dès lors, ce qui s'ensuivit.

Les dialectes inférieurs ne s'écoulant plus dans le latin, formèrent par eux-mêmes leur propre lit. Ils se firent une existence particulière : ils n'étaient que nature, ils devinrent art, culture, civilisation; ils étaient d'abord sans nom, comme une végétation vague qui appartient à tout le monde et ne relève de personne. En s'élevant à l'art, ils reçoivent un nom propre; ils s'appellent l'italien, le français, l'espagnol, le portugais, le roumain.

Dans l'antiquité, les patois helléniques et italiens allaient tous aboutir par de secrets canaux aux deux langues souveraines, le grec et le latin. Les dialectes populaires s'écoulaient dans ces deux vastes langues, comme en une mer où ils perdaient leurs caractères, leurs individualités, leurs noms. Mais lorsque ces deux grands réservoirs eurent disparu, les patois helléniques, comme les patois italiens, ombriens, osques, se firent eux-mêmes leur voie ; ils se creusèrent leur bassin, au lieu d'aller se confondre et s'engloutir dans les deux langues maîtresses de l'antiquité.

Au reste, une langue n'est pas tout entière dans la grammaire et le vocabulaire ; elle a des sons particuliers, originaux ; elle en a aussi d'empruntés. Chaque langue morte retentit comme un écho prolongé, par certains sons qu'elle engendre dans la langue qui lui succède. Quand même celle-ci ne lui devrait aucun de ses mots, elle lui devrait certains accents qui continuent de vibrer. Comme une note d'un instrument éveille, provoque, engendre des notes concordantes, harmoniques, dans un instrument tout différent ; de même une langue ancienne fait résonner des cordes congénères, dans la langue qui la remplace. C'est ainsi que le gaulois retentit dans le français, le breton de Galles dans l'anglais, l'arabe dans l'espagnol, le dace dans le roumain (1).

Voilà pourquoi un idiome ne peut jamais être isolé entièrement des idiomes précédents de la même race d'hommes. Le langage humain est un clavier, où chaque race frappe une note; et cette note a ses retentissements, ses analogues, ses vibrations continues dans les idiomes de la même race et de la même région. Certaines prononciations qui vous étonnent dans l'anglais, le roumain, ne peuvent s'expliquer que par le retentissement d'une langue morte dans une bouche moderne.

Une race d'hommes ne laisse quelquefois après elle qu'un accent, un son, une vibration de l'air; la postérité qui recueille cet écho ne sait pas même d'où il lui vient.

Les grandes invasions du IVe et du Ve siècle ont frappé l'humanité à la tête. Elles ont réussi à détruire la langué des hautes classes, le grec et le latin. Mais c'est une chose à peine croyable, que leur impuissance contre les patois. Le grand orage a passé au-dessus de ces humbles

(1) V. sur la langue roumaine, *les Roumains*, dans mes œuvres complètes, T. VI, p. 33, 50.

idiomes sans pouvoir les extirper. C'est en étudiant les langues néo-latines, françaises, italiennes, portugaises, espagnoles, roumaines, que l'on touche du doigt ce phénomène étrange. Car le premier mouvement est de croire que ces langues ont subi, dès l'origine, le joug des langues conquérantes, qu'elles se sont laissé dénaturer par l'ascendant des vainqueurs, qu'au moins elles ont plié sous le faix des idiomes germaniques, et qu'elles ont cédé, comme tout le reste, à l'invasion des races nouvelles qui changeaient la face de la terre.

Or, c'est le contraire qui est arrivé. Les pierres, l'airain, les remparts, les temples, les dieux, tout a cédé, tout s'est courbé sous le marteau d'Attila, tout, excepté ces idiomes populaires, ces patois qui, plus humbles que l'herbe, inconnus, insaisissables, ont continué de germer dans la bruyère, sous les pas des tribus barbares. Voilà de quels imperceptibles ancêtres devaient sortir les langues de la civilisation moderne.

Ce qui les a sauvés, c'est d'avoir été si faibles; ils échappaient par leur petitesse.

Où les saisir? Ils n'avaient pas été déposés dans des livres. Ils ne pouvaient pas même être étouffés dans la bouche des rhéteurs. L'éloquence ne s'en servait pas; les orateurs ne les connaissaient pas : on les méprisait trop pour vouloir les cultiver ou les extirper. Invisibles, innomés, ils ont rempli, dans l'humanité moderne, le rôle de ces germes organiques, œufs d'infusoires, de protozoaires, qui échappent à toutes les destructions et même aux incendies, pour éclore après des années, sous un autre soleil, et recommencer la vie interrompue du monde végétal et animal.

Au premier moment du réveil, que devinrent ces germes de langues, ces protozoaires de la parole humaine, qui ont survécu à l'anéantissement de l'ancien monde et se sont dérobés à l'universel cataclysme? Se sont-ils laissé pénétrer par les langues des envahisseurs? Ont-ils reçu d'elles de nouveaux principes d'éclosion et de vie?

Nullement : ils se sont renfermés en eux-mêmes, ils ont cherché et trouvé en eux seuls la matière et la substance de leur développement futur. Ils n'ont point emprunté aux idiomes germaniques les éléments de leur structure nouvelle; mais sans changer la matière de l'ancienne langue latine, ils l'ont disposée autrement. Par où l'on voit qu'avec une substance toujours la même, la nature peut arriver aux effets les plus divers.

Il nous est donné de surprendre ici son secret. Combien peu il a fallu pour renouveler le système du langage et produire des espèces vraiment nouvelles ! Le français, l'italien, l'espagnol, le portugais, le roumain, n'ont pas eu besoin de changer le fond de la langue mère d'où ils sont sortis. Quelques verbes auxiliaires disposés autrement ont suffi à donner un être nouveau à l'idiome antique. Ces langues ont paru créées tout d'une pièce ; elles n'ont fait que transformer les éléments anciens, sans y rien ajouter ; tout a semblé nouveau. C'est ainsi qu'un organe modifié, moins que cela, une autre forme de dent ou de défense, a suffi pour changer les quadrupèdes tertiaires en quadrupèdes de l'époque actuelle.

Voulons-nous résumer ce qui précède, et en déduire une loi générale de la parole et de la vie, il faut dire :

Les langues une fois séparées de leur souche commune se mêlent plus difficilement à mesure qu'elles s'éloignent davantage de l'ancêtre commun. Il vient un moment où elles sont si bien séparées que le mélange est impossible. Parvenues à cette époque, leur développement s'accomplit par leur propre génie. Elles ne reçoivent pas une matière nouvelle ; mais, elles disposent autrement l'ancien fond; et des changements faibles à l'origine, qui semblent d'abord n'être qu'une exception, une monstruosité, un solécisme, un barbarisme, finissant par devenir la règle, produisent à la longue, non-seulement une variété, mais une espèce toute nouvelle du langage.

Appliquez ces vérités à la nature ; vous pouvez en induire que les espèces nouvelles ne sont pas sorties en général du mélange d'anciennes espèces fixes. De tels mélanges n'ont pu se produire qu'entre des variétés encore voisines de la souche ; et, par exemple, comme le chaldéen a agi sur l'hébreu, de même le chien et le renard ont pu agir l'un sur l'autre.

Mais presque toujours l'espèce a agi sur elle-même ; et en voyant comment les dialectes néo-romains sont sortis du latin, le romaïque du grec, l'indoustani du sanscrit, nous pouvons pressentir comment l'éléphant actuel est sorti de l'elephas priscus, le rhinocéros du paléothère, le cheval de l'hipparion, l'ours moderne de l'ours de caverne, et en général, les espèces analogues des espèces qui les ont précédées dans les époques antérieures du globe.

L'italien, par exemple, a toute la matière du latin, comme l'ammonite déroulée à la fin de l'époque secondaire, a toute la matière de l'ammonite primitive repliée sur elle-même. Seulement le syphon disposé un peu autrement. Et voilà un être nouveau qui marque une ère nouvelle du monde géologique; de même l'italien, qui est un latin déroulé, marque une révolution du genre humain.

CHAPITRE IX.

APPLICATION DES LOIS DE L'HISTOIRE NATURELLE A LA SCIENCE DES LANGUES ET RÉCIPROQUEMENT. — QU'EST-CE QUE L'ESPÈCE EN PHILOLOGIE? — QUE LA VIE ET LA PAROLE ONT LES MÊMES LOIS.

La grammaire, par sa persistance, représente la permanence de l'espèce ; elle semble résister au temps, aux invasions. Ce frêle édifice des déclinaisons, des conjugaisons, voilà l'esprit que les révolutions ne peuvent vaincre. Il reste debout en dépit de ce qui l'entoure.

On voit des populations changer de mœurs, de lois, perdre jusqu'à leur nom. Elles ont même adopté les mots de la langue de leurs maîtres. Que leur reste-t-il? Une seule chose : l'essence de leur grammaire, comme la protestation invincible de l'esprit. Tous les mots de leur langue sont changés ; le souffle qui groupe ces mots est resté ce qu'il était ; c'est l'âme des ancêtres qui survit et soulève les feuilles mortes autour du tronc dépouillé.

On a donc bien fait de prendre la grammaire pour caractère principal dans la classification des langues supérieures. Mais déjà, il devient évident que ce caractère seul ne suffit pas. Il entraîne à des systèmes qui ne sont plus d'accord avec la nature ; il finit par la mutiler. C'est le même défaut que dans la première classification de Linné, aboutissant à mettre dans la même famille la chauve-souris et l'homme. Un grand nombre de révolutions du langage échappent à cette méthode. Au caractère, il est vrai, fondamental de la grammaire, ajoutons quelques autres, et nous nous ouvrirons de grandes vues.

Si la grammaire représente dans les langues la structure interne et comme le squelette de l'organisation, que dirons-nous des mots? Les mots sont aux langues ce que la forme extérieure est au type intérieur, la chair au squelette, le plumage aux oiseaux, le poil aux mammifères, la robe aux quadrupèdes, la fourrure aux carnassiers, la peau aux reptiles.

Une langue peut changer de peau comme le serpent, de plumage comme l'oiseau, de ramure comme le cerf, de sabots comme le cheval, d'écailles comme le poisson, et rester au fond dans son essence la même langue

Tels genres de poissons fossiles n'ont pu être classés que par les écailles ; de même telles langues mortes ne sont caractérisées que par le vocabulaire. La grammaire ne suffirait pas pour en montrer les alliances et les parentés.

On ne peut appliquer aux mollusques, aux zoophytes fossiles, la classification fondée sur la structure intime et les organes des sens. Il faut chercher d'autres caractères, et où les trouver ? Dans la figure de la coquille. De même, quant aux langues vivantes inférieures, leur appliquerez-vous les règles faites pour les langues cultivées? non évidemment. Là aussi, les moyens de classification ne sont plus dans la grammaire et dans la structure interne. Vous voilà obligés de les chercher à l'extérieur, dans les mots, le vocabulaire, la prononciation.

Puisque la même langue peut traverser des phases absolument différentes, dans le cours de son existence, se composer d'abord de monosyllabes, puis les grouper entre eux, les associer, changer même d'esprit, synthétique à son commencement, analytique à sa fin, que devient la doctrine de la fixité absolue de la grammaire? Elle fait place au principe de l'embryogénie appliqué au langage.

Le chinois marque le premier degré dans l'embryon de la parole, le touranien le second; le sanscrit et le sémitique marquent le développement complet. Période monosyllabique dans le chinois, composée dans le touranien, à flexions dans le sanscrit et le sémitique; autant de phases ou de rudiments dans l'éclosion du germe de la parole humaine.

Remarquez que le nom de langues agglutinantes, pour celles qui soudent entre eux leurs monosyllabes, ne répond à rien dans la nature. Le vrai nom serait celui de langues agrégées; il rappellerait les cellules des animalcules, qui s'agrègent les unes aux autres dans la construction des bryozoaires et des coraux.

Les langues à flexions ont été précédées par les langues polysyllabiques, celles-ci par le monosyllabisme, de même que les mammifères ont été précédés par les reptiles, les reptiles par les poissons, les poissons par les mollusques.

Les philologues qui admettent, comme une formation spontanée, les langues synthétiques, telles que le sanscrit, font la même erreur que les naturalistes, lorsqu'ils admettent comme une production spontanée sans ancêtres ni précédents, les grands mammifères fossiles trouvés dans les carrières de Montmartre.

Vous voyez aujourd'hui les constructions savantes du sanscrit; vous en concluez que ce fut là le commencement du langage, que partout la synthèse, la complexité, une forme plus savante, plus riche, plus chargée de flexions ont marqué les débuts de la parole humaine.

Erreur. Creusez plus profond. Avant l'apparition du sanscrit, quelle longue préparation, quel bégaiement pendant les âges de pierre et de bronze! Sous les grands mammifères, ont réapparu les organisations antérieures, sauriens, mollusques, trilobites. Quels sont les trilobites dans les couches de l'esprit humain? A quelle profondeur sont enfouies les ébauches de l'organisation du langage? Pourra-t-on jamais saisir ce premier vestige? Enseignez-moi la grammaire de l'âge de pierre.

Les langues monosyllabiques et polysyllabiques sont-elles entre elles comme les plantes monocotylédonées et les plantes dicotylédonées? S'il en est ainsi, le chinois serait aux langues européennes ce que le palmier est au chêne.

On a découvert que le même chêne produit sur le même rameau (1) plusieurs variétés de feuilles, entières ou dentelées, obtuses ou aiguës. C'est ainsi que la même race humaine, la même nation a produit des idiomes différents. Le grec, le latin, le celtique, le germanique, le slave, diversement découpés, se sont développés sur le même rameau de l'arbre primitif du genre humain; ils murmurent chacun, dans un accent différent, au souffle de la même aurore.

Vous dites que l'indoustani et l'anglais sont une seule et même langue, parce qu'ils ont la même grammaire. Je puis aussi bien dire que la structure interne du zèbre et du cheval, du bouc et du bélier, du loup et du chien, du rhinocéros

---

(1) Alphonse de Candolle. Étude sur l'espèce, à l'occasion d'une révision de la famille des Cupulifères, p. 34. « Les variations nombreuses sur le même rameau, dans les chênes et les châtaigniers, indiquent une disposition à produire de nouvelles formes, et c'est un indice assez important de l'avenir et du passé. »

et du tapir, étant analogue, chacun n'est que la figure modifiée de l'autre (1).

Qu'est-ce donc que l'espèce en philologie? Une langue fixée, qui, aussi loin que nous pouvons remonter dans l'histoire, ne change pas sa structure fondamentale.

Cette notion ne peut-elle pas éclairer le problème encore si vague de l'espèce en histoire naturelle? Le sanscrit, le sémitique, sont pour nous des espèces fixes. Qu'est-ce à dire? Cela signifie seulement que nous n'en voyons pas les origines. Pourtant nous sommes certains que ces langues n'ont pas été, dès le premier jour, ce qu'elles sont devenues. Nous savons qu'elles ont passé à travers des phases diverses, auxquelles nous donnons des noms différents. Elles ont changé, ce qui ne nous empêche pas de les appeler fixes, depuis le temps où leur changement nous échappe.

La même apparence d'immutabilité peut nous tromper dans les êtres organisés; leur période première nous échappe; nous croyons que la langue de la nature a toujours été ce qu'elle est

(1) Murray. *Mammals*, p. 167.

aujourd'hui, parce que les rudiments de cette parole se dérobent à nous.

Pourquoi dire que la grammaire ne change pas? Parce que vous limitez votre observation au temps où cette grammaire reste, en effet, plus ou moins la même dans ses principes fondamentaux. Mais remontez plus loin dans le passé. Vous atteignez à un temps où le sanscrit était fondé sur des principes essentiellement différents. Au lieu d'avoir des flexions il était sans flexions; il appartenait dès lors au système du Chinois. Direz-vous que du système chinois à la langue védique il n'y a pas eu de transformation? Vous ne le pouvez. Il est donc vrai que le système de classification, par la grammaire seule, sans le vocabulaire, aboutit à nier la nature, je veux dire le réel. Il n'y a rien d'immuable sous le soleil, pas même la grammaire.

Les langues humaines ont commencé par être des monosyllabes rigides, sans flexions; puis, elles ont acquis, en s'unissant, la puissance de se fléchir, de changer leurs terminaisons, de se mouvoir, de s'articuler, pour former la parole accomplie de Valmiki, d'Homère, de Virgile et de Dante.

Appliquez cette découverte à la science de la vie, que trouvez-vous? Tous les tissus des plantes et des animaux sont sortis de la cellule première, organique, de même que toutes les langues sont sorties du monosyllabe; d'où il résulte que le monosyllabe est la cellule primitive de la parole, et la cellule, le monosyllabe de la langue de la nature vivante.

Je m'explique. La vie a commencé comme la parole. Elle s'est montrée d'abord en des êtres qui ne se composaient que d'un globule, sans articulation, premières racines de la langue de la nature. Elles étaient, dans le règne animal, ce que les racines monosyllabiques sont dans l'histoire et la genèse de la parole humaine.

Puis ces monosyllabes vivants se sont agrégés l'un à l'autre, tels que les bryozoaires qui se groupent entre eux sans se pénétrer. Ce fut une nouvelle forme de la langue de la nature, zoophytes, rayonnés, polypes, animaux à coquilles. En chinois, chaque mot composé peut être divisé et former de chaque syllabe un mot qui a un sens propre. Ainsi du polype. Coupez-le en pièces; chaque fragment est un polype. Les langues chinoises et touraniennes sont les polypiers et les bancs de corail de la parole humaine.

Toutes les langues indo-européennes avaient à l'origine même visage, même organisation interne. Pareilles au dedans et au dehors, elles étaient sœurs. Comment donc est-il arrivé que la grammaire teutonique soit devenue une variété des grammaires sanscrites, zendes, grecques, latines? Comment la grammaire anglaise, semblable encore à celle des Angles et des Jutes, forme-t-elle pourtant un groupe si visiblement séparé de la grammaire des peuples helléniques et latins? Comment, en un mot, deux langues jumelles dans le berceau sont-elles devenues si différentes l'une de l'autre dans les temps historiques?

Évidemment, parce que la grammaire n'est pas aussi immuable qu'on le suppose; parce que le changement s'introduit au dedans comme au dehors, dans la structure interne comme dans la forme extérieure; parce que le temps, les lieux, ont agi sur la structure de la parole, parce que l'esprit en se modifiant a modifié le langage.

Les révolutions dans la grammaire ne se font pas brusquement; c'est un changement insensible dont nous ne pouvons marquer la date précise; en quoi elles diffèrent des révolutions dans le vocabulaire. Celles-ci sont subites et violentes. Dans les premières, l'action du temps ne se fait sentir qu'après un long intervalle; dans les secondes, le changement est soudain; la cause se montre d'elle-même.

Comment différents mammifères sont-ils sortis d'une souche commune? Nous ne savons. Comment le tapir, le rhinocéros, le cheval, confondus d'abord dans une même famille, celle des paléothérides, lui ont-ils succédé, pour devenir ses représentants, au commencement de l'époque tertiaire? Nous ne pouvons le dire.

De même, comment, à quel moment, le sanscrit, le zend, le grec, le latin, le celtique, le teutonique, se sont-ils séparés de ces premières mamelles qui les abreuvaient dans la langue des Aryens? Nous ne le savons pas davantage. Confondus à l'origine dans une même souche, les voilà si bien séparés que la science seule peut reconnaître leurs parentés et leurs analogies.

La langue teutonique est parente du zend ou du latin, comme le cheval est parent du tapir ou du zèbre. Nous ne trouvons plus aujourd'hui la langue aryenne, dans laquelle étaient enveloppées les espèces et les variétés de langues indo-européennes; de même, nous ne pouvons retrouver, avec certitude, l'ancêtre commun des ruminants et des pachydermes.

Dans la première souche aryenne étaient confondues, dans un même ancêtre, tout un embranchement de langues parentes qui, s'éloignant l'une de l'autre, se séparent, se deviennent étrangères, si bien qu'à la fin, il a fallu une illumination de la science pour retrouver leur parenté et leur commune origine.

Cette loi qui vient de se révéler, dans la formation des langues, ne jetté-t-elle pas une lumière inattendue sur la formation et le développement des espèces végétales et animales? N'aident-elles pas à concevoir comment d'un même type ont pu sortir tant de formes différentes? Nous surprenons ici le développement de la vie dans la parole; saisissons cette clef; elle nous servira à marquer le développement de la vie à travers les trois règnes.

CHAPITRE X.

LA GÉNÉRATION DES LANGUES. — EMBRYOGÉNIE DE LA PAROLE HUMAINE.

Appliquez à l'histoire des langues quelques-unes des vues précédentes ; de grandes lueurs peuvent en sortir.

Les langues-mères sont dans le monde civil ce que les espèces sont dans la nature organisée. Que s'ensuit-il ? une vérité importante. Quand les langues sont alliées de près l'une à l'autre, elles peuvent produire ensemble, par leur mélange, des variétés et des sous-races d'idiomes. Au contraire, à mesure qu'elles s'éloignent de leur souche et qu'elles perdent toute ressemblance de famille avec le type commun, elles perdent en même temps la faculté de produire, en se mariant, des langues durables.

En vain elles sont rapprochées, superposées, liées ensemble par la violence, par la conquête, par la religion ou la politique dans un même état et un même peuple. Le mélange ne se fait pas. Les langues forcées de vivre ensemble répugnent l'une à l'autre; elles se restent mutuellement étrangères, elles se repoussent, elles semblent se haïr. Nulle union, nulle alliance. Elles ne peuvent donc produire aucun idiome nouveau formé de leur propre substance. Le rapprochement entre elles est nul; ou si, par hasard, il s'ensuit quelque association, elle est informe et barbare, surtout stérile. Elle ne peut enfanter tout au plus qu'un patois, un jargon qui lui-même ne peut se reproduire dans aucune forme durable et cultivée. Il est dans le système des langues ce que les monstruosités sont dans les flores et les faunes.

C'est dans les temps où un peuple est endormi ou esclave que sa langue se couvre de mots étrangers, d'une origine différente. Mais ces mots ne s'implantent pas véritablement dans le tissu du langage national. Ils n'y adhèrent qu'à la surface. Cet alliage de mots d'une autre langue est comme une maladie; tant qu'elle dure, la langue est impuissante à exprimer le vrai génie d'un peuple. Ainsi l'allemand sous le français, au xviiie siècle, le persan sous l'arabe, le turc de Constantinople sous les idiomes sémitiques, le roumain sous le slave, le grec moderne sous le turc et l'albanais. Les idiomes nationaux étouffent dans une union impossible ; recouverts d'éléments étrangers, ils ne produisent rien, ils ne font que dépérir.

Mais supposez un premier réveil. La langue nationale rejette aussitôt comme une rouille les éléments qui lui étaient incompatibles, ils étouffaient l'esprit de la race. Dès que la race se retrouve, elle repousse cet alliage. Nous en avons aujourd'hui sous nos yeux deux exemples frappants. J'ai déjà montré ailleurs comment la langue roumaine (1) répudie avec passion les mots slaves dont elle s'était recouverte pendant les temps d'esclavage. De même, le grec moderne à l'égard des mots turcs. Si jamais, par impossible, la Turquie renaissait, elle rejetterait elle-même les mots sémitiques, arabes, dont s'est chargée sa langue tartare, si bien que les Turcs

(1) Voyez dans mes œuvres complètes. T. VI, p. 35, 55. *Les Roumains.*

d'Anatolie, assure-t-on, ne la comprennent plus. J'en dis autant de la Perse qui s'est embarrassée, sous la conquête mahométane, de mots arabes dont elle est à demi étouffée.

Si ces idées sont vraies (et elles ne sont que le résultat de l'expérience et de l'observation), on peut en déduire le moyen de juger du degré d'antiquité d'une langue. En effet, dans une même famille de langues, celle qui résistera le plus à tout mélange, qui repoussera le mieux toute alliance avec ses sœurs, qui ne se pliera à aucun autre tempérament, celle-là sera à coup sûr la plus éloignée du type commun, celle qui s'en sera le plus tôt séparée, pour se faire une existence à part, et prendre un caractère, un génie distinct ; c'est donc elle aussi qui sera la plus vieille.

Les anciens nous parlent d'une multitude de langues qui se formaient en essaim, sous leurs yeux. Que de dialectes seulement chez les Grecs ! Autant de peuplades, autant d'idiomes divers. Les langues, étant encore alliées de près, formaient comme des espèces voisines qui pouvaient s'unir d'une manière féconde, et enfanter entre elles des rejetons eux-mêmes féconds.

A mesure qu'elles ont vécu davantage, et qu'elles se sont plus éloignées les unes des autres, le caractère de chacune d'elles s'est plus prononcé ; ce qui n'était chez elles que variété est devenu espèce. Dès lors, la production de langues nouvelles, dans une même famille, a diminué. Les idiomes étrangers les uns aux autres sont devenus des espèces fixes, incapables de s'unir à d'autres espèces que la leur. Dans le monde grec et romain, cette création d'idiomes était déjà moins riche, elle l'est devenue moins encore au moyen âge. Depuis les temps modernes, elle semble avoir cessé.

Au seuil de l'histoire humaine, apparaissent trois familles de langues : les africaines, les sémitiques, les aryennes ; ces familles semblent aussi séparées que certaines zones végétales et animales, ou que les pachydermes et les ruminants, ou les mammifères didelphes et monodelphes.

Nulle alliance entre elles, nulle transition visible de l'une à l'autre. Chacune de ces familles a produit une longue lignée qui est restée sans rapport de ressemblance, sans lien avec celle des deux autres ; soit qu'elles n'aient jamais été unies entre elles à l'origine ; soit qu'elles aient déjà perdu l'empreinte d'un type commun, lorsqu'elles se présentent à nous pour la première fois.

L'hippopotame du Nil, le lion de Bactres, l'éléphant de Java sont complets et achevés en eux-mêmes, dès que nous les rencontrons au seuil de la nature actuelle ; de même les trois groupes des langues mères au sein de l'histoire civile.

Et comme on n'a jamais vu le lion s'unir au rhinocéros, ni l'hippopotame à l'éléphant, on n'a pas vu davantage le sémitique s'unir à l'arien, ni l'arien au chinois ou au groupe africain.

Ainsi, dès le premier jour de l'histoire, les espèces dans les langues semblent aussi délimitées que les espèces dans la nature vivante. L'apparition de ces langues cause une première surprise aussi grande que l'apparition des mammifères gigantesques de l'époque tertiaire.

D'où sortent-elles ? Le monosyllabe, ai-je dit, s'est joint au monosyllabe, dans le premier tissu de la parole, comme la cellule à la cellule, dans le tissu des végétaux et des animaux. Après cela, y a-t-il eu des langues inférieures, presque muettes, sans articulation, à la manière des premiers êtres organisés dans les forêts carbonifères? Puis des langues rampantes à la manière des reptiles? Puis, tout d'un coup, l'aile a-t-elle paru? Les plumes ont-elles poussé à l'âme? Y a-t-il eu des langues ailées qui ont pris soudainement leur vol par-dessus la nature rampante? Puis des langues à la mamelle intarissable, à la charpente osseuse, flexible, à la manière des grands vertébrés? Le sanscrit et le zend semblent être les paléothériums et les anoplothériums de l'histoire civile.

L'embryon de la parole aura-t-il parcouru obscurément et lentement toutes les phases de la nature vivante, jusqu'à ce qu'il ait atteint la merveille achevée de la parole cultivée dans le sémitique et surtout dans l'indo-européen? Cette lente progression ne paraît guère probable. C'est ici que l'esprit a dû devancer la nature muette. Il n'a pu suivre pas à pas la marche lente et patiente des flores et des faunes successives. Une fois délié, il a dû se hâter et s'élever promptement au langage cultivé des temps historiques. Je croi voir l'hébreu s'élancer par bonds, du désert, comme le cheval de Juda, le sanscrit, s'ouvrir à grands pas son chemin en secouant les arbres à fleurs de la forêt, comme l'éléphant du Pendjab et du Bengale.

Dans quel isolement vit l'hébreu ! Voilà bien une langue du désert. Quelle nudité! quelle pauvreté ! Peu d'adjectifs et de conjonctions. Quelquefois, la même voix pour le présent et pour le futur: le dénûment et la rudesse du rocher d'Oreb. Mais cette nudité fait sa sublimité. Sans conjonctions, cette langue ne peut se répandre en vaines périodes : pauvre d'épithètes, elle est d'avance garantie de la déclamation. Il fallait une âme peu commune pour tirer un son puissant d'un pareil instrument. Les inspirés pouvaient seuls faire jaillir de ce rocher brut une eau limpide.

J'ai peine à me représenter un sentiment vulgaire dans cet idiome. Ou sublime ou nul. C'est un arc de fer; il faut une âme de fer pour le courber et lancer le trait au but.

Le grec et le latin n'ont pas produit une lignée commune à l'un et à l'autre. Là où le grec a été enveloppé par le monde romain, par exemple, en Sicile, il a disparu ; il n'a pas transigé, il a été étouffé. Ainsi les deux langues de l'antiquité classique n'ont pu se soumettre l'une à l'autre. Où l'une d'elles a survécu, dans les langues modernes, elle est restée maîtresse. Dans leur décadence, chacune est encore souveraine.

Si le grec et le latin avaient pu produire, de leur mélange, une variété commune à l'un et à l'autre, c'eût été en Sicile. Pourquoi donc le grec dorien n'a-t-il laissé là que des vestiges si faibles? C'est qu'il a rencontré, en arrivant, une ancienne couche de langue italique, l'osque, qui devait bientôt se réveiller au contact de la civilisation romaine. Après la prise de Syracuse par les Romains, le grec commença à déchoir, puis il disparut. La vieille langue sicilienne, osque, italique, s'unit naturellement au latin et parut ne faire qu'un seul tout avec lui.

Le latin, en s'unissant à l'osque, à l'ombrien, et à tous les dialectes italiques, a augmenté, renouvelé successivement l'héritage de la langue des bergers du Palatin. Réduit à lui-même, sans alliance, le dialecte de ces bergers n'eût jamais enfanté la langue souveraine, qui devait commander au monde.

Les dialectes grecs et les dialectes italiques étaient des frères jumeaux; ils ont pu, en s'associant, enrichir le latin littéraire, avec lequel ils avaient une souche commune dans le vieux dialecte éolien ; en sorte que les formes, les tours, la prosodie, les mètres même ont pu être naturellement transportés des uns aux autres.

Mais, lorsque le latin se répandit dans l'Occident, voici quelle chose extraordinaire arriva. Il semble que la langue celtique, gauloise qui remplissait les Gaules, eût dû naturellement s'apparier avec le latin, se combiner avec lui dans l'idiome nouveau des peuples gallo-romains. C'était la langue de toute une race d'hommes déjà cultivés. La grande masse de la population, composée de Celtes, devait donc, ce semble, être représentée en une immense proportion dans la formation de la langue nouvelle, d'où devait sortir le français.

Comparez le peuple conquis au peuple vainqueur, vous vous attendrez à voir surgir une langue celtique. Cela fait, examinez la part du gaulois et celle du romain dans la langue française. Vous verrez que la première est sans aucune proportion avec les éléments celtiques au milieu desquels s'est formé le français.

Comment donc la langue de nos ancêtres a-t-elle été extirpée de notre langue? Comment résoudre le problème étrange d'une population innombrable qui survit et ne transmet à sa postérité presque aucun des éléments constitutifs de son langage?

Laissons là les raisons que l'on en donne ordinairement; elles sont sans valeur; il en faut chercher une véritable; et je ne puis en trouver une plus profonde que la loi exposée précédemment et qui s'applique ici d'elle-même. Si le gaulois n'a pas survécu dans le français, ce n'est pas qu'il ait été extirpé par la violence de l'administration romaine. Car aucune violence ne peut arracher la langue de tout un peuple. Non. Ce qui s'est passé là est arrivé en vertu d'une loi générale, et non pas seulement par un caprice de conquérant.

La langue gauloise a disparu, comme une espèce fossile, ou plutôt comme, de nos jours, le dronte, le bouquetin et l'aurochs, parce qu'elle n'a pu se combiner avec le latin, se renouveler avec lui, de manière à produire avec lui une variété nouvelle d'idiomes.

La langue du vaincu n'ayant pu épouser la

langue du vainqueur est restée à l'écart et stérile. Celle du vainqueur a seule continué de régner jusqu'à ce que l'autre se soit éteinte; et la raison pour laquelle le latin et le gaulois n'ont pu se mélanger, c'est que ces deux langues étaient trop différentes, trop éloignées de leur type commun, au point de ne pouvoir se reconnaître comme parentes et alliées. La différence du bélier et de la chèvre qui ne peuvent produire ensemble, n'est pas plus grande en soi que celle qui se vit entre l'idiome gaulois et le latin.

De ces deux langues, la plus contraire à toute alliance, la plus récalcitrante, fut certainement le gaulois; car le latin qui a pu se mêler aux langues teutoniques dans l'anglais, n'a pu s'associer à la langue gauloise. C'est elle qui s'est le mieux soustraite à toute union, qui a vécu le plus à l'écart, qui a le plus répugné à reconnaître dans le latin un membre de sa famille.

J'en conclus que le celtique, en Occident, est le premier idiome qui se soit détaché du rameau primitif des langues aryennes, le premier qui se soit répandu en masse dans notre Europe, puisqu'à l'époque romaine, il était déjà incompatible avec tous ses congénères : grecs, latins, ou germaniques (1).

Même phénomène et plus significatif encore en Espagne. En voyant la langue arabe si longtemps maîtresse du territoire presque entier, retenant pendant six siècles tant de provinces, qui n'eût cru que l'arabe aurait la force de se mélanger avec le castillan, pour produire un idiome nouveau, demi-latin, demi-mauresque? C'est le contraire qui a eu lieu.

Les deux langues se sont repoussées par une mutuelle antipathie. Elles n'ont rien pu entreprendre l'une sur l'autre. L'arabe, en se retirant, n'a rien emporté de l'espagnol ; l'espagnol, en demeurant, n'a rien gardé de l'arabe. Car, ce ne sont pas quelques inflexions gutturales, quelques mots parsemés dans l'idiome de Castille qui peuvent être regardés comme une marque proportionnée à la longue cohabitation de la langue arabe et de la langue romaine.

(1) M. Bunsen arrive, par une autre voie, à la même conclusion : « Le celtique, reste de la première période du système linguistique des Aryas, présuppose l'antériorité des langues touraniennes. » V. *Dieu dans l'histoire*. Tr. de Dietz, p. 90. *Gott in der Geschichte*. T. I, p. 42. Le texte allemand est moins développé ici que la traduction.

Toutes deux ont fini par se séparer, sans s'être, pour ainsi dire, touchées. Et cette grande expérience ressemble à celles par lesquelles les naturalistes parquent dans la même enceinte le chien et la louve, le loup et le renard, le cheval et le zèbre, sans réussir à les apparier et à en tirer aucun produit durable.

On peut même dire que la différence spécifique est bien plus grande entre l'arabe et la langue romane, qu'entre le cheval et le zèbre, ou entre le chien et la louve ; car il ne s'agit plus, comme entre le celtique et le latin, de deux éléments dérivés d'une même souche antérieure. Il s'agit de deux familles de langues entièrement séparées l'une de l'autre, le sémitique et le latin, qui n'ont entre eux aucun ancêtre commun, aussi loin du moins qu'il est possible à l'histoire de remonter dans le passé. Le chameau du désert et le taureau d'Andalousie forment des espèces moins éloignées l'une de l'autre, que les langues romanes et les langues sémitiques.

Voilà pourquoi la cohabitation pendant six siècles, de l'arabe et du roman à Tolède, à Cordoue, à Séville, à Grenade, à Malte, n'a enfanté aucun genre nouveau de langage, tandis que moins d'un siècle a suffi ailleurs entre des langues de même race, telles que l'hébreu et le chaldéen, pour accomplir cette gestation de la parole humaine.

Par une raison semblable, le basque greffé sur le castillan, ou le castillan sur le basque, est resté stérile; d'où il arrive que le basque ne pouvant se régénérer par aucune alliance, disparaît de nos jours comme le bouquetin des Pyrénées.

Cependant, direz-vous, des langues absolument différentes de type et d'origine sont parvenues à se mêler sur les rivages de la Méditerranée. Cela est vrai; on voit tous les jours, dans les ports de Constantinople et de Sicile, les matelots échanger entre eux des mots arabes, turcs, romans. Mais, de cette union prétendue, que sort-il? La langue franke, c'est-à-dire un jargon plutôt qu'une langue, où aucune grammaire ne peut s'établir, une poussière de mots, une monstruosité incapable de se reproduire et de se perpétuer dans une forme fixe. Cette monstruosité est dans les langues ce que le métis est dans les organisations vivantes, l'hybride à la plante, le mulet au cheval.

Voulez-vous assister à l'apparition véritable d'une nouvelle variété de langue? Vous le pouvez.

L'Angleterre a donné ce spectacle aux modernes. Dans le xie siècle, les conquérants normands emportent de France leur langue romane avec eux; elle s'unit à l'anglo-saxon et dès le siècle suivant la gestation a eu lieu. Elle n'a pas duré cent années. Le produit est, non pas, il est vrai, une langue toute nouvelle, mais une variété éclatante sur l'ancien tronc des idiomes teutoniques.

La langue anglaise, en effet, rassemble les traits de ses deux parents, la race germanique et la race latine. Dans cette alliance, ne s'est montrée aucune des antipathies que j'ai remarquées précédemment, soit dans le celtique, soit dans l'arabe.

A peine mis en présence, l'idiome roman se greffe sur l'anglo-saxon. Leurs éléments, loin de se repousser, s'attirent et se fondent dans une nouvelle organisation de la parole.

Pourquoi? Par les raisons dites plus haut. L'anglo-saxon, comme toutes les langues germaniques au xie siècle, était plus près qu'aujourd'hui de la souche première des langues indo-européennes. Il pouvait donc encore s'unir à certaines de ces langues et enfanter avec elles.

Mais cette création a été la dernière. Depuis ce moment, l'homme n'a plus vu s'accomplir cette merveille d'une formation de variétés nouvelles, dans les langues fixes et cultivées. Non pas que les occasions aient manqué au français, à l'allemand, à l'italien, à l'anglais, à l'espagnol, au portugais, de se combiner entre eux ; mais, sans doute, parce que ces mêmes langues, plus vieilles aujourd'hui de sept siècles, plus délimitées à mesure qu'elles ont été écrites, ont acquis une sorte de permanence à la manière des espèces fixes de végétaux et d'animaux que la nature ni l'art ne peuvent rapprocher et transformer de nos jours.

Quelle démonstration plus éclatante de ces idées que l'exemple du continent américain ? Ces immenses contrées qui forment, à elles seules, un monde, sont partagées entre deux langues cultivées, l'anglais et l'espagnol.

Deux langues écrites pour un univers. Et à travers cette immensité où elles ont tant d'occasions de se rencontrer, de se toucher, aucun mélange, aucune formation nouvelle. La plus forte chasse l'autre, à mesure qu'elle s'étend. Mais elles ne tentent pas même de s'unir, non plus que le cheval ne s'unit au tapir, quoiqu'à l'origine, ils aient pu avoir un ancêtre commun, dans le terrain tertiaire. Mais si cela a été, ils l'ont oublié; et il en est de même aujourd'hui de l'anglais des Yankees et du néo-latin des Pampas.

Tant il est vrai que la puissance de création de nouvelles langues se perd et disparaît, du moins chez les peuples indo-européens. Leurs langues restent en face l'une de l'autre, plus ou moins fixes, comme les espèces végétales et animales, dans la période actuelle. Si les écrivains entreprennent par hasard de les mêler, ces unions ne servent qu'à les altérer ou les détruire.

Il y a, en effet, des langues antipathiques les unes aux autres. Essayez de mêler l'allemand au français, qu'arrive-t-il? La plus forte de ces langues extirpera la plus délicate; et comme la langue allemande est une langue mère, qu'elle est plus près de ses origines et, par conséquent, plus robuste, c'est elle qui décomposera celle qui n'est que dérivée. Dans ce mélange forcé, l'allemand tuera infailliblement le français. Voilà une expérience qui se fait tous les jours sous la plume de ceux des écrivains qui n'en ont pas conscience.

En dehors des langues cultivées et fixées qui sont aujourd'hui la parole de la civilisation, je vois des essaims de langues inférieures, encore informes et naissantes, se combiner entre elles, changer, se partager, se multiplier l'une par l'autre. Telles sont les langues américaines, africaines, polynésiennes, touraniennes. Elles flottent dans une mobilité perpétuelle. Qui les a comprises hier, ne les comprend plus aujourd'hui. Pourquoi? Parce qu'elles se modifient incessamment l'une par l'autre, parce qu'elles font perpétuellement des incursions l'une dans l'autre, se pillant, comme un butin, leurs formes, leurs tours, leurs mots; et la raison de ces révolutions continuelles, c'est que ces langues appartiennent encore à une même époque de formation où rien n'est fixe. Dès lors elles peuvent s'enlever réciproquement ce qui leur manque.

Essaims bourdonnants, germes de la parole

qui tourbillonnent dans un rayon de soleil. Ces germes embryonnaires se fixeront à leur tour; et qui sait quelles langues cultivées naîtront un jour de cette poussière féconde de la parole humaine? Quand elles régneront sur la terre, le français, l'allemand, le slave, l'anglais, l'italien, l'espagnol seront alors, peut-être, pour la postérité, ce que le zend et le sanscrit, le grec et le latin sont aujourd'hui pour nous; langues mortes où l'on cherche à déchiffrer quelle fut l'existence antérieure du genre humain.

CHAPITRE XI.

APPLICATION A L'ART D'ÉCRIRE.

De ce qui précède, je pourrais tirer une théorie de l'art d'écrire, si c'était mon sujet.

Il y a des genres de poésie qui ont péri tout entiers et qui ne nous sont plus connus que dans leurs analogues. Certaines formes grecques ne sont plus appréciables que par les productions romaines.

Archiloque, Ménandre, Sapho, dont il ne reste que des fragments, sont représentés par leurs analogues, Horace, Térence, Catulle.

La comédie latine a perdu, avec le chœur, les ailes de la comédie grecque. La première représente la seconde comme certains genres vivants, diminués de taille, privés d'ailes ou de cuirasses, représentent les genres fossiles perdus. Éléments nouveaux de la grande critique.

Vous voulez empêcher la dégénérescence d'une langue. Que faut-il faire? La nature nous l'apprend. Par le croisement des races voisines d'animaux et de végétaux, de la même famille, se conserve la richesse du type. C'est aussi par le mélange des divers dialectes congénères et des diverses époques d'un même idiome, qu'une langue se régénère et se perpétue. Exemples : l'ionique et l'attique dans Homère, l'ombrien et l'osque dans Virgile, le vieux français et le nouveau dans La Fontaine, le parler de Louis XIV et le latin de la Vulgate dans Bossuet, la langue de Bossuet et du sire de Joinville dans Chateaubriand, le toscan et le milanais dans Manzoni.

Qui voudrait aujourd'hui se calquer sur la langue de Racine ou de Fénélon, sans en sortir, n'aurait bientôt plus qu'une ombre d'idiome. Il ne retiendrait pas la vraie langue du XVIIe siècle, et la vie du XIXe lui échapperait.

Que lui resterait-il? Le parler académique, c'est-à-dire une langue qui, n'acceptant plus de mélange avec la langue populaire, n'admettant plus que celle des livres, aime mieux s'effacer que de se renouveler.

La vie n'est possible dans la nature que par les différences spéciales de formes, de tempérament, d'organisation, de types. C'est là le style de la nature vivante. Chaque chose a son style, et il ne peut être confondu avec celui d'une autre.

J'en dis autant des œuvres humaines. Appliquez le même style à tous les genres (c'est la disposition de notre époque), poëmes, sermons, histoire, romans ; le style disparaît. On voit par là comment il peut s'effacer de toute une littérature.

Un jeune artiste, à ses débuts, avait achevé une ébauche où tous les dieux, morts ou vivants, étaient mêlés indistinctement dans la même foule ; il montra cette ébauche à un grand peintre qui était, en même temps, naïvement croyant.

— Prenez garde, dit le maître, en détournant les yeux (c'était Overbeck); votre tableau me donne envie de pleurer. Mais le vrai Dieu vous punira par la confusion.

Quand un peuple perd son existence politique, est en grand péril de perdre sa langue. Elle fait place aux dialectes inférieurs et aux patois. L'Italie moderne a couru de nos jours ce danger. Je me souviens qu'en 1832 Manzoni me disait, qu'en l'absence de toute vie publique, il sentait la langue italienne lui échapper. Il ne savait où la saisir. C'était la principale raison pour laquelle il avait écrit *les Fiancés* dans le dialecte milanais.

CHAPITRE XII.

LANGUES MORTES, LANGUES FOSSILES.
APPLICATION DE LA PALÉONTOLOGIE A LA FORMATION
DES LANGUES NÉO-LATINES (1).

Si l'on eût interrogé Hésiode ou Hérodote sur la langue grecque, ils auraient répondu qu'elle ne pouvait mourir, étant la langue des dieux.

Qu'est-ce qu'une langue morte? Celle qui ne peut plus se prêter à l'esprit nouveau dans la bouche des vivants. Quand la vieille langue est si éloignée de la vulgaire, qu'elles ne peuvent plus s'unir, se combiner entre elles pour enfanter la parole nouvelle, c'est le moment où

(1) Voyez, dans mes œuvres complètes, *Les Révolutions d'Italie, Éducation des peuples du midi de l'Europe*, p. 76. *Genèse du monde moderne. Influence de la femme sur la formation des langues vulgaires*, p. 91.

achève de périr la vieille langue. Elle se sépare de celle qui a vie; elle n'entre plus dans le mouvement libre et spontané de la parole humaine; elle se pétrifie.

Pendant que la langue mère reste ainsi immuable, ses rejetons continuent de se développer, de changer, de s'accroître, c'est-à-dire, de s'éloigner de plus en plus de la souche commune. Et si vous voulez chercher les intermédiaires entre la forme primitive et la forme dérivée, ils vous échappent; vous n'en trouvez plus de trace. Où est l'intermédiaire entre le sanscrit et l'indoustani? où est l'intermédiaire entre le latin littéral et les langues novo-latines? il n'existe pas.

La loi de succession des espèces organisées se retrouve ainsi, à peu près identique dans la succession des langues.

L'indoustani est peut-être avec le sanscrit, le grec moderne avec le grec ancien, l'italien avec le latin dans le même rapport que le cheval actuel (equus caballus) avec le cheval tertiaire, ou nos pachydermes avec l'anthracothérium, ou l'éléphant de nos jours avec le mastodonte, ou notre chêne actuel avec le chêne vert de l'époque miocène, ou notre hêtre avec le hêtre de Deucalion.

C'est à tort que nous nous figurons une progression indéfinie de l'ancien vers le nouveau. Il se peut qu'à un certain moment, l'ancien soit resté immuable, comme une langue morte, et que le nouveau seul se soit développé.

Les cas des déclinaisons, les désinences des conjugaisons se sont atrophiés dans les langues nouvelles, comme des organes s'atrophient dans certaines espèces animales. Par exemple, les doigts triongulés du cheval tertiaire ont disparu dans le pied du cheval actuel, sans doute par la même loi qui a fait que les flexions du grec et du latin ont disparu dans le grec moderne et dans l'italien.

Le latin est devenu une langue morte ou fossile au milieu des cinq ou six espèces de langues novo-latines, le grec ancien au milieu des dialectes romaïques, le sanscrit au milieu des langues de l'Inde moderne, de la même manière que le mastodonte est devenu fossile au milieu des sept espèces d'éléphants, l'hipparion au milieu des cinq espèces de chevaux. Les nouvelles langues se sont montrées pendant un certain temps à côté des anciennes (1) ; ce n'est pas une fusion insensible de l'une dans l'autre, comme le suppose la loi du progrès continu.

Si je voulais traduire les résultats de l'histoire comparée des langues dans l'histoire de la nature, je dirais : l'hipparion tertiaire n'est pas devenu par degrés insensibles le cheval tel que nous le connaissons. Mais, à un moment donné, l'espèce du cheval s'est détachée de l'ancêtre commun, l'hipparion. Peu à peu, elle s'est distinguée au point de se séparer entièrement de la souche restée immuable, comme la langue rustique, toujours mobile, s'est détachée de la langue écrite. Alors la distance a été si grande entre l'ancêtre commun et sa postérité, que le premier est resté incapable de se retremper dans des races plus vivaces et plus jeunes. Isolé au milieu de sa postérité à laquelle il devint de plus en plus étranger, l'hipparion est resté au milieu des espèces nouvelles de chevaux, ce que le latin est devenu au milieu de l'italien, de l'espagnol,

---

(1) Les nouvelles espèces se montrent à côté des anciennes, comme des monnaies nouvellement frappées à côté des anciennes, *Heer, die Urschweitz,* Cf. *Annuario filosofico,* p. 114.

du provençal, du français, du roumain, une espèce de plus en plus rare. Elle a fini par périr, il n'en reste que le fossile.

Si l'on avait été guidé par des analogies de ce genre, on ne serait jamais tombé dans l'erreur de croire que le latin littéral, cultivé, de dégénération en dégénération, a fini par aboutir à l'italien moderne. Nous aurions vu, au contraire, qu'à un certain moment des temps modernes, le latin était devenu une espèce éteinte, fossile, d'où la vie populaire s'était retirée.

Dès lors, personne n'aurait imaginé que le latin avait eu une époque où il avait perdu les cas de ses déclinaisons. Sur ce fait imaginaire, nous n'aurions pas bâti un système imaginaire; nous n'aurions pas cherché dans le moyen âge, le point de jonction entre le latin antique et l'italien moderne. Nous aurions compris que la séparation s'était faite dès la haute antiquité, et qu'il n'y avait pas eu de fusion ni de transformation successive de l'ancien dans le nouveau. Ceci n'aurait pas été seulement vrai du latin. Nous y aurions vu la loi générale des rapports entre une langue morte et la nouvelle qui en dérive.

Après avoir tiré une si grande lumière de la succession des êtres organisés, peut-être aurions-nous pu réciproquement éclairer l'histoire naturelle par l'histoire des langues. Les formes intermédiaires n'existent pas, ne se retrouvent pas, entre les langues antiques et les modernes. Nous savons seulement que celles-ci, une fois détachées de l'ancienne souche, se sont développées par leur force propre. Est-il bien étonnant dès lors que les intermédiaires nous échappent entre les anciennes espèces animales et les nouvelles? Ne pouvons-nous pas concevoir que le cheval, une fois séparé de l'hipparion, l'intervalle entre eux a continuellement grandi ; que l'un est resté immuable, que l'autre a passé de variété en variété ; que la distance a fini par être telle, que nulle association, nul rapport, excepté celui de l'origine, n'existait plus entre eux ? Il ne faut donc pas croire que l'ancienne souche, par une transformation constante et insensible, se soit fondue dans l'espèce nouvelle. La distance peut n'avoir été parcourue que par l'espèce récente et la souche être restée immuable.

C'est ainsi que le latin écrit est demeuré fixe dans sa composition, tandis que le français, par exemple, l'un de ses dérivés, allait perpétuellement se modifiant de Charles le Chauve à Villehardouin, à Froissart, à Montaigne, à Descartes, à Voltaire; autant de variétés nouvelles.

Une langue cultivée, écrite, vit de la substance qu'elle emprunte aux dialectes populaires. Si l'intervalle devient trop grand entre ces dialectes vivants et la langue traditionnelle, celle-ci se dessèche comme une plante à laquelle manque le sol. Histoire de la vie et de la mort des langues.

Loin de penser que le latin allait se transformant dans les langues novo-latines, par une approximation indéfinie, il faut donc, au contraire, tenir pour certain que l'intervalle entre eux allait toujours croissant, que l'ancienne langue ne pouvait se rajeunir, ni se retremper dans une union avec des patois indigènes qui formaient autant d'espèces nouvelles.

Trop éloignées l'une de l'autre, l'espèce ancienne et la nouvelle ne pouvaient plus rien produire ensemble. Dès lors le latin isolé, déraciné, incapable de retremper sa race, était mort.

Les dialectes latins ont eu plusieurs filles que

l'on appelle novo-latines, italienne, espagnole, provençale, française, moldo-valaque (1). Mais ils n'ont pas engendré toutes ces langues dans le même moment. Ils ont produit chacune d'elles à une époque différente de leur existence. Cela aide déjà à concevoir comment, dans la nature, un même ancêtre commun a pu enfanter des espèces diverses végétales ou animales, à des époques diverses de sa vie, plus jeune ou plus vieux.

De même que les langues romanes se sont détachées l'une après l'autre, du même tronc, pour former des rameaux, de même telle plante phanérogame, ou tel mammifère de l'époque tertiaire, a pu produire, à certains intervalles, une postérité variée, dont chaque membre diffère de l'autre, autant que les filles de la souche latine diffèrent entre elles, tout en formant une même famille.

Cette idée de la succession des langues et des êtres entraîne avec soi la recherche de la différence des âges. Elle nous fournit une première lueur pour distinguer dans les idiomes ceux qui

(1) Sur la langue moldo-valaque, voyez, dans mes *Œuvres complètes*, t. VI, *les Roumains*, p. 33.

ont précédé et ceux qui ont suivi. Telle langue mère peut produire, dans sa jeunesse, un système de langues tout différent de celles qu'elle produira dans sa maturité ou dans sa vieillesse. Par là nous sommes conduits à chercher à quel âge de la langue mère se rapporte telle langue qui en est dérivée; cela constitue une véritable embryogénie de la parole.

Entrons ici dans le détail. Je choisis le plus petit, comme le plus important. En examinant la famille des langues romanes, je cherche d'abord quel est le plus ancien caractère connu de l'ancêtre commun, le latin; si, après avoir démêlé ce caractère, je le retrouve dans un certain nombre de langues romanes, je conclus pour celles-ci à une antériorité ou droit d'aînesse sur les autres. Je me dirai que le latin, dans son premier âge, a donné ce trait, cette physionomie à sa première postérité; par là se trouvera décidée la question d'âge.

Cela posé, je trouve que l'un des traits de la première époque du latin était de supprimer la consonne *s* à la fin des mots (1). Partout, où je

---

(1) Postremam litteram detrahebant.
Les anciens Latins disaient *si qui, aliqui*, pour *si quis,*

rencontrerai, dans une langue romane, cette même disposition, j'en conclurai que cette langue est née du latin ancien. Or, ce caractère se retrouve dans l'italien (1), le sicilien, l'espagnol, le portugais, le moldo-valaque; d'où la conséquence forcée que ces idiomes ont une priorité sur les autres rameaux des langues novo-latines, ou, en

aliquis. V. Torrentius, *Commentaires sur Horace.* Épod. XII.

L'usage de la lettre S au nominatif ne s'établit qu'*assez tard* d'une manière définitive dans l'orthographe latine. A.-E. Egger. *Latini sermonis vetustioris reliquiæ,* p. 208.

(1) Les dernières recherches ont mis hors de doute l'ancienneté de l'italien vulgaire. Il germait sous le latin ancien, témoin les inscriptions du IIIe et du IVe siècle où se trouvent déjà des membres entiers de phrases, tels que ceux-ci : *Diote guardi!* On a pu suivre, en Sicile, la langue vulgaire dans les inscriptions, les chartes, les diplômes, et il a été démontré que le sicilien, à l'état de patois, a continué d'être parlé à toutes les époques byzantines, arabes, normandes. Ce qui est vrai du sicilien, l'est aussi des autres dialectes de la Péninsule. Plus on remonte loin dans le passé, plus ces dialectes congénères se ressemblent, d'un bout à l'autre de l'Italie, dans la Pouille, en Toscane, en Sardaigne, en Corse. A ce point de vue, rien de plus vrai que la conclusion générale de la savante dissertation de M. Lionardo Vico.

« Au XIe siècle, la langue était faite ; il ne restait qu'à la polir. »

V. *Canti popolari siciliani raccolti e illustrati da Lionardo Vico.* Catania. 1857, p. 14, 19.

d'autres termes, ils plongent plus profondément dans les plus anciennes époques de la langue mère.

Ce n'est là, si l'on veut, qu'un premier indice; mais il éclaire tout; et si une idée de ce genre eût apparu à l'entrée de l'histoire comparée des langues novo-latines, jamais n'eût pu se produire le système étrange, qui, déplaçant toutes les époques, bouleversant la succession des âges historiques, donne au provençal et à la langue d'oïl la priorité et le droit d'aînesse sur l'italien et l'espagnol. Un savant homme de nos jours a dépensé une érudition infinie à établir un système qui va directement contre la réalité. Il s'obstine à chercher à la fin de la langue latine ce qui ne se trouve qu'à son commencement. Il se demande pourquoi l'italien n'a pas conservé l's finale de la seconde déclinaison latine, et il répond que c'est là une preuve que l'italien appartient à la décrépitude du latin au moyen âge (1).

---

(1) M. Littré. « L'époque, dit-il, où le latin n'avait qu'un seul cas, celui du régime, condition postérieure qui fut celle où naquirent l'italien et l'espagnol. » *Histoire de la langue française*. T. II, p. 334, 362, 363.

On disait *Dominu* avant de dire *Dominus*. La langue qui se rapporte à la forme *Dominu*, est donc plus ancienne que celle qui se rapporte à la forme *Dominus*. Quoi de plus évident ? La déclinaison latine de la décadence ne s'est jamais rapprochée de l'italien moderne. Tant qu'il y a eu un vestige de latin écrit, au moyen âge, on a dit *Dominus* et non pas *Dominu*, *Caballus* et non pas *Caballu*. Sur cela Grégoire de Tours et les chartes féodales sont aussi imperturbables que Cicéron ou Quintilien.

Le sicilien retranche la dernière consonne, comme l'ancien latin ; il dit : *amicu, corpu, manu* ; par là il se rencontre avec le moldovalaque, et le dialecte de Frioul (1). D'où vient cette similitude de langage entre Palerme et Bucharest, entre Jassy et Udine ? Évidemment de ce que ces formes de langage remontent à l'époque où la langue latine, l'ancêtre commun, rejetait la consonne finale (1).

---

(1) Urechia. Discursulu. Societatea Academica Romana. Septembre 1868.

Canti popolari Siciliani raccolti e illustrati da Lionardo Vico. 1857, p. 13.

Or, nous savons par Cicéron et Varron que cette prononciation était déjà tenue pour rustique et surannée de leur temps auprès des gens cultivés ; d'où il suit nécessairement que l'un des traits caractéristique du roumain, du sicilien, du dialecte du Frioul, de l'italien, remonte à une époque antérieure à Cicéron et à Varron (1). Ce caractère n'est point né de la décadence du latin en collision avec les langues barbares; il a pris sa source dans les dialectes de l'Italie antique. Longtemps avant l'empire, Nævius, Ennius parlaient en ceci comme parlent aujourd'hui le Moldo-Valaque, le Frioùlan et le Palermitain.

La dernière consonne était une enveloppe, une épiderme, qui protégeait la voyelle contre les influences du changement. Quand cette écorce a disparu, la voyelle est restée nue, elle s'est altérée et a changé. L'italien a commencé par dire au temps d'Ennius, *tempu*, puis *tempo*;

(1) Quod jàm rusticum videtur. Cic. *Orator*.
Ità enim loquebamur : Qui est omnibu princeps, non omnibus..... Vità illà dignu locoque, non dignus. Cic. *Orator*. C. 18. 163.
Quintilien. IX. 4.
M. Muller. *Science du langage*. T. I, p. 63. Traduit par Harris et Perrot.

une fois la dernière consonne tombée dans la déclinaison, l'uniformité des cas s'en est suivie presque nécessairement.

L'italien repose donc sur une couche de langue plus ancienne que le provençal et le français, qui ont conservé l's finale jusqu'après le xiie siècle. Il y avait déjà un germe de langue vulgaire italienne, sous Ennius, Nævius, avant qu'il n'y eût une province ou une terre gallo-romaine, et à plus forte raison avant qu'il n'y eût une Bourgogne, un Berry, une Normandie ou un pays Wallon (1).

Quand je vis pour la première fois l'Italie, ce qui me frappa, ce fut sa précocité dans l'architecture, la sculpture, la peinture, dès le xie siècle. Les arts avaient eu une première floraison, une renaissance anticipée dans les années que nous tenons pour les plus barbares. Il me semblait que tout s'y était mûri plus tôt sous un soleil plus clément.

Que de communes et de républiques s'épa-

---

(1) « Il y a dans l'italien un grand nombre de mots qui ne viennent pas du latin, et dont plusieurs doivent être aussi anciens et plus anciens que lui. » Fauriel. *Littérature provençale.* T. I, p. 194.

nouissaient déjà d'Amalfi à Pise, quand les ténèbres étaient partout ailleurs ! Quel commerce, quelle industrie sur tout le littoral de Venise ! Comment imaginer, au milieu de cette précocité universelle, que la langue ne fût pas sortie de son premier germe, qu'elle n'existât pas même sous la forme de dialecte; et que le latin roman s'épanouît en Gaule avant même de poindre en Italie?

L'auteur du système que je réfute ici (1), s'est trompé sur les époques et les couches des langues romanes; il n'a pas vu qu'il était dupe d'un renversement accidentel; il a placé au-dessus ce qui doit être au-dessous. J'ai dit, plus haut, qu'il y a de ces renversements qui font ainsi illusion sur l'âge des couches du globe, surtout dans les Alpes. L'important est de les replacer dans leur position et leur âge véritable. Ce doit être le travail actuel de la critique en histoire comme en géologie.

On suppose une approximation constante du

---

(1) « Dans ce développement, c'est la langue d'oc et la langue d'oïl qui ont l'antécédence, contre l'opinion vulgaire, qui attribuait l'antécédence à l'italien. » Littré. *Hist. de la langue française.* **T. I. p. 38.**

latin de la décadence vers l'italien moderne. On va jusqu'à imaginer un latin qui aurait perdu tous les cas de ses déclinaisons et l'on dit voilà la langue italienne. Mais, ce latin merveilleux, sans déclinaison, où est-il? nulle part. Pour appuyer un système chimérique, on le fait précéder d'une fiction. Ce qui m'étonne au contraire dans l'histoire du latin, c'est plutôt son immutabilité, au milieu de l'écroulement du vieux monde.

Pourquoi l'italien a-t-il atteint son âge mûr dès le XIIIe siècle? Parce qu'il a été enraciné dans l'antiquité; sa formation datant de loin, il est naturel qu'il ait eu, le premier, sa floraison et sa maturité.

Pourquoi, au contraire, le français n'a-t-il été fixé qu'au XVIIe siècle? Parce qu'il est venu plus tard que l'italien. Venu après lui, il n'a pu fleurir et mûrir qu'après lui.

Ces époques différentes s'expliquent d'elles-mêmes ; c'est le mouvement de la vie. Mais, changez tout cela; déplacez les saisons pour chaque peuple; vous détruisez la physiologie des langues aussi bien que la succession naturelle des temps. Vous refaites le chaos.

Il a fallu même une raison particulière pour retarder jusqu'au xiiie siècle l'éclosion littéraire de la langue italienne. Cette raison qui a échappé aux critiques est celle-ci : Les Italiens vivaient dans l'attente de la restauration de l'empire Romain. Il s'ensuivait que la langue romaine seule leur paraissait digne d'être écrite ; ils ne pouvaient consentir à prendre au sérieux leurs langues populaires, vulgaires, qui étaient pour eux la marque de leur abaissement.

Mais ce dédain n'empêchait pas les dialectes vulgaires d'exister ; l'idée ne venait encore à personne qu'un grand sujet pût être traité dans ces patois ; on aurait cru faire injure à la majesté de la langue latine. C'est pour cela que Dante lui-même avait commencé son poëme en vers latins ; il céda pourtant à l'inspiration et redescendit à la langue vulgaire. Son exemple ne suffit pas à entraîner la victoire de la langue vivante sur la langue morte. Pétrarque, après lui, croyait encore que l'italien n'était fait que pour l'amusement des amoureux. Il dédaignait ses sonnets ; la gloire sérieuse, durable, il croyait l'atteindre dans son poëme latin ; c'était pour lui l'avant-coureur de cette restauration du monde romain, que l'on trouve au fond du cœur de tous les Italiens de la première partie du moyen âge, chroniqueurs, juristes, poëtes, docteurs (1).

Assurément les communes italiennes du xie et du xiie siècle ne pouvaient produire la langue cultivée, la poésie aristocratique des cours féodales de Provence et de France (2). Mais l'existence d'une langue ne se montre-t-elle que par les poëmes féodaux d'Arthus et de Charlemagne ou par les chants des troubadours? Il n'y avait pas d'épopées de ce genre dans les républiques naissantes d'Amalfi, de Pise, de Venise. Rien de plus certain.

Il y avait une autre forme vivante de la parole, dans ces petites sociétés, où les chefs des communes, les consuls, les principaux des partis entraînaient le peuple après eux. Tout ne se faisait pas seulement par l'autorité; il fallait une

(1) Voyez *Révolutions d'Italie*, p. 54, 137.
(2) En 1831, j'ai montré que la littérature française remonte, non pas au xve siècle, mais au xiie. Cette idée, qui fut alors vivement combattue, est entrée dans le domaine public. Voir mon *Rapport sur les Épopées françaises inédites du* xiie *siècle*. 1831. Œuvres complètes. T. IX, p. 405.

parole rude, populaire pour entraîner le peuple, manier les partis, former des ligues.

C'étaient, non des discours écrits, mais des invectives, des appels aux armes, qui retentissaient comme les cloches du tocsin sur la place publique, sans laisser qu'une trace effacée dans les traductions des chroniqueurs. Or, cette éloquence de la rue, ces appels d'un peuple de matelots, de campagnards, d'ouvriers, d'artisans, de marchands de tous genres, ne se produisaient pas dans la langue savante, écrite des clercs et des docteurs. Ces passions, pour éclater, se servaient de la langue de tous, c'est-à-dire des patois, des dialectes.

Quand frà Giovanni da Vicenza rassemblait autour de lui, en 1233, quatre cent mille hommes, sur les bords de l'Adige, et qu'il les adjurait de faire la paix, se figure-t-on qu'il opérait ces miracles sans parler une langue vivante?

Dans la langue de Dante, les cris de la rue semblent encore retentir spontanés et effrénés. J'entends l'écho des lointaines clameurs de la foule qui domine le Capo ou le Podestà. Il y a surtout, au commencement du poëme, des tronçons de vieille langue que Dante vient de ramasser sur la place publique, encore tout fumants des anciennes guerres civiles, et qu'il brandit dans l'Enfer (1).

Ne dites donc pas que la langue vulgaire n'existait pas en Italie. Au contraire, chàque province avait la sienne ; et ces dialectes modernes plongeaient dans les dialectes antiques. Lorsqu'il se trouva un homme, Dante, qui osa renoncer au dédain de la parole vivante, mettre sa foi dans ces humbles dialectes, épouser la langue vulgaire, qu'arriva-t-il ? Il découvrit une richesse infinie dans cette mine jusque-là méprisée où s'était déposée, successivement et en secret, l'âme des générations éteintes (2).

Dès qu'il eut touché ces cordes, une harmonie prodigieuse en sortit, celle de toute une race d'hommes. Car ce n'est pas seulement l'Italie du moyen âge qui se mit à vibrer, mais l'Italie de toutes les époques, celle des bergers du Latium, celle des Sabins, celle des bucoliques de Mantoue, puis celle des césars après celle des

(1) Quel Mosca Lamberti
Che disse : lasso ! *Capo ha cosa fatta.*

(2) Voyez, dans mon histoire des *Révolutions d'Italie*, « Dante, expression de la conscience et des instincts du peuple italien. » OEuvres complètes. T. IV, p. 91.

consuls. De chaque partie de l'Italie, de chaque moment de son passé sortit une voix, un accent, un écho pour former la parole dantesque. Le premier monument, en date de l'Italie moderne, fut ainsi le plus complet et le plus riche; chose impossible s'il n'eût été formé de tous les éléments du passé.

Au seul point de vue de la langue, pourquoi la parole de Dante a-t-elle des accents si profonds? Parce qu'elle réveille d'échos en échos les cordes les plus anciennes, parce que des couches profondes de vieux dialectes résonnent avec elle, parce que les bergers du Palatin s'y joignent aux consuls et les consuls aux *podestà*, parce que c'est l'accord de l'Italie antique et de l'Italie moderne dans une même voix et une même personne.

Comment le seul accent de cette parole ne causerait-il pas une émotion extraordinaire à l'Italien, même le moins lettré? Il y sent l'écho prolongé de tout ce qui a vécu en Italie (1).

Les patois, qui sont des dialectes, passent in-

(1) La langue de Dante, comme celle d'Homère, est un fleuve qui a déjà reçu tous ses affluents ; elle descend de loin et coule à pleins bords. C'est l'opposé de notre français du moyen âge qui est encore enfermé dans un lit étroit,

sensiblement de l'un à l'autre. L'italien se mêle au provençal, le provençal au catalan, le catalan à l'espagnol; et de l'autre côté de la Loire, le bourguignon touche au normand, le normand au wallon, qui est le plus extrême rameau de la famille romane. Entre ces diverses zones de langage, il y a encore des dialectes intermédiaires qui complètent le clavier. Si l'on prend les deux extrémités de la chaîne, par exemple, le florentin et le wallon, on a peine à trouver le lien, tant il y a d'intervalle entre eux. Mais que l'on remonte à l'ancêtre chez qui ils sont renfermés, à la langue latine, tout s'éclaire subitement.

En est-il autrement des familles végétales ou animales ? Les chaînons intermédiaires nous échappent, parce que nous ne pouvons remonter à l'ancêtre commun, végétal ou animal, dans lequel ils ont eu leur souche.

il devra s'enrichir des affluents du xvie siècle et du xviie.
  Ceci me fait comprendre pourquoi c'est une idée fausse de vouloir traduire Homère dans notre langue d'oïl. C'est faire combattre un enfant nu contre un héros tout armé. Laissez l'enfant grandir; il aura besoin de toutes les forces de l'homme fait, pour lutter avec ses aînés.

LIVRE DIXIÈME.

PRINCIPES D'UNE SCIENCE NOUVELLE.
PARALLÉLISME DES RÈGNES DE LA NATURE
ET DE L'HUMANITÉ

CHAPITRE PREMIER.

QUELLES SONT LES LOIS DE L'HISTOIRE UNIVERSELLE QUI PEUVENT S'APPLIQUER A L'HISTOIRE DU MONDE FOSSILE ET RÉCIPROQUEMENT. — EN QUOI L'HISTORIEN ET LE NATURALISTE SE RESSEMBLENT. — UNITÉ DE COMPOSITION.

La science comparée des lois de l'histoire civile et des lois de l'histoire naturelle est tout entière à créer. J'entre ici dans une forêt vierge, et de toutes parts s'ouvrent devant moi de vastes espaces où je ne trouve aucun guide. Personne ne m'a précédé dans cette forêt sacrée. Elle est pleine de mystères et de promesses. Osons y faire les premiers pas et y tracer au moins quelques sentiers.

J'ai trop souvent vu l'homme misérablement abaissé prendre plaisir à son abaissement. Curieuse prétention après cela, de vouloir être traité comme un archange aux ailes diaphanes, qui ne touche pas la nature du bout du pied.

Bel archange, je t'ai vu trop souvent le cœur dans la boue; souffre que je m'en souvienne quelquefois.

Quand l'âme humaine s'abaisse au point de tarir, il faut profiter de cet abaissement pour faire des observations qui seraient impossibles en d'autres temps, et dont vous n'auriez pas même l'idée.

L'âme, en se retirant, laisse voir un fond jusqu'ici inaperçu. Profitons-en pour montrer les liens de parenté de la nature et de l'homme. Quand les eaux des grands lacs ont baissé, c'est alors qu'on a découvert les témoins de l'âge de pierre et de bronze dans les constructions lacustres. Essayons quelque chose de semblable.

L'histoire étant le génie de notre époque, c'est par ses méthodes appliquées pour la première fois à la nature que l'on a le plus de chances de résoudre la question de notre siècle. Là se trouvent la clef et l'outil des paléontologistes pour sonder le problème de la succession des flores et des faunes.

Mais comment appliquer les méthodes historiques au développement, à la grandeur, à la décadence, à la disparition des diverses espèces de végétaux et d'animaux fossiles? La philosophie de l'histoire fournit une multitude de clefs. Évidemment toutes ne sont pas applicables à tous les cas. Il faut les essayer, les discerner et s'arrêter à celles qui aident à ouvrir le mystère.

Je n'ai point à faire ici le dénombrement complet de toutes les lois générales qui président à l'histoire. C'est l'esprit d'une méthode nouvelle que j'indique; il suffira donc d'un certain nombre de principes pour me faire comprendre. Je choisis les plus simples.

Je remarque, en premier lieu, que toutes les lois élémentaires de la paléontologie se retrouvent et peuvent se vérifier sur de vastes proportions dans l'histoire des sociétés humaines. Les mots changent, le principe reste le même dans la nature fossile et dans le monde de l'humanité.

Premier exemple. Voyez ce que le naturaliste « appelle unité de composition, concordance des caractères; » ces deux principes, au moyen desquels il résout tant de difficultés, ne sont point particuliers à sa science. Je les retrouve identiques chez tout historien qui mérite ce nom.

En effet, l'historien ne rencontre aussi, comme le paléontologiste, que des débris, des fragments d'un grand corps; lui aussi, il restitue ce corps en son entier. Comment cela? Au moyen de règles qui n'ont pas toujours été exposées théoriquement, mais qui ont été appliquées instinctivement dès qu'on a cherché à établir la filiation des temps. Or, ces règles des historiens ne sont rien autre chose que les deux ou trois lois fondamentales que les naturalistes ont exprimées en formules.

Sous combien de formes tronquées se présente le passé du monde civil! Que de sociétés, que d'époques qui n'ont laissé d'elles qu'un fragment! C'est avec ce fragment mutilé, érodé, qu'il faut recomposer le tout. De grands empires n'ont laissé qu'une vertèbre, une dent. C'est un temple, un tombeau, une mosaïque barbare, une brique ciselée; et voilà tout l'empire d'Assyrie, tout le royaume de Trébizonde.

Il n'arrive jamais que l'historien ait affaire à un corps complet, à moins qu'il ne s'agisse de la société contemporaine ; et encore là, il ne possède qu'un commencement, un embryon. Le plus souvent il n'a sous les yeux qu'un monument mutilé. Tantôt il ne reste que les idées, et c'est par elles qu'il faut découvrir quels ont été les événements ; ou bien, c'est le contraire. Les faits ont survécu, il faut en déduire les idées ; ou encore, les faits et les idées ont disparu ; reste seulement un tronçon de dieu antique ; il s'agit de reconstruire avec ce tronçon la nation entière dans son tempérament et son humeur.

Les dieux étant donnés, j'ai cherché (1) à en déduire les hommes et les institutions. Le contraire peut également être tenté : les institutions étant posées et les hommes connus, en déduire les dieux. C'est souvent avec un tronçon de loi que Montesquieu a découvert une société perdue.

Voilà quelques exemples des cas nombreux où l'historien se trouve dans la situation du naturaliste en face du monde fossile. Je ne finirais pas si je voulais les énumérer tous.

Pour refaire le tout avec une partie, comment s'y prend l'historien ? Il part de l'idée souvent

(1) *Le Génie des Religions.* 5ᵉ édition. 1868.

inconsciente que les éléments d'un siècle, d'une société concourent à un même but, que le même esprit doit se retrouver dans chaque individu. Ce qui permet à l'historien de saisir le général dans le particulier, le particulier dans le général, l'homme dans le temple, le temple dans l'homme; et, quand il a atteint à cette vue, le moindre détail lui représente l'ensemble.

Ou encore, il obéit à cette pensée, qu'une certaine unité de type est au fond de tous les changements d'époques; et il cherche à retrouver l'homme identique à lui-même, avec un fond semblable, en dépit des changements apparents de forme, dans l'esprit et les mœurs des nations.

Voilà les premières idées sur lesquelles s'est fondée la philosophie de l'histoire. C'est à elles que se sont conformés tous les penseurs qui ont fait leur science des diverses périodes de l'humanité.

Mais, véritablement, que sont ces idées, sinon les lois d'unité de composition, de concordance des caractères, telles que les ont formulées, en termes spéciaux, les naturalistes de nos jours? Ces lois, sans avoir été promulguées méthodiquement, agissaient dans les grands esprits. Plus ils y étaient conformes, plus ils montraient de divination dans l'art et la science de l'histoire.

Avant que Cuvier eût établi le principe de la subordination des caractères, ce principe dirigeait instinctivement les historiens de l'art et de l'humanité. Winckelmann et Herder savaient déjà qu'il suffisait d'un bras ou d'un torse pour déterminer à quel dieu ce reste appartenait.

Avant que Geoffroy Saint-Hilaire eût énoncé la loi de l'unité du type d'organisation, Voltaire avait déjà retrouvé le même fond humain, et comme le même cœur, les mêmes nerfs, les mêmes vertèbres, la même ossature dans les époques humaines les plus différentes.

Par où l'on voit que les lois du monde fossile ont été d'abord appliquées par les historiens à l'histoire du monde civil. La question capitale qui s'ensuit est de savoir si la réciproque est vraie.

En un mot, les lois qui gouvernent l'histoire humaine peuvent-elles s'appliquer en certains points à l'histoire du monde fossile (1)?

Je n'aperçois guère de question plus nouvelle

(1) F.-G. Pictet. *Paléontologie. Distribution des fossiles.* T. I, ch. v, ch. vi, p. 39, 76.

et plus importante. Il est urgent de la poser. Car le naturaliste peut avoir à gagner quelque chose à s'emparer de certains principes fondamentaux de l'histoire civile; ne fût-ce que pour vérifier si ces principes, traduits dans d'autres règnes, ne s'y retrouvent pas, altérés, changés, à l'état rudimentaire, embryonnaire dans la succession des populations fossiles des diverses couches du globe.

CHAPITRE II.

LOI D'ATAVISME. — RETOUR AUX ANCÊTRES. ARCHAISME DANS LA NATURE. — QU'IL N'Y A PAS DE LIGNE DROITE DANS L'HISTOIRE.

J'ai dit que l'application des lois générales de l'histoire de l'humanité à l'histoire naturelle, ne peut pas consister seulement à transporter ces lois, du règne de l'humanité dans les règnes inférieurs de la nature, mais à les essayer, à les vérifier aux divers étages de la Création, jusqu'à ce qu'on se soit assuré, si elles se reproduisent, oui ou non, dans les époques crépusculaires de la vie organisée. J'ajoute que cette voie suivie avec le tact, sans lequel rien n'est possible, eût conduit à des découvertes certaines; elle peut encore aider à faire celles qui sont aujourd'hui l'objet de la plus impatiente curiosité de l'esprit humain. Arrêtons-nous à quelques exemples.

L'historien savait, il y a longtemps, qu'un peuple qui s'est renouvelé par une révolution, retombe temporairement après deux ou trois générations dans l'ancienne forme modifiée des ancêtres. C'est ce qui dans la langue des choses humaines s'appelle réaction, restauration. Transportez cette loi avec mesure dans l'histoire naturelle ; vous avez la loi de l'atavisme, en vertu de laquelle un être organisé, tout à coup transformé, revient dans sa descendance au type originel. Découverte qui date seulement de notre siècle. Elle eût pu être faite beaucoup plus tôt, si le naturaliste l'eût empruntée à la science historique où elle existait, pour l'appliquer à l'histoire naturelle à laquelle elle manquait encore.

Autre exemple. La philosophie de l'histoire avait depuis longtemps reconnu que dans l'antiquité orientale et même dans le moyen âge, jusqu'à nos jours, le progrès s'était accompli par la tête de l'humanité, je veux dire par les castes supérieures ; l'initiative du progrès partait des villes plutôt que des campagnes. Les castes infimes de l'Inde, de l'Égypte restaient à peu près immuables, rebelles à tous les changements, sans rien acquérir de nouveau en intelligence et en expérience. Un fellah d'Égypte était sous les Ptolémées ce qu'il avait été sous les Pharaons; et cela, il l'est encore aujourd'hui; de même les Soudras de l'Inde étaient au temps de l'époque grecque ou romaine ce qu'ils étaient à l'époque première des lois de Manou. Les choses ne changeaient que pour les conditions supérieures; il n'en était guère autrement au moyen âge. Avant les révolutions modernes, la plèbe, le serf restaient, de père en fils, ce qu'ils avaient été antérieurement; le changement des idées et des formes passait par-dessus leur tête et ne se montrait que dans l'ordre élevé de la noblesse ou de la bourgeoisie des villes.

Appliquez, en la modifiant, cette découverte des historiens à la nature organisée; vous avez la loi du progrès telle qu'elle s'est révélée seulement de nos jours aux naturalistes, je veux dire, le développement des formes manifesté surtout dans les ordres supérieurs des êtres (1), vertébrés

(1) « Comme si l'appareil compliqué d'une organisation supérieure ne pouvait pas se perpétuer longtemps sans

et mammifères, qui sont comme les castes élevées de la nature, et au contraire, les classes inférieures, la plèbe de la création, zoophytes, mollusques, retenus presque immuables dans leur première forme, ou du moins, sans progrès apparent, souvent même inférieurs à ce qu'ils étaient à l'origine des choses.

Le mollusque de l'époque jurassique était égal, sinon supérieur aux mollusques de notre temps. Nous avons vu de même les castes inférieures de l'Inde, être sous le premier roi, égales ou supérieures à ce qu'elles ont été, mille ans plus tard. Le naturaliste, en s'aidant de la philosophie de l'histoire, aurait donc pu arriver par cette voie à l'idée fondamentale et toute récente que la nature fossile grandit par la tête, qu'elle se refait incessamment une tête plus nouvelle et plus forte.

Dans les choses humaines, la durée n'est pas toujours le signe de la supériorité d'une race ou

---

modifications profondes, ou plutôt comme si la vie animale tendait plus rapidement à se diversifier dans les ordres supérieurs du règne animal, que dans ses échelons inférieurs. » Agassiz. *Recherches sur les poissons fossiles.* T. I, p. 25.

d'une civilisation. La cité grecque a moins vécu longtemps que la Chine ; Rome moins longtemps que l'âge de pierre. On peut dire aussi que les espèces les plus élevées dans la nature ont passé plus vite que les plus infimes. Le mégathérium a vécu moins longtemps que le mollusque ; le dinothérium moins longtemps que l'insecte (1). Ne croyez donc pas que tout consiste à végéter, l'important est d'être. La nature a fait le vœu d'Achille : Vivre pleinement et mourir tôt.

Il y a des époques de rétrogradation et d'archaïsme dans la nature ; elle semble alors revenir sur ses pas. Les belles ammonites sont remplacées par des mollusques qui en semblent la décadence. Il y a aussi, dans l'histoire, des temps de barbarie où des formes sociales plus achevées disparaissent pour faire place à des formes plus grossières. Malgré cette décadence apparente, la société humaine sort de ces âges de barbarie, avec des avantages, des acquisitions, des développements et des membres inconnus jusque-là.

(1) La vitesse de changement est d'autant plus grande que l'organisation est plus élevée. Lyell. *Ancienneté de l'homme.* T. I, p. 468.

Telle la nature fossile. Elle aussi a ses retours, ses obscurcissements, ses décadences de classes et d'espèces, ses ruines d'ordres entiers ; sorte de moyen âge, d'où elle surgit plus puissante, plus armée qu'à aucune époque précédente.

Malgré l'immutabilité ou la rétrogradation de la plèbe organisée, attachée à la glèbe de l'Océan, tout s'élève. Au règne des ammonites, succède le règne des poissons, à celui-ci le règne des reptiles, aux reptiles les mammifères. Tout gravite vers l'esprit; une même loi explique les divers degrés de la police de l'univers vivant.

Il n'y a pas de ligne droite dans l'histoire. Tel peuple l'emporte sur tel autre par un caractère et il est inférieur dans tout le reste. Les Romains portent plus loin que les Grecs le génie de la guerre et de l'administration, inférieurs d'ailleurs par l'art et la poésie. L'homme semble ainsi, à la fois, avancer et reculer. Vous auriez pu en conclure que la nature aussi n'avance pas en ligne droite, ou, comme parlent aujourd'hui les naturalistes, que la *série linéaire* n'existe pas dans le développement des êtres organisés.

Les plus grands par un côté sont quelquefois

les plus petits par un autre, tout ensemble embryons et adultes.

Qui l'emporte du mollusque ou de l'insecte ? cela revient à savoir si Rome vaut mieux qu'Athènes ou Athènes que Rome. Deux rameaux qui s'élèvent parallèlement et ont chacun leur supériorité. Les uns l'emportent par les viscères et par la circulation, les autres par les organes des sens. Les uns sécrètent davantage, les autres respirent mieux. Ainsi, des deux embranchements sociaux, Athènes et Rome, sur le tronc de l'espèce humaine ; l'un a plus de cœur, l'autre a plus de cerveau ; coquillages ou insectes du monde civil, nous ne savons encore lequel il faut placer le plus haut dans l'échelle des formes sociales.

CHAPITRE III.

COMMENT LA VÉRITABLE NOTION DU PROGRÈS A ÉTÉ RÉTABLIE PAR L'HISTOIRE NATURELLE — LES HISTORIENS CORRIGÉS PAR LES NATURALISTES. — QUE TOUT N'EST PAS PROGRÈS DANS LES ÊTRES ORGANISÉS, NI DANS L'HISTOIRE UNIVERSELLE. — LA NATURE S'EST TROUVÉE MOINS FATALISTE QUE L'HOMME.

Beaucoup de gens emportés au delà du vrai, exagérant à l'excès une première lueur de vérité, en viennent à croire que tout est progrès dans l'histoire. Aucune notion n'étant mieux entrée dans l'esprit des hommes de nos jours, il n'en est point qu'il soit plus nécessaire de vérifier et de ramener à ses véritables bornes. C'est ici que les sciences historiques et les sciences naturelles ont besoin de se corriger l'une l'autre. Écoutons ce que nous dit, sur ce point, l'expérience de la nature.

Dans les systèmes historiques dont je parle, tout événement, tout fait réel, en dépit de la somme de violence qu'il apporte dans le monde, est une amélioration. Une fois sur ce chemin, l'esprit humain se travaille si bien qu'il finit par voir la lumière dans les ténèbres, le bien dans le mal; d'où la conséquence que l'homme n'a rien de mieux à faire qu'à accepter tout ce qui arrive, comme un degré supérieur au degré précédent. A ce point de vue, il n'y a plus d'autre objet à considérer que la chronologie. Ce qui est aujourd'hui est bien, ce qui sera demain sera meilleur. Ce qui est d'hier est mal. Voilà l'idée dans sa forme la plus simple. A-t-elle été confirmée par l'histoire naturelle?

Il s'est trouvé des naturalistes qui, éblouis d'abord par l'idée du progrès importée dans la science, ont imaginé un système de la nature analogue à celui que je viens de rappeler. Ils voyaient dans chaque génération d'êtres un progrès sur les générations précédentes. Les faunes actuelles l'emportaient en tout, suivant eux, sur les faunes antérieures : prêts à croire que les mollusques d'aujourd'hui sont nécessairement supérieurs aux mollusques des premiers âges du monde et que les vers de terre qui rampent à nos pieds ont acquis des vertus qui manquaient à leurs ancêtres.

En un mot, ils admettaient que chaque espèce est un progrès sur l'espèce qui précède, que les animaux imparfaits d'une époque se sont perfectionnés de jour en jour, par une suite continue, où ne se trouve ni chute, ni revers, ni point d'arrêt. Idée semblable à celle des historiens, des politiques, des moralistes qui admettaient, de leur côté, une progression universelle, aveugle, incessante de chaque époque d'un peuple, c'est-à-dire de chaque type humain, à tous les moments de son existence.

Or, qu'est-il arrivé de cette émulation des historiens et des naturalistes vers une même conception dont le siècle était possédé? Le voici :

La nature s'est trouvée à la fin moins aveugle, moins fataliste que l'histoire humaine, telle qu'on l'avait imaginée. Il a été démontré que la nature ne marche pas d'un pas toujours égal au progrès par une ligne droite, continue; que le même genre n'est pas toujours en progrès; qu'il décline souvent; que les générations d'une espèce ne l'emportent pas nécessairement sur les générations des espèces analogues dans les temps antérieurs ; que le présent ne vaut pas toujours mieux que le passé pour chaque classe d'êtres.

Comment alors, le progrès a-t-il apparu ? En des termes fort différents de ce que l'on avait supposé.

Quand la nature a tiré tout ce qu'elle a pu d'un genre, d'une espèce, elle les laisse dans une immutabilité qui ressemble à un déclin. La puissance de développement et de progression se montre dans une autre série d'êtres qui forme ce qu'on a appelé un autre embranchement sur l'ancien tronc.

Il y a des classes d'êtres d'où la puissance de renouvellement semble se retirer, tandis que d'autres s'élancent dans la vie et renferment en eux un incommensurable avenir. Voilà ce que la nature nous enseigne ; et si nous transportons ces vérités dans le règne humain, nous trouvons que le progrès n'y est pas ce mouvement mathématique, aveugle, sans choix, cette ligne droite, continue que nous nous représentons ; mais, que là aussi, il faut un travail incessant de la créature sur elle-même et sur son espèce. Si ce travail s'arrête, le mouvement et la vie passent à d'autres genres, c'est-à-dire à d'autres peuples, à d'autres races.

La notion de la vie allait se faussant dans nos systèmes; elle est redressée par l'expérience des âges géologiques. Exemple saisissant où l'historien, le politique, le moraliste sont corrigés par le naturaliste. Nous allions nous engloutir dans un fatalisme sans vie. Le spectacle de la nature nous en retire, puisque nous la voyons agir avec plus d'indépendance que nous n'en accordions aux actions humaines.

Dans le monde physique, ce que vous nommez *sélection,* est chose bien voisine de choix; c'en est au moins le germe. Le libre arbitre rentre ainsi dans le domaine de l'homme et de la philosophie, par le chemin qui y semblait le plus contraire. Les trois règnes conspirent à rendre à l'homme la dignité, la liberté qu'il avait abdiquées dans ses systèmes.

Il est donc bien vrai que la science de la nature s'est lassée plus vite que le moraliste de cette géométrie morte que l'on voulait appliquer aux sciences de la vie humaine. La nature s'est trouvée à la fin plus noble, plus libre que l'homme, tel que nous l'imaginions.

Hâtons-nous de rentrer dans la classe des êtres animés. Nos systèmes nous en avaient bannis pour nous reléguer au loin dans la nature morte.

Quelle morale le spectacle des mondes pétrifiés inspirera-t-il aux hommes? En voyant la vie monter par ces degrés de siècle en siècle, se fieront-ils seulement au temps du soin de travailler à leur place? Mais le temps, par lui-même, est oisif ; il ne fait rien. Se pétrifieront-ils dans leur cœur et leur esprit, à l'exemple des créatures inférieures? En cela, ils se tromperaient.

Car, ces créatures ont fait, à leur moment, œuvres d'êtres vivants. Elles ont lutté, elles ont aspiré à un ordre meilleur. Si les hommes s'engourdissaient avant l'heure, ils perdraient l'occasion de vivre. Pétrifiés avant d'avoir vécu, ils ne laisseraient rien après eux, pas même une poussière meilleure.

CHAPITRE IV.

LA LOI DES DOUZE TABLES.

Il y a donc une sagesse, une table de la loi, gravée sur la pierre des âges géologiques? Oui ; ces tables de la loi sont écrites en lettres de cent coudées dans le rocher ; elles se résument dans les maximes suivantes qui, à vrai dire, se réduisent à une seule.

Homme, peuple, genre humain, tu te crois emporté, même endormi, vers un ordre meilleur sans que tu aies besoin de t'en mêler.

Sur cette assurance, tu t'endors du sommeil de la pierre, certain d'aborder les îles Fortunées à ton réveil.

Mais cette infatuation est réfutée par le cri universel des êtres. Ouvre les yeux. Tous te rappellent à la nécessité d'agir, de lutter, de grandir comme eux.

Leçon donnée par le plus petit au plus grand ; avertissement de l'infusoire au roi de la création. Tu ne peux rester roi un seul jour qu'à la condition de te couronner de tes œuvres.

Ne rien faire et progresser, cela n'est donné ni à l'homme, ni au coquillage.

Les âges de décadence sont ceux où les hommes, se prenant chacun pour centre unique, ne participent plus de la vie les uns des autres.

Ne te fais pas une île déserte dont tu serais le seul habitant; celui qui ne grandit pas, déchoit, et celui qui diminue, périt.

Être parvenu à un certain degré n'est pas une raison de croire que la déchéance n'est plus possible.

Les peuples qui descendent à un état inférieur y adaptent leurs habitudes et leur être entier.

Tu voles aujourd'hui au sommet des êtres; prends garde de ramper demain.

Ne crois pas que tout peuple, quoi qu'il fasse, est toujours en progrès. Cela n'est pas plus vrai des nations que des colonies de polypes.

La leçon de dignité te revient par le ver de terre.

De quelque nom que tu me nommes, Isis, Cybèle, Nature, Création, je ne me repose à aucun moment de la durée dans une quiétude inerte. Imite-moi.

Tout, chez moi, est activité, mouvement, vie, ascension.

Chaque espèce lutte contre un obstacle, et ce travail est la condition de son progrès.

N'espère pas, toi, seul, avancer sans te mouvoir.

CHAPITRE V.

PREMIÈRE APPLICATION DES LOIS SOCIALES A LA DÉCOUVERTE
DES LOIS DE LA NATURE. — LA DIVISION DU TRAVAIL.

L'idée de la division du travail a été empruntée de la philosophie sociale et appliquée avec succès à l'histoire naturelle. On a montré que cette idée se confirme à la fois dans l'organisation des sociétés et dans l'organisation des végétaux et des animaux.

Ce seul point de vue a conduit à une foule de vérités.

Les économistes et les historiens avaient montré que plus le travail est divisé, plus l'organisation économique est parfaite. Les naturalistes, appliquant à la nature cette découverte de l'ordre social, ont établi qu'à mesure que le *travail physiologique* (1) est plus divisé dans un être, c'est-à-dire, à mesure que chaque fonction a pour instrument un organe spécial, l'organisation est plus parfaite, la créature plus élevée; ce qui a donné une base solide à la notion du progrès dans l'échelle des êtres.

Dans les sociétés premières, dans la cité en son germe, le même personnage exerce toutes les fonctions à la fois : prêtre et médecin, augure et ingénieur, musicien et poëte, forgeron et armurier, roi et berger. Ce n'est que plus tard, dans une forme plus élevée, que les fonctions se partagent, que le travail de la vie sociale se distribue entre des agents divers, et que chacun a son emploi particulier.

Le poëte et le prêtre étaient surtout le même homme. Combien aujourd'hui séparés et différents! Qui pourrait reconnaître leur première parenté? Quelle anatomie morale ne faut-il pas pour retrouver les analogies, les ressemblances de ces deux pièces aujourd'hui si distinctes de l'économie humaine!

Appliquez cette idée à la physiologie. Vous

(1) H. Milne Edwards. *Éléments de zoologie*, p. 267. 1858.

obtenez ce résultat, que dans les organismes inférieurs, le même organe sert à plusieurs fonctions; le poumon se confond avec le cœur, les pattes avec les mâchoires. Le même instrument sécrète, se meut, digère, respire, se reproduit. Les créatures s'élèvent à mesure que les fonctions se partagent et que le travail de la vie se divise entre des organes différents.

Application inattendue des lois du monde civil à l'histoire naturelle. Mais que de pas restent à faire dans cette voie où l'on est à peine entré! Poursuivons.

Une forme nouvelle de l'organisation végétale ou animale, n'est-elle pas dans la nature ce qu'est dans la société une machine nouvelle? Oui, assurément. N'est-il pas vrai que l'avénement d'une organisation supérieure, d'un végétal plus puissant, d'un quadrupède mieux conformé, fait disparaître une foule d'êtres inférieurs? Exemple : les grands mammifères remplacent les grands reptiles; tel quadrupède, telle plante, introduits dans une île, refoulent puis extirpent les anciennes espèces indigènes.

C'est ainsi et par une cause analogue que, dans les sociétés humaines, des machines supérieures font disparaître les inférieures et avec elles tout un monde grossier d'industrie élémentaire. Le poisson osseux remplace le poisson cartilagineux, le monodelphe succède au didelphe, comme le bateau à vapeur succède au vaisseau à voile, ou le tissage mécanique à la navette antique du tisserand, ou la machine à vapeur à la machine de Marly.

CHAPITRE VI.

**COMMENT LES LOIS DE L'ÉCONOMIE SOCIALE
PEUVENT SERVIR A DÉCOUVRIR LES LOIS DE LA NATURE VIVANTE.
MALTHUS ET DARWIN.**

Un économiste, Malthus, a fait scandale, il y a soixante-dix ans, en établissant cette loi : « La population humaine se tient au niveau des moyens de subsistance. »

Ce qui revenait à dire que là où la nourriture ou l'espace manque, l'homme diminue et disparaît. Il est retranché des vivants; et ce retranchement tombe sur le plus faible ou le plus misérable. Si le convive se présente au banquet de la vie quand toutes les places sont prises, qu'il se retire. Il n'a plus qu'à mourir.

Publiée en 1798, cette loi fut d'abord repoussée comme un outrage; examinée de plus près, il fallut lui reconnaître une grande part de vérité (1).

En 1859, vint un naturaliste, Darwin, qui s'avisa de prendre cette loi, des mains de Malthus, pour la porter de l'économie politique dans l'histoire naturelle. Et que vit-on alors? Un simple axiome de la science économique, appliqué au règne organique, ce fut toute une révolution dans la science de la nature : vues, observations, expériences nouvelles sur la production et l'extinction des espèces. A proprement parler, le grand ouvrage de Darwin est la vérification continuelle d'une loi de l'ordre social étendue à tout le domaine de la nature vivante.

Combien cette vérité d'ordre humain a-t-elle jeté aussitôt de lumières sur les ordres inférieurs! Elle avait étonné et révolté dans l'homme ; elle s'est imposée, presque sans résistance, à la nature, quand on a vu chaque genre, chaque espèce se presser à son tour à ce banquet de la vie universelle, où les places aussi sont comptées.

(1) Fr. Bastiat. OEuvres complètes revues par M. Paillotet. John Stuart Mill. *Principles of political economy.* Vol. I, p. 192, 448.

Le ver de terre, l'insecte, le mammifère, tous ont porté témoignage, que la loi qui les régit est celle qui gouverne les sociétés humaines, en quête de moyens d'existence. La coupe de la vie s'est remplie ou vidée par le même principe, qu'il s'agisse d'un royaume, d'une tribu, d'un homme ou d'un brin d'herbe.

A ce principe, emprunté à Malthus, s'est ajouté cet autre, qui est le fond de l'économie politique, la production de la richesse par la concurrence. Comment ce second principe d'ordre social s'est-il traduit dans l'histoire naturelle? Je vais le dire.

Ce qui, dans les choses humaines, s'était appelé suivant les temps : fatalité du plus faible, destin, nécessité du pauvre, Némésis, érigé en loi pour tout ce qui respire sur la terre, s'est appelé lutte pour l'existence, combat de la vie, concurrence vitale.

La grande bataille qui se livre chez les hommes, entre les industries, les conditions, les professions, les négoces, les métiers, se poursuit dans la nature entière entre les classes, les ordres, les genres, les espèces, les variétés, les races. Production des richesses par l'homme, production des êtres organisés par la nature : même loi à des degrés différents de la vie universelle.

Je rencontre ainsi, tout ensemble, Adam Smith et Malthus dans la conception de Darwin. Sa force, c'est que toute la science économique de l'Angleterre circule, végète, vit, par lui, dans les règnes organiques et devient comme l'âme de la nature. En a-t-il conscience ? Oui, certainement. Lui-même, il le déclare (1).

Comme l'indigent s'évanouit devant le riche, de même les espèces indigentes ou négligées s'éteignent devant une espèce plus forte ou mieux armée. La lutte qui est presque toute la vie humaine, du petit au grand, du capable à l'incapable, du misérable au puissant, se retrouve identique sur le théâtre de la vie universelle, du végétal au végétal, de l'animal à l'animal, du graminée à l'arbre, de l'herbivore au carnassier; et ce combat de la vie ne se livre pas seulement entre les différents genres. La con-

---

(1) En parlant de la progression géométrique d'accroissement des espèces, « c'est, dit-il, une généralisation de la loi de Malthus, appliquée au règne organique tout entier. »

currence est plus ardente encore dans le sein de chaque espèce. Si le potier porte envie au potier, de même le brin d'herbe au brin d'herbe, l'hirondelle à l'hirondelle. Le sénevé fait concurrence au sénevé. La petite blatte d'Asie chasse devant elle sa grande congénère d'Europe.

Ainsi, chaque être dispute à tous les autres sa part d'air, de lumière, de séve, de vie; les essences les plus faibles disparaissent devant les plus fortes. Et de là que s'ensuit-il? Un résultat semblable dans les sociétés humaines et dans la nature universelle.

Le métier faisant concurrence au métier, c'est le meilleur qui l'emporte, d'où le progrès et la vie de l'industrie. La race humaine inférieure est supplantée par la supérieure, le noir par le blanc, le sémite par l'aryen. Loi de la civilisation en général.

De même l'insecte faisant concurrence à l'insecte, le chêne au chêne, le quadrupède au quadrupède, c'est le meilleur, le mieux armé, le plus habile qui survit; d'où le progrès et la force d'ascension dans les formes organisées; en sorte que la vie de l'industrie et la vie de l'univers organique, obéissent à la même loi. Le principe de l'une est le principe de l'autre.

La bataille de la vie s'étend à tout ce qui végète ou respire; et la loi qui préside à la formation de la richesse, préside aussi à la formation des espèces végétales ou animales.

Si la navette cède au métier, la pirogue au bateau à voile, celui-ci au bateau à vapeur, ou le canal au chemin de fer, c'est par la même raison que les êtres organisés d'une époque cèdent la place à ceux de la période suivante, les mollusques aux reptiles, les reptiles aux mammifères, les didelphes aux monodelphes, les quadrupèdes du monde tertiaire aux quadrupèdes actuels.

Je dois pourtant montrer en quoi la loi de Malthus, qui est de droit strict pour la nature, a besoin d'être corrigée quand il s'agit de l'homme. Il n'y a place ici que pour un certain nombre de créatures humaines tant que l'état du monde reste le même. Fort bien. Rien de plus vrai. Mais j'ajoute que l'homme, par son travail, peut changer le monde, augmenter les choses, créer, pour ainsi dire, un ordre nouveau. Voilà ce qui le distingue des populations végétales ou animales.

Les lys ne filent pas, ils ne tissent pas, ils ne labourent pas; c'est aussi pourquoi il n'y a place que pour un nombre déterminé de lys dans la même terre inculte. S'ils la cultivaient, ils pourraient y être en plus grand nombre ; c'est là justement le lot de l'homme.

Les populations végétales et animales engraissent la terre de leurs débris; c'est là tout ce qu'elles savent faire. Elles ajoutent peu aux richesses acquises. Il s'ensuit que pour elles, le trésor commun n'augmente plus ; d'où la conséquence, qu'il n'y a de place que pour un certain nombre d'espèces, de genres, de familles, de types. S'il en paraît un nouveau, il est nécessaire que de plus anciens périssent. Loi de destruction et de renaissance, que les poëtes ont entrevue sous la figure de Saturne qui dévore ses enfants.

Hommes, nous protestons contre la dure loi de la bataille de la vie, où le plus faible laisse infailliblement la place au plus fort, où le vaincu a toujours tort, où le progrès se forme de l'extinction de l'inférieur par le supérieur. Dans le reste de la nature, cette loi est subie sans murmure. Mais ce qui est la règle de l'univers, commence à nous peser. Nous voudrions échapper à ce droit divin du plus fort qui est la grande charte des corps organisés. Et n'est-ce pas déjà nous en affranchir que de nous en indigner? Même en la subissant, nous aspirons à un ordre nouveau, inconnu, où il n'y aura ni inférieur ni supérieur.

C'est, sous un autre nom, la lutte ancienne de l'équité contre le droit strict.

Beaucoup de gens étaient tentés de ne voir que caprice arbitraire dans l'économie politique; ils refusaient de lui donner le nom de science. Mais, quand ses propositions les plus importantes se répètent, se vérifient, se confirment dans l'ordonnance de la vie universelle, évidemment l'économie politique acquiert ainsi une dignité et une valeur qui pouvaient échapper aux économistes eux-mêmes.

C'est en Angleterre, que le principe de la libre concurrence, devenu la vie même de l'industrie, a accompli ses plus éclatantes merveilles dans la production de la richesse. C'est aussi en Angleterre, que ce même principe de la concurrence devait s'établir et s'inaugurer, comme loi souveraine, dans la science de l'histoire naturelle. Cela est si vrai, que l'auteur de l'*Origine des espèces* conclut que si l'on met en oubli un seul moment la concurrence vitale, il faut renoncer à toute explication de la nature vivante.

Ainsi, l'ouvrage qui de nos jours a fait une révolution dans la science est celui qui a transporté une loi particulière (1) du monde civil dans le monde végétal et animal. Une seule des vérités acquises de l'ordre social a produit d'étonnantes lumières dès qu'elle a été mise en contact avec l'ordre universel. Il a suffi de toucher une des cordes du monde social, pour faire retentir une multitude de vérités consonnantes, cachées dans le grand tout des règnes organisés. Que serait-ce si, au lieu d'une seule loi particulière, toutes les lois connues et attestées dans un domaine étaient ainsi essayées et juxtaposées sur l'autre ? Quelles découvertes ne s'ensuivraient pas ?

Poursuivons donc notre route commencée. En y entrant, nous y sommes confirmés par la plus éclatante des expériences de nos jours.

(1) V. Charles Lyell. *L'Ancienneté de l'homme.* Trad. par M. Chapet, p. 434.

CHAPITRE VII.

SI LES LOIS DE L'HISTOIRE NATURELLE PEUVENT SERVIR A DÉCOUVRIR LES LOIS DE L'ÉCONOMIE POLITIQUE ET SOCIALE. — THÉORIE DES MACHINES INDUSTRIELLES COMPAREES AUX ÊTRES ORGANISÉS. — QU'EST-CE QUE LE CAPITAL ET LE REVENU DE LA NATURE ?

J'ai montré comment l'économie politique peut aider à révéler les lois de l'histoire naturelle. Cherchons maintenant si les lois de l'histoire naturelle peuvent faire la lumière dans les problèmes du monde social.

Quand je vois l'économie politique tourner sur elle-même, depuis trente ans, sans pouvoir s'achever ni trouver de réponse positive aux questions principales de notre temps, je m'aperçois qu'une foule de gens commencent à douter de ses principes; et, dans cet embarras, je suis porté à penser qu'il serait important de lui découvrir un point d'appui, et comme une clef nouvelle dans une science plus avancée ou plus complète.

Dans cette voie, un point m'éclaire. Certain que la question qui renferme toutes les autres, est celle de l'amélioration de la condition humaine, je veux savoir si l'histoire naturelle a quelque chose à m'apprendre à cet égard ; et, traduisant le problème dans la langue des naturalistes, je me demande ce qui suit :

Quand la nature veut améliorer la condition d'un genre végétal ou animal, que fait-elle ? La réponse est certaine. La nature multiplie autour de l'espèce naissante ou rare encore, toutes les productions qui lui conviennent. Exemple. Quand l'abeille était encore dans un état barbare ou indigent, et qu'il s'agit de la multiplier, de la répandre, de lui assurer une condition meilleure, un maximum de culture et de bien-être, que fit la nature ?

Nous l'avons vu précédemment. La nature multiplia les fleurs. Elle répandit à profusion des produits nouveaux ; elle se créa une industrie nouvelle dans la végétation nouvelle. Il s'ensuivit que l'espèce abeille, jusque-là négligée, misérable, se répandit en même temps, à travers le monde floral. Elle acquit ce qu'elle pouvait acquérir en population. Elle remplit le creux des vieux arbres de l'âge tertiaire ; dès lors, elle fut tout ce qu'elle pouvait être. Aujourd'hui elle est l'avant-courrière de l'homme.

Traduisez cela dans la langue du monde économique : vous obtenez ce premier résultat, que pour élever la condition humaine d'un degré, il s'agit de multiplier les produits qui lui conviennent (1), de créer, à l'exemple de la nature, un monde nouveau, de le répandre au loin, si bien qu'aucun individu ne soit au dépourvu ; et que chacun trouve autour de soi une matière suffisante pour en tirer son miel et se bâtir sa ruche.

D'où ressort le bienfait des machines perfectionnées qui sont à la main-d'œuvre ce que sont au végétal ou à l'animal un système plus complet d'organes, une feuille plus résistante, une graine plus facile à transporter, une antenne plus longue ou plus mobile, une trompe plus flexible et plus

---

(1) Ceci éclaire les questions encore controversées de l'épargne, de la production. Voir John Stuart Mill. *Principles of political Economy*. Vol. I, p. 87.

puissante. Chacune de ces acquisitions aboutit à améliorer la condition de l'espèce.

Toute la théorie de la multiplication des produits et des avantages des machines découle ainsi des lois mêmes de la nature organisée.

Quand un individu, un groupe végétal ou animal acquiert une faculté nouvelle, un organe meilleur, feuille ou racine, antenne, écaille, œil, dent ou défense, beaucoup de ses congénères ont à souffrir de cette supériorité ; l'espèce entière en profite. De même, toutes les fois que l'homme s'élève à un art, à une industrie ou à une machine plus complète, beaucoup de métiers, de professions, d'individus souffrent de l'innovation. Le genre humain y gagne et s'élève d'un degré.

Par là se corrige la loi de Malthus et cesse le scandale qu'elle a causé au monde. Si les places au banquet de la vie sont en effet occupées, il appartient à l'homme d'en créer de nouvelles ; il élargit l'espace. Comment cela? En se donnant de nouveaux membres et des organes inconnus de bois, de fer ou d'airain. Comme la nature ouvre ses anciennes créations à des genres nouveaux, de même l'homme fait apparaître des produits que la veille ignorait, aliments d'une société nouvelle où l'air et la vie ne manqueront à personne.

Ne dites donc plus qu'il est trop tard pour entrer et que les places sont prises. Dites, au contraire, que la table va toujours grandissant avec le nombre des convives.

Au reste, l'homme n'est pas seul à thésauriser dans le monde; la nature aussi thésaurise. Et de quelle manière? La voici : elle accumule ses épargnes, je veux dire tout ce qui est un profit pour elle, de générations en générations; et, de cette somme d'avantages accumulés, elle se forme un trésor, un total vivant qui se trouve être une race ou une espèce nouvelle.

La nature, direz-vous, a-t-elle donc, elle aussi, un capital? Oui. J'appelle de ce nom le produit du long travail de la vie, depuis la première aube du monde organique jusqu'à nos jours. Ces types, ces ordres, ces genres, ces espèces de végétaux et d'animaux qui sont l'ouvrage des générations, à travers la lutte et la concurrence des êtres, voilà ce qui constitue aujourd'hui la richesse des flores et des faunes, ou plutôt de la nature vivante. C'est là son trésor; chaque année, au retour de la bonne saison, le trésor engendre des fruits nouveaux, dans les êtres qui naissent des anciens : moissons, floraisons, couvées, germinaisons, parturitions.

Le produit du printemps est, pour ainsi dire, le revenu de la nature organique. S'il lui manquait un jour, si le trésor accumulé cessait de produire son revenu, la plante sa graine, l'arbre son fruit, l'animal son petit, en un mot, si tous les individus actuellement vivants étaient stériles, qu'arriverait-il? La nature serait obligée de vivre de son fonds; mais ce fonds s'épuiserait bientôt. Les êtres ne se renouvelleraient plus. Au terme de leur existence, ils périraient avec leurs ordres, leurs genres, leurs espèces.

C'est-à-dire que la nature serait ruinée. Tout le travail de la vie serait à recommencer, depuis le premier infusoire; et qui sait si la nature aurait la force de refaire sur ce globe son ouvrage aboli, et de réparer les organisations perdues? Voilà comment nous pouvons nous représenter les planètes où la vie dépensée ne se répare plus.

On voit par là que, dans la nature, c'est une nécessité pour le travail accumulé de produire quelque chose; sans quoi le fonds même disparaîtrait, et l'espèce avec l'individu.

En est-il autrement dans les choses humaines? On ne peut le croire.

Il me suffit d'avoir ouvert ces vues. Ne les suivons pas plus loin, en ce moment. Ce serait mettre un livre dans un livre. Je reviens.

CHAPITRE VIII.

SOLUTION D'UN PROBLÈME D'HISTOIRE NATURELLE
PAR L'HISTOIRE UNIVERSELLE.

Avant de passer outre, vérifions sur un cas particulier les lois générales établies précédemment.

Je choisis un des faits les plus étranges et, jusqu'ici, les plus obscurs dans le développement des êtres organisés. On sait qu'à un certain moment de l'époque secondaire, marqué par les dépôts jurassiques du lias (1), la forme de la

(1) L'étude des fossiles montre : 1º que tous les poissons antérieurs au lias ont eu une queue hétérocerque; 2º que depuis le lias, tous les poissons osseux ont une queue homocerque. F.-J. Pictet. *Paléontologie.* T. II, p. 29.

Agassiz. *Recherches sur les poissons fossiles.* T. I, p. 102. T. II, p. 177.

queue des poissons a changé presque subitement dans toute l'étendue des mers et des fleuves d'eau douce. Jusque-là, elle se terminait en deux lobes inégaux, dont l'un l'emportait de beaucoup sur l'autre. A la date du lias, c'est-à-dire aux commencements de l'Océan jurassique, cette inégalité cesse. Les deux parties terminales de la queue prennent la même longueur symétrique. Elles forment les deux cornes de ce croissant régulier que nous retrouvons aujourd'hui dans les habitants de nos mers et de nos rivières actuelles. Cette révolution singulière s'est promptement étendue à tout le monde des poissons.

Assurément, voilà une étrange merveille. Quand j'en eus connaissance, j'en cherchai aussitôt la raison dans les traités d'histoire naturelle. Je ne doutais pas que l'explication ne me fût donnée dès les premières pages; tant s'en faut. Ma surprise fut grande de voir que le problème, loin d'être résolu, n'était encore posé nulle part (1).

---

(1) *Recherches sur les poissons fossiles*, Louis Agassiz. T. II. p. 180. « Chercher à indiquer les causes d'un pareil état de choses, ce serait prétendre pénétrer les motifs du Créateur. » Ces paroles et l'autorité de M. Agassiz m'ôte-

Dès lors, je fus réduit à chercher moi-même cette solution. Il se passa des années où j'aurais volontiers demandé aux savants : Pourquoi la figure des poissons a-t-elle changé subitement dans le fond des mers anciennes? Qui a fait ce prodige? Vous qui savez tout, dites-moi quelle en est la cause naturelle. Pourquoi la queue est-elle devenue homocerque au lieu d'hétérocerque, comme à un signal donné, à travers tous les océans, dès l'époque du lias?

Ne trouvant point de réponse, je m'avisai d'un moyen qui m'avait quelquefois aidé en des cas semblables. Je transportai la question dans un autre domaine. Je me demandai quelle est la cause de la déviation des types dans l'histoire universelle.

Ici la réponse vient d'elle-même. Les principes que j'avais établis me montrèrent que, dans le monde civil, souvent un type se modifie par la survenance et la rencontre d'un autre type. Assurément, qui eût vu la Grèce dans son embryon, ou même à l'époque des républiques,

---

raient la pensée de scruter le problème, si l'objection ne s'appliquait pas, avec la même force, à la recherche des causes de tous les phénomènes de la nature.

n'eût pu deviner qu'elle irait, à la fin, aboutir à la forme de Byzance.

De même, qui eût vu le type de Rome à ses commencements sur le Palatin, n'eût pu imaginer qu'elle devait aboutir à la forme des césars et encore moins des papes.

Comment donc s'est produit le changement du type historique? Par la réaction des autres États qui ont obligé les premiers de se modifier. Les Orientaux ont réagi sur la Grèce, comme les Barbares sur Rome.

Je me dis aussi que l'architecture romaine a été modifiée dans sa forme par la rencontre du type arabe, comme auparavant la figure du temple de Thésée, a été altérée par les coupoles d'Asie.

D'où je tirai ce principe général, que si un type vient à changer, cela peut arriver par la réaction d'un autre type qui commence à paraître. Ce résultat fut, pour moi, la lumière.

Armé de cette observation, je revins au problème particulier des changements dans l'organisation des poissons. Persuadé que le résultat que je venais d'obtenir contenait une vérité non spéciale, mais universelle, j'en fis l'application à la nature. Dès lors, le problème, comme une équation transformée, se présenta à moi de la manière suivante :

Tant que les poissons furent les rois de la nature vivante dans l'époque primaire, ils ne rencontraient aucun être plus puissant qu'eux au fond des océans. Que s'ensuit-il? une conséquence évidente. Il importait peu qu'ils fussent organisés et armés pour se dérober par la fuite, puisqu'ils étaient les maîtres souverains des océans primaires. Brouter en paix, comme dans une prairie, les colonies immobiles des mollusques, sans avoir besoin de les poursuivre, c'était leur genre de vie. Il est conforme à leur figure. Un organe incomplet de mouvement, une queue, une nageoire cuirassée d'écailles, inégale, ébauchée, hétérocerque, échancrée, j'allais dire boiteuse, ou plutôt une moitié de gouvernail et de rame informe suffisait à leur navigation tranquille, paresseuse où ils n'avaient à craindre que leurs égaux. Explication du type *Hétérocerque*.

Mais attendez. Voici qu'à l'époque secondaire (1) se développe et grandit l'ordre des

(1) Les Sauriens ont pris un très-grand développement dans la partie jurassique de l'époque secondaire, et ont eu

reptiles gigantesques, ichthyosaures, plésiosaures, crocodiliens (1). Tous armés de mâchoires invincibles, ils envahissent la création. Surtout l'ichthyosaure, ce terrible dévorateur *admirablement organisé pour nager* (2), occupe les mers; il engloutit à la fois des tribus entières.

Les conditions de vie changent aussitôt. Imaginez quel trouble cet avénement de reptiles, carnassiers apporta dans le monde des poissons (3). Celui-ci eût péri entièrement, espèce, famille, classe, si une prompte révolution ne se fût accomplie dans sa forme.

Or, quelle pouvait être cette révolution organique? Pour échapper à ces gueules dévorantes de reptiles sauriens qui s'ouvraient de tous côtés

alors des formes remarquables, une taille souvent gigantesque et un développement numérique considérable. F.-J. Pictet. *Paléontologie.* T. I, p. 164.

(1) Les crocodiliens ont apparu avec l'époque jurassique. On en trouve de nombreux débris dans le lias. *Ibid.*, p. 476.

(2) « La plupart ont été trouvés dans le lias. » *Ibid.*, p. 533.

(3) « Les poissons, avec leur caudale asymétrique, ne pouvaient exécuter des mouvements aussi précis que les poissons symétriques de l'époque suivante; et leurs mouvements progressifs devaient encore être vacillants. » Agassiz. *Recherches sur les poissons fossiles.* T. II, p. 180.

dans l'abîme, que pouvait le monde des poissons? Une seule chose : fuir, s'esquiver, se dérober. Mais, pour cela, il fallait que le principal organe du mouvement, la queue, jusque-là impropre à diriger et hâter la course, par ses extrémités inégales, devînt une vraie rame pleine, dont les coups, répétés latéralement en sens contraires, pussent faire, en un clin d'œil, avancer, tourner, virer, chavirer, plonger le poisson qui n'avait à opposer que la vitesse, l'agilité à la rapacité de ses maîtres nouveaux, reptiles, sauriens de tous genres.

C'est là justement le changement qui se fit; et cette modification générale dans la queue des poissons coïncide avec l'apparition des grands reptiles. Ceux-ci, ai-je dit, se montrent à l'époque du lias. C'est aussi à l'époque du lias que les poissons changent leur queue (1), qui d'hétérocerque devient homocerque ; trait commun à toute la population nouvelle des poissons jusqu'à nos jours.

La relation entre les deux faits de la même

(1) Cette loi est si bien établie qu'elle sert de base à la distribution géographique des poissons. Voyez, F.-J. Pictet. *Paléontologie.* T. II, p. 154 et p. 196. » Depuis le lias, tous les genres ont pris une queue homocerque... etc. »

époque est telle que je crois avoir établi jusqu'à l'évidence, que l'un est la cause de l'autre. Le nouveau type a été, par son apparition, la cause déterminante du changement de l'ancien. Un dominateur nouveau a forcé son prédécesseur de subir sa loi, en se modifiant; ce qui rentre dans le principe posé plus haut.

Reste à dire comment une telle révolution a pu s'accomplir; c'est ici que la loi de Darwin s'applique d'elle-même.

Devant la poursuite des grands reptiles, quels sont ceux des poissons qui échappèrent à la destruction? Ceux qui eurent, dans la conformation particulière de leur nageoire caudale, plus de facilité à se dérober. Agilité, vélocité étaient devenues la première condition de leur vie. Cette condition n'était remplie que par ceux dont la queue se rapprochait plus ou moins de la conformation en deux lobes égaux; caractère, qui, d'abord rare ou presque individuel, finit par devenir général dans l'ordre des poissons. Ceux qui gardèrent l'ancienne structure, ne laissèrent que des successeurs de moins en moins nombreux. Il est aisé désormais d'en prévoir l'extinction complète.

Si ce que je viens de dire est vrai, j'en conclus qu'une première vue tirée de l'histoire civile, universelle, sur la modification des types les uns par les autres, a éclairé un des problèmes les plus étranges et les plus obscurs des révolutions dans l'organisation animale.

Les applications de ce même principe se présentent en foule. Je n'en citerai qu'une seule.

Qui eût vu les premiers quadrupèdes didelphes, l'opossum, le sarigue, le kanguroo n'eût pu deviner qu'ils aboutiraient, dans la suite des temps, à la gazelle ou au cheval. Mais, à mesure qu'apparurent les quadrupèdes carnassiers, le besoin de les éviter rendit les herbivores plus rapides. Ceux qui étaient le plus désarmés durent se confier dans la course. Où abondaient les carnassiers, comme en Arabie, en Afrique, abondèrent les animaux coureurs, antilopes, chevaux, coueggas.

CHAPITRE IX

VÉRITÉS DE L'HISTOIRE UNIVERSELLE QUI S'IMPOSENT A L'HISTOIRE NATURELLE. — QUE LES FLORES ET LES FAUNES S'ENCHAINENT COMME LES EMPIRES. — QUE LE FIL DE LA VIE ORGANIQUE N'A JAMAIS ÉTÉ BRISÉ.

Quand je vois les formes sociales, les États, les nations paraître et disparaître, sans que rien puisse prolonger leur existence, au delà d'un certain terme, j'ai peine à ne pas comparer cette nécessité à la force qui entraîne les ordres, les genres, les espèces à périr après une certaine époque. Qui pousse à cette destruction les Assyriens comme les ichthyosaures, les Romains comme les dinothériums?

Pourquoi la nature, non plus que l'histoire,

n'a-t-elle pu se fixer à aucune époque, à aucun étage ? Pourquoi rien n'a-t-il arrêté le torrent des êtres ? Pourquoi cette solitude et ce vaste silence des forêts carbonifères ont-ils été troublés? Pourquoi cette destruction et ce rajeunissement perpétuels? A qui appartiennent ces traces de pas sur le sable des océans antédiluviens ?

On dit que les espèces restent fixes et perpétuelles. Oui, celles qui sont sous nos yeux. Mais pourquoi celles qui ont précédé se sont-elles précipitées vers d'autres formes ? Je pense que la même force qui entraîne les empires à changer, entraîne aussi la nature vivante à se renouveler.

Qui saurait le secret de chaque âge de l'humanité, serait bien près de savoir le secret du monde géologique.

Dans les sociétés humaines, comptez les ma nières différentes de disparaître du monde. Il y a des États qui périssent en une nuit, comme les villes de la Grèce, sans que personne sache à quel moment; il en est d'autres qui s'éteignent peu à peu; il en est, tels que les Chinois, qui survivent à tous les cataclysmes de l'histoire. Ils restent semblables à eux-mêmes, quand tout l'univers a changé autour d'eux. On aurait pu soupçonner par là qu'il y a aussi des ordres entiers de vertébrés qui ont traversé, sans altération, toutes les époques et tous les anciens océans jusqu'à nos jours.

La civilisation n'a jamais péri tout entière. Au milieu des plus grands anéantissements, il est resté des peuplades, des débris d'idiomes et de dieux, des autels, des monastères, par lesquels a continué la vie antérieure du genre humain. De même, dans le monde organisé, il est resté, au milieu de chaque cataclysme, des genres, des espèces, des tribus, des groupes de végétaux et d'animaux qui ont passé d'une période dans une autre ; en sorte que le fil de la vie organique n'a jamais été entièrement brisé ni dans la nature, ni dans l'histoire.

La loi qui enchaîne l'une à l'autre les civilisations dans le monde social, est une induction du lien qui a dû exister entre les diverses formations successives d'êtres organisés.

Les flores et les faunes s'enchaînent comme les empires.

S'il est toujours resté quelque vestige des civilisations antérieures, si grâce à ce reste survivant d'un ancien monde social, le nouveau a recommencé, j'en induis que dans l'histoire naturelle, les êtres organisés n'ont jamais péri jusqu'au dernier. Dans chaque cataclysme des familles vivantes ont échappé. La population végétale ou animale n'a pas disparu tout entière. Mais dans chaque époque nouvelle, sont restés des débris de l'époque antérieure. La création n'a donc pas recommencé *ab ovo*, à chaque âge géologique et historique.

Dans le cataclysme du monde romain était resté le germe d'une Rome nouvelle : dans la chute et la destruction de la Grèce, quelques peuplades grecques; dans la ruine de Ninive et de Babylone, quelques traditions assyriennes et chaldéennes; dans l'extirpation de l'Égypte, quelques moines coptes ; dans l'anéantissement de Jérusalem, le livre des juifs; dans l'effacement de la Perse, quelques prêtres parsis et le Zend-Avesta. Pareillement, à l'époque de la craie, il est resté une partie de la population du lias, dans le lias une partie de la population triasique, et ainsi de suite dans toutes les couches d'êtres qui ont apparu l'un après l'autre. Le travail de la nature vivante n'a pas été perdu et englouti à chaque étage.

L'arche de Noé pleine des germes du monde antérieur n'appartient pas seulement au dernier diluvium; elle a surnagé dans chaque cataclysme.

Les mondes Assyriens, Égyptiens, Grecs, Romains, Byzantins, moyen âge ont passé; ils ne se reverront plus. De là, vous eussiez pu conclure d'avance que les espèces fossiles une fois disparues ne reparaissent jamais.

Tous les efforts réunis des hommes ne pourraient refaire pour un jour Babylone, Jérusalem, Athènes, Rome. Les formes sociales, une fois brisées, ne se retrouvent plus dans aucune combinaison des siècles de siècles. De là, vous eussiez pu lire d'avance, sans attendre les découvertes dues au hasard des fouilles, cette loi fondamentale de la paléontologie, que les genres éteints de végétaux et d'animaux ne se recomposent plus dans la série des êtres organisés.

La nature ne retourne pas en arrière; elle ne refait pas ce qu'elle a détruit, elle ne revient pas au moule qu'elle a brisé. Dans le nombre infini des combinaisons que l'avenir renferme, vous ne reverrez pas deux fois la même humanité, ni la même flore, ni la même faune.

Cette loi a été révélée tardivement de nos jours par les fossiles dus le plus souvent au hasard. Les inductions tirées de l'histoire civile eussent pu y conduire par une voie directe.

CHAPITRE X.

AUTRES LOIS DE LA VIE HISTORIQUE. — COMMENT ELLES PEUVENT PASSER DANS L'HISTOIRE NATURELLE.

Quand une forme de la vie humaine décroît sur un point, une autre forme s'élève et la remplace. A mesure que la Perse et l'Égypte ont diminué, la Grèce s'est levée. Quand la Grèce a baissé, Rome a grandi. Rome tombée, Byzance prend sa place. A mesure que Byzance s'éteint, les peuples modernes surgissent.

Je veux qu'ici vous tiriez vous-même la conclusion. Ne voyez-vous pas de cette vérité historique naître cette vérité d'un autre ordre : qu'à mesure que les grands mollusques ont diminué dans le terrain secondaire, les reptiles ont commencé à paraître ; que, les grands reptiles disparus, les mammifères ont surgi ; en un mot, qu'à mesure qu'une faune décroît une autre s'élève ?

Comme si la même vie passait d'un empire à l'autre, d'un genre à l'autre. Comme si toujours ce qui se perd sur un point était aussitôt transmis à un autre point ; et que la force une fois acquise, dans une société, ou dans un genre végétal ou animal, ne pût s'anéantir, mais seulement se transformer, se communiquer, c'est-à-dire, se perpétuer en changeant d'apparence.

Chaque forme de la société est lentement préparée par une société analogue qui la précède ; de même le règne des reptiles et des mammifères est lentement élaboré par les innombrables successions d'êtres qui les ont précédés : travail obstiné, incessant, presque éternel des rayonnés, des mollusques, des poissons à cordes dorsales, cartilagineuses. Que de fois on entend le naturaliste répéter en visitant les anciens terrains :

« Les oiseaux et les mammifères manquent encore. » Quand paraîtront-ils ?

Le premier être qui annonce les géants est un petit insectivore perdu dans l'époque du trias. Voilà jusqu'à présent le précurseur des colosses. Nouvelle confirmation de l'idée que le plus grand est né du plus petit.

La grandeur de certains vertébrés de l'époque tertiaire nous a causé un étonnement dont nous avons eu peine à revenir. Mais les naturalistes ont raison de ne pas attacher une importance excessive aux dimensions des êtres organisés. Combien de fois n'arrive-t-il pas que les deux extrêmes de petitesse et de grandeur se rencontrent dans une même espèce ! Nous voyons aujourd'hui l'épagneul de la grosseur du poing et le dogue de la taille de l'ours être parents l'un de l'autre. Cela aide à concevoir que dans les époques géologiques, de petits reptiles ou mammifères aient pu avoir pour proches parents des colosses, et les uns et les autres n'être qu'une variété d'une seule espèce, ou du moins les représentants d'espèces voisines.

C'est ainsi que, dans l'histoire, le petit ressemble au grand. Le moindre des états de l'ancienne Italie, le plus chétif municipe avait en soi une organisation analogue à la grande république latine. Albe ressemblait à Rome, le royaume d'Évandre à celui des Tarquins. Chaque nôme d'Égypte était pareil à l'immense Thèbes, le moindre satrape d'Asie au grand roi, le moindre khan à Attila. Ils appartenaient au même genre ou au même ordre. Toute la différence était du petit au grand, comme de l'insectivore au mégathérium, des batraciens au labyrinthodon.

Plus une société est antique, moins elle ressemble à la nôtre. Rien de moins analogue à notre humanité que Thèbes et Memphis, avec leurs castes de prêtres, de guerriers, de fellahs. Voilà encore un des fondements de l'histoire civile qui aurait pu être transporté tout entier dans l'histoire naturelle ; car les formes des débris fossiles ressemblent d'autant moins aux formes de l'animal de nos jours qu'elles sont plus anciennes.

Les pyramides d'Égypte, perdues dans le désert, n'attestent pas un monde plus différent du nôtre que les ammonites et les trilobites ne diffèrent des mollusques et des crustacés de nos mers actuelles. Ici, vous n'avez besoin de modifier en rien les données de l'histoire. Traduisez-les dans la langue du paléontologiste; vous obtenez le principe fondamental, que plus les faunes sont anciennes, plus elles diffèrent des faunes actuelles.

CHAPITRE XI

MEMBRES ATROPHIÉS DANS LES PEUPLES; DES ORGANES RUDIMENTAIRES DANS LA CIVILISATION ET DANS LE RÈGNE ORGANIQUE. — DES MONSTRES DANS L'ART ET DANS LA NATURE. — QUELLE EST LEUR SIGNIFICATION. — LE BALANCEMENT DES ORGANES.

Les naturalistes ont établi (1) que lorsque, dans une partie du corps, un membre n'est pas maintenu dans son activité ordinaire, ce membre s'oblitère; quelquefois il n'en reste qu'un vestige.

Cela se confirme par l'histoire humaine. Tel peuple perd telle partie de lui-même, au point de devenir méconnaissable. Les Hébreux, à un certain moment, ont perdu la faculté de prophétiser; bientôt même ils ont perdu leur langue. Les voyants étaient, pour ainsi dire, les yeux toujours ouverts du peuple d'Israël. A un

(1) Cf. Lamarck. *Philosophie zoologique.* T. I, p. 171.

moment donné, ces yeux se ferment pour ne plus se rouvrir. Les voyants disparus, les peuples deviennent aveugles, comme certaines classes d'animaux qui, relégués dans les cavernes noires, perdent la faculté visuelle et ne conservent de leurs yeux qu'un organe rudimentaire. Après les prophètes et les voyants, que reste-t-il? Les rabbins du moyen âge. C'est l'organe de la vision atrophié par une nuit de mille ans.

Nul ne reconnaîtrait les Grecs anciens dans les Byzantins. Ils ont perdu ce qui était l'essence même de leurs ancêtres, l'art; et il a fallu peu de temps pour cela.

Qui a vu les mosaïques barbares de la Rome du moyen âge ne s'explique pas comment la faculté ou l'organe du beau a été si promptement oblitéré dans une même race d'hommes. C'est là aussi un membre dont il ne reste qu'un appendice rudimentaire.

Je ne serais pas embarrassé pour montrer des peuples chez lesquels la liberté, faute d'usage, est devenue comme l'aile, pour les pingouins et le manchot, un membre atrophié; il ne leur reste qu'un aileron dont ils ne veulent et ne peuvent plus se servir.

Les descendants des peuples des Incas ont perdu toute industrie, comme le castor qui ne sait plus se servir de sa truelle.

Dans un peuple, ce qui s'atrophie d'abord, c'est la pensée, puis l'art, puis l'industrie, enfin la force militaire qui, plus grossière, se maintient plus longtemps. Autant de membres qui s'oblitèrent et disparaissent, faute d'exercice.

Au lieu d'un peuple, s'agit-il d'une caste, d'une classe, d'une condition, le signe du déclin est le même. Les premières parties qui s'atrophient sont aussi les plus hautes. L'âme périt bien longtemps avant l'esprit ; vous diriez que, dans l'homme, ce sont les ailes qui s'engourdissent les premières ; reste un corps pesant qu'aucune pensée ailée ne peut plus soulever.

Les frégates, par une habitude constante du vol, à travers l'Océan, ne se posant jamais pour nager, il en est résulté que leurs pieds palmés se sont modifiés, échancrés, et qu'elles ne peuvent plus se soutenir à la surface de la mer. Il y a aussi des peuples (quelques républiques de Grèce, toutes celles d'Italie au moyen âge) qui, vivant dans un orage perpétuel, ont perdu l'usage de leurs pieds, je veux dire la faculté de se reposer, de s'asseoir et de marcher au lieu d'être emportés à tous les caprices des vents.

A quoi bon tel membre atrophié, rudimentaire, se demandent les naturalistes? Que sert-il dans le plan de la création? Quelques-uns n'y voient qu'une symétrie, et ils se perdent dans cet inconnu. Consultons le monde historique; voyons si, dans cette extrémité, il n'a rien à nous apprendre.

Je suppose que nous ayons devant nous les monuments dont je parlais tout à l'heure, les mosaïques barbares de Rome au moyen âge. La plupart sont placées en dehors de toutes les conditions possibles de l'art et de la vie. Ce sont des monstres ou plutôt des formes atrophiées. Vous pourriez demander aussi : D'où viennent-elles? A quoi bon? Qu'ont-elles à faire dans le plan et l'ordonnance du monde civil?

A ces questions, je réponds : ces formes sont les restes monstrueux de la Rome et de la Grèce antique. C'est un membre oblitéré par le défaut d'exercice. Cette tête, cette main, ce pied, c'est la trace dégénérée de l'ancienne création de Phidias et d'Apelle. Peut-être aussi, ces figures atrophiées sont-elles les rudiments d'autres formes à venir ; peut-être cette organisation barbare, ces formes en dehors du plan connu de l'art, sont-elles un premier organe naissant du monde embryonnaire de Michel-Ange et de Raphaël.

Appliquez ceci à l'étude des rudiments d'organes dans le monde végétal; voici quelle lueur apparaît. Ces rudiments peuvent contenir tout ensemble la dernière trace des organisations paléontologiques et la première aube d'organisations en travail.

Telle serait la solution du mystère qui frappe encore d'étonnement le naturaliste.

La loi zoologique du *balancement des organes* est celle en vertu de laquelle un être qui se développe sur un point, reste imparfait dans un autre. Cette loi n'a été formulée par Geoffroy-Saint-Hilaire qu'au commencement de ce siècle. N'aurait-elle pas pu être fournie depuis longtemps au naturaliste par l'historien ?

Celui-ci ne voyait-il pas l'Orient, grand par la religion, petit par l'industrie ; la Grèce, grande par les arts, faible par les armes ; l'État romain, puissant par ses organes de préhension, par ses membres, et, pour ainsi dire, par ses mâchoires, par ses dents carnassières, par ses ongles, par ses serres, et imparfait dans les organes intérieurs qui révèlent la poésie, la philosophie ?

Généralisons davantage. La race arabe, pourvue d'organes si accomplis, si extraordinaires pour voir le divin, ne semble-t-elle pas, dans ses temps de splendeur, privée de main pour saisir et garder sa proie et occuper le réel ? Je ne finirais pas si je voulais montrer comment, dans le monde civil, une faculté maîtresse, un organe dominant, sont souvent rachetés par un autre organe atrophié, dans une autre partie de l'économie politique et sociale.

LIVRE ONZIÈME.

PRINCIPES D'UNE SCIENCE NOUVELLE. PARALLÉLISME DES RÈGNES DE LA NATURE ET DE L'HUMANITÉ.

CHAPITRE PREMIER.

PRÉAMBULE.

Il m'arrive ici une chose que je dois dire avant de passer outre.

L'étude continue de la nature, depuis dix ans, produit en moi un effet que je n'attendais pas ; mon respect s'en augmente pour l'esprit, la liberté, la personne, la vie de l'âme.

A mesure que j'avance dans ces cercles qui s'engendrent les uns les autres, je vois poindre la pensée. C'est vers elle que gravitent tous les êtres. Respectons donc la pensée, fruit des éternités accumulées.

Je vois le travail incessant de siècle en siècle, pour faire jaillir une intelligence libre. Tous les temps, tous les mondes y mettent la main. Autant de degrés pour monter jusqu'au sanctuaire de l'esprit. Je me retourne ici, et je vois comme dans la fête des Panathénées, au flanc de la montagne sacrée, la procession innombrable des êtres, s'élever, s'efforcer pour atteindre le sommet qu'habite la sagesse. Un petit nombre seul y parvient; les autres s'arrêtent au pied de la montagne ou à mi-côte, fatigués ou impuissants. Ceux-là ne toucheront pas le pan de la robe de Pallas-Athéné. Du moins, la grande Égide les couvrira tous de son ombre divine.

En approchant du terme de cet ouvrage, je suis comme un voyageur, qui craint d'arriver. Je sens que la borne que je suis obligé de poser, ne marque rien que la borne de mon être. Je m'arrête, non que le chemin soit achevé, mais parce que la force ou la durée me manque pour continuer dans cette voie qui va à l'infini.

D'autres viendront, après moi, qui porteront plus loin cette limite. A leur tour, ils éprouveront combien les jours de l'homme sont disproportionnés avec l'inépuisable secret de la nature.

De nouveaux faits seront révélés. Mais, de la courbe infinie qui nous emporte, nous connaissons aujourd'hui assez de points, pour nous reposer avec sécurité, dans la possession des lumières acquises.

J'aurais pu faire appel à l'imagination. J'ai craint d'attacher à mes épaules les ailes d'Icare, et d'être précipité des cimes célestes au premier rayon du soleil.

J'ai replié ces ailes qui s'offraient à moi ; je n'ai voulu d'autre appui à travers les immensités que les faits reconnus et attestés par l'expérience. Il me semble que j'en suis déjà récompensé par la sérénité que cet ordre d'idées a mêlée à mes jours, qui, sans cela, eussent été souvent trop pesants pour ce que je pouvais porter.

O longs jours passés dans la conversation avec les sommets solitaires ! Que ne pouvez-vous revenir ! Je comprendrais mieux aujourd'hui l'impassible silence des monts olympiens. J'en jouirais mieux. L'intimité serait plus entière entre leurs pensées et les miennes. Je saurais mieux aujourd'hui quel souvenir est caché dans les rides des rochers, et ce que veulent dire le bruissement des forêts, le vagissement des lacs, la grande voix des mers.

Toi, que Linné appelle reine du ciel, Nature, pardonne-moi. Autrefois, je passais auprès de toi, et je ne te voyais pas, même quand mes yeux et mes oreilles croyaient être pleins de toi.

Ils n'étaient remplis que de mes propres pensées. Je ne voyais que mes visions ; je n'entendais que le bruit de mon cœur. Lui seul me parlait, quand je croyais le mieux prêter mon attention à ta voix.

Ta voix? Elle était trop calme, trop imperturbable, à mon gré ; elle ne pouvait surmonter le tumulte qui se faisait dans mon âme. Téméraire, je voulais t'associer à mes misères ; je m'indignais follement si tu restais impassible à mes clameurs, à mon deuil ou à ma joie.

Si j'avais une conversation avec les choses, avec les forêts ou les monts, c'est moi, moi seul qui parlais. Quoique j'eusse alors, par mes amitiés (1), la plus belle occasion de m'instruire

---

(1) Je pense ici à mon intimité avec les deux Geoffroy-Saint-Hilaire.

de ce que tu es réellement, je n'en profitai pas; l'heure n'était pas venue.

Elle n'arriva pour moi que lorsque la force m'eût séparé de l'homme. Même alors, il me fallut attendre que les années eussent mis dans mon âme un commencement de paix, et que je fisse silence à moi-même, pour me prêter enfin tout entier à ton langage, à tes pensées, à tes vérités.

On m'a reproché autrefois dans ma jeunesse d'avoir sacrifié à une muse trop impatiente du joug. Si cela est, il me semble convenable, dans un autre âge, de me faire absoudre par la plus austère des muses et des déesses. Achevons donc, comme nous avons commencé, sans artifice. Le chemin devient ici plus ardu; mais il s'agit de moissonner ce que nous avons semé dans les livres précédents. Soyons attentifs et avançons.

CHAPITRE II.

LES ORIGINES DE LA VIE.

Ne cherchons plus ici l'origine de la vie dans nos creusets; nous nous consumerions sans l'y trouver. Cessons nos évocations. L'homoncule n'apparaîtra pas dans la fumée de nos alambics.

Nous avons vu la première apparition des êtres organisés reculer devant nous à l'extrémité des temps, à mesure que nous nous sommes rapprochés des commencements du globe.

Que pouvons-nous en conclure, sinon que la vie est contemporaine des premiers âges du globe lui-même? Elle n'a pas surgi à telle époque, à telle couche de terrain; mais elle appartient à l'univers; elle est de nature cosmique. Semée dans les espaces du monde, recueillie dans les flancs des nébuleuses, elle a voyagé avec elles de cieux en cieux.

Contemporaine de la matière, quand notre globe n'existait pas encore, elle existait déjà. Elle a précédé notre terre et elle lui survivra.

Le jour où la terre détachée de la masse cosmique emporta avec elle les substances qui la composent, suspendues dans son atmosphère, ce jour-là elle emporta aussi les embryons des êtres à venir.

Dès que le noyau central s'est refroidi, la vie a commencé à pleuvoir avec les eaux primitives, et elle a formé de ses débris la première couche stratifiée au fond des mers. Dans le terrain qui précède tous les autres et que l'on appelait azoïque, parce qu'on le croyait privé de tout vestige d'organisation, le vivant se montre déjà avec l'*Eozoon*. Sitôt que le calcaire apparaît, une poussière vivante remplit tout.

D'où vient-elle, sinon des fleuves nébuleux qui parcourent l'espace? Elle nageait dans la substance liquide d'où la planète devait émerger, après avoir dépouillé et brisé son anneau.

Dans l'ample sein des nébuleuses, sont étagés, à des températures différentes, les gaz des métaux, des minéraux, qui se solidifieront à mesure que s'étendra le refroidissement. A la partie la plus éloignée du foyer, flottent, en essaim, les semences des êtres qui se développeront à leur tour quand un sol se sera formé pour les recevoir.

Les comètes sèment-elles après elles, dans les cieux qu'elles traversent, les germes qu'elles enveloppent de leurs voiles lumineux? Les anneaux de Saturne, encore liquides, renferment-ils dans leurs océans les infusoires saturniens qui doivent se déposer un jour, en poussière siliceuse, sur le noyau de la planète, quand le cercle qui l'entoure se confondra avec elle?

Peut-être les mêmes germes de vie qui nageaient dans les couches supérieures de la première nébuleuse ont été abandonnés à tous les corps célestes dans lesquels elle s'est condensée; et ces germes semblables ont pris des formes appropriées à chaque planète.

Ainsi la source des êtres serait la même dans tout le système solaire; ils auraient pris des figures différentes suivant l'âge et les conditions de la planète où ils résident. La mer miroitante de Vénus nourrirait des habitants contemporains de ceux de la mer poissonneuse d'Homère. L'organisation serait plus avancée sur la terre que dans Mars, à peine éclose dans Jupiter et dans Saturne, qui n'ont pas encore atteint l'âge de la silice et du calcaire.

Puisqu'il est démontré que nos métaux et nos minéraux ne sont pas particuliers à la terre, mais qu'ils appartiennent aux autres planètes et au soleil, on peut croire que les animalcules imperceptibles qui fourmillent dans notre atmosphère, se retrouvent aussi dans les atmosphères des autres corps célestes de notre système.

En un mot, la terre, qui ne s'est pas donné la lumière, ne s'est pas donné davantage la vie organique. Lumière et vie lui sont venues d'un foyer plus éloigné et plus puissant.

La vie n'est pas limitée à un point de l'espace ou de la durée. Elle nous renvoie à un ancêtre plus éloigné, celui-ci à un plus ancien. Nous ne pouvons la saisir ici dans une génération spontanée ; elle échappe à nos dates ; elle précède nos commencements.

Ce n'est pas une planète seule qui l'a produite ; un tel effort n'appartient pas à un corps céleste en particulier. Pour enfanter le premier vivant, il a fallu autre chose qu'un astre détaché, morcelé dans un coin limité de la nature. Il a fallu l'effort de la nature entière, je veux dire de toute la masse nébuleuse ou plutôt de l'univers. Le premier vivant a son premier ancêtre dans l'infini.

CHAPITRE III.

L'ORIGINE DES FORMES. — COMMENT DES GÉNÉRATIONS SUCCESSIVES D'INDIVIDUS PEUVENT TRAVAILLER SUR UN PLAN GÉNÉRAL QU'ELLES NE CONNAISSENT PAS. — UNE CITÉ DE BRYOZOAIRES. — IMAGE DE LA PREMIÈRE CITÉ HUMAINE.

Voici, aux derniers confins de la nature vivante, des figures régulières, géométriques, triangles, losanges, quinconces, puis des fleurs et des arbres de pierre. Qui a construit au fond des mers ces figures symétriques que l'on dirait dessinées avec le compas du géomètre? Ce sont d'imperceptibles ouvriers aveugles, mousses vivantes, bryozoaires, qui, à cette frontière entre l'animal et la plante, se sont bâti ce que les naturalistes appellent des colonies ou plutôt des cités.

La merveille est que chacun de ces ouvriers

de l'infiniment petit est lié à son voisin, qu'il se construit de sa substance sa cellule de pierre, et que l'ensemble de ces cités ouvrières compose une figure d'une régularité géométrique.

D'où vient cette symétrie? Imaginez une cité humaine dans laquelle chaque homme emprisonné entre ses quatre murs se bâtirait sa maison, sans pouvoir en sortir ni regarder les autres. Soyez vous-même, par hypothèse, le législateur de ces cités; donnez-leur pour condition, que la réunion de ces maisons doit former une ville régulière, à divisions symétriques, et tous les quartiers composer entre eux une image achevée. Ce sera, à votre choix, un arbre avec ses rameaux alternants, ou, si vous aimez mieux, une fleur avec sa corolle et ses lobes correctement découpés, ou une étoile avec ses rayons. Comment entendez-vous que ce plan ou cette législation que vous aurez conçus puissent être exécutés de génération en génération, par des êtres qui ne se voient, ni ne s'entendent, ni ne se connaissent?

Vous aurez donné, il semble, une constitution impossible à vos sujets; ils n'auront rien de mieux à faire que de renoncer à cette figure, à ce plan primitif que vous prétendiez leur imposer ; ces imperceptibles se révolteront, à bon droit, contre la manie de réglementer leurs cellules et leurs quartiers.

Cependant l'impossible se fait. Les mollusques bryozoaires brodent régulièrement le pan de la robe de l'*alma parens*. Mais qui leur a donné le patron de cette broderie ? Qui a marqué pour eux le point de cette dentelle ? C'est peu de dire que la nature enfant a tracé ces premiers dessins, arabesques vivantes, et qu'à ce premier degré de la vie, elle laisse voir son secret.

Je demande encore d'où vient le plan de ces colonies aveugles. Toute une géométrie élémentaire, linéaire, est inscrite par ces animalcules au fond des Océans. D'où vient la régularité de ces dentelles dont chaque artisan ne fait qu'un point ? Comment la multitude de ces travaux individuels, isolés qui s'ignorent réciproquement peuvent-ils aboutir au triangle, au cercle, au polygone ?

Encore, s'il n'y avait qu'une seule génération d'ouvriers, et s'ils étaient libres de leur mouvement, comme dans la ruche d'abeilles, on pourrait comprendre l'unité de plan. Mais dans une colonie innombrable, dans une cité éternelle, comment les générations poursuivent-elles le travail interrompu, la figure commencée par les générations précédentes, de manière à ce que le plan primitif du monument s'achève ?

Ces points, ces angles, ces formes qui se répondent et alternent à intervalles égaux, c'est sans doute la loi aveugle de la répétition qui, dans les organisations plus avancées, forme l'alternance des membres, et dans l'art humain deviendra la symétrie architecturale, et plus haut la loi du mètre et du rhythme.

Je ne crois pas que l'on puisse étudier attentivement les formes mesurées de ces édifices de bryozoaires, sans y voir, comme en germe, une géométrie animée, une architecture naissante. Dans ces premières profondeurs, la nature s'essaie aux proportions qui deviendront plus tard sa règle en toutes choses; nous touchons ici l'origine des formes.

Ces êtres imperceptibles, qui, sans s'apercevoir, séparés les uns des autres, unis seulement par le test, travaillent, enchaînés, à un plan général qu'ils ne connaissent pas, m'aident à comprendre comment dans chaque cité humaine, chaque génération, liée par le pied, emprisonnée dans sa cellule, sans rien voir au delà de cet horizon, travaille aveuglément et obscurément à construire je ne sais quelle figure régulière, dont elle ne verra jamais l'ensemble et dont elle n'occupe qu'un point souvent imperceptible. Ce plan de l'histoire universelle n'est pas un arbre, une fleur, un cercle, un triangle, un quinconce, une étoile. Qu'est-il donc? il est, voilà ce qu'il y a de certain; il réalise une géométrie sublime qu'aperçoivent des yeux plus perçants que les nôtres.

Comme chaque espèce de bryozoaire construit une certaine figure qui lui est particulière, on peut dire aussi que chaque peuple construit, dans son histoire, une forme qui lui est propre.

Suivant que les yeux de notre esprit sont plus ou moins ouverts, nous apercevons une partie plus ou moins grande du plan sur lequel nous travaillons tous. Mais pour le voir dans son ensemble, il faudrait que le genre humain eût terminé sa tâche, c'est-à-dire qu'il eût cessé d'être.

Je pourrais encore ajouter que ces colonies rampantes sont une première image de la première cité humaine où l'individu est emprisonné et incrusté dans le tout.

CHAPITRE IV.

LES ÉPOQUES DES COQUILLES COMPARÉES AUX ÉPOQUES DES ARCHITECTURES HUMAINES. — QUE LA SUCCESSION DES MÊMES ORDRES D'ARCHITECTURE EUT PU RÉVÉLER D'AVANCE LA PERMANENCE DES MÊMES TYPES D'ORGANISATION DANS LA MÊME CONTRÉE.

Singulière question. A quel moment ont commencé les formes des architectures égyptiennes, grecques, byzantines, gothiques? Où est l'intermédiaire qui conduit de l'une à l'autre?

Dès qu'elles se montrent à nous, elles apparaissent complètes par grandes masses : l'égyptienne dans les temples de Thèbes, la grecque dans celui de Thésée, le byzantin dans Sainte-Sophie, le gothique dans Notre-Dame.

Où sont les ébauches, les tâtonnements? Vous ne les trouvez nulle part. Il faut les supposer puisqu'ils ne tombent pas sous les yeux. D'où sortent épanouies les coupoles de Byzance ? D'où vient à un autre moment l'ogive des cathédrales ? Elle sort des profondeurs de l'Orient, dites-vous. C'est là qu'il faut chercher le premier type.

Je le veux bien. Mais les preuves directes de cette descendance vous échappent le plus souvent. Ne vous étonnez pas que le dessin architectural de la nature dans la construction successive des êtres organisés se dérobe à vos yeux.

Nous ne pouvons rattacher, par un lien certain, ce qui date d'hier, ce qui a été fait par nos mains. Nous ne saurions montrer comment l'ordre byzantin est né de l'ordre transformé de Ninive ou de Babylone, ni comment l'ogive gothique a été engendrée par l'ogive persane ou arabe. Peut-être les intermédiaires d'abord informes, mal faits pour durer, se sont écroulés sans laisser de vestige; nous voilà réduits à des conjectures sur la filiation et la transformation de ces organismes de granit ou de marbre.

Ne pensez pas qu'il en soit autrement de ces prodigieuses constructions de la nature, édifiées dans la chair et dans le sang du règne animal, à travers les intervalles des époques géologiques. Trop de ces constructions se sont écroulées en poussière. Si nous ne pouvons rattacher les unes aux autres les œuvres de nos mains, le Byzantin à l'Oriental, le Gothique au Persan, Sainte-Sophie à Ninive, Notre-Dame de Paris à la Mecque, quoique le lien existe réellement et que la démonstration seule nous manque, comment ne serions-nous pas embarrassés de rattacher les faunes et les flores successives les unes aux autres, les poissons osseux aux poissons cartilagineux, les ruminants aux pachydermes, les mammifères aux sauriens? Nous avons perdu le sens de nos propres œuvres; nous y sommes égarés. La grande merveille que nous ayons peine à retrouver le fil dans les œuvres de la nature!

Nous ne pouvons dire pourquoi, à tel moment, toutes les formes sociales changent, pourquoi le plein cintre disparaît, pourquoi la voûte aiguë le remplace, pourquoi l'ogive se montre partout subitement au XIIIe siècle; et nous nous étonnons encore de ne pas savoir pourquoi et comment, dans les abîmes de l'époque tertiaire, tous les poissons, à une certaine date, prennent subitement des écailles d'une autre sorte; pourquoi ces écailles, imbriquées en forme de toit, succèdent aux plaques osseuses en forme de pavé!

Où le gothique a-t-il régné? En France, en Espagne, en Angleterre, en Allemagne, là où il n'avait pas à lutter contre un type antérieur. Je l'ai cherché vainement dans tout le Péloponnèse. Il a été nul en Grèce, presque nul dans l'Italie méridionale où l'ancien type a repoussé le nouveau.

Transportez cette loi dans le monde des êtres organisés fossiles. Il s'ensuit que dans une même contrée, les espèces ont beau changer; l'ancien type subsiste. Cette loi aurait pu se lire dans l'architecture longtemps avant de se montrer dans les fossiles.

Quand une architecture originale a paru, dans une certaine contrée, elle continue d'y subsister et de dominer tout en se transformant de siècle en siècle. En Asie, les formes de Ninive et de Ctésiphon se retrouvent encore dans Bagdad et Bassora. Persépolis revit dans Ispahan.

Où est l'analogue de l'ogive assyrienne? dans l'ogive mauresque. Des colonnettes de Chaldée? dans les colonnettes arabes. Des revêtements en faïence émaillée des palais de Ninus? dans ceux des harems des Califes.

De même en Occident, l'architecture à colonnes isolées de la Grèce et de Rome reparaît dans le byzantin.

Le dôme du Panthéon d'Agrippa se retrouve dans les églises romaines du moyen âge. Après quinze siècles, il se déploie au haut des airs, dans le dôme de Saint-Pierre de Michel-Ange.

L'architecture étrusque, avec ses lourdes masses cyclopéennes, revit dans celle de Florence.

De tout cela, vous auriez pu conclure que lorsqu'un type d'organisation a paru dans le monde organisé, il continue de subsister dans la même région à travers les variations d'espèces et de familles. C'est ainsi que les types des espèces éteintes se retrouvent dans leurs descendants, au même lieu : en Amérique, le mégathérium et les édentés du monde tertiaire, dans le tatou, le paresseux de nos jours ; en Australie, les didelphes, dans le kanguroo et le sarigue ; au Brésil, le smilodon dans le jaguar (1).

Tant la parenté est étroite entre les morts et les vivants d'un même continent !

(1) Charles Lyell. *Manuel de Géologie*, trad. par M. Hugard. T. II, p. 263.
Murray. *Mammals*, p. 89.

Comme l'architecture humaine exprime tout l'esprit d'une société, de même la coquille d'un mollusque traduit plus ou moins exactement les caractères de l'animal qui en a fait son habitation. Les peuples qui ne nous ont laissé que des débris d'architecture peuvent être jugés par ces restes, comme si c'était une partie d'eux-mêmes. Il en est ainsi des coquillages fossiles. Nous retrouvons les habitudes de l'animal dans la coquille vide qui a été un jour sa demeure. Nous rétablissons les Égyptiens par leurs hypogées, les Troglodytes par leurs cavernes(1).

Dans le coquillage, il est des parties qui semblent n'être qu'un ornement. Il est dans son plus grand éclat, au moment du plein développement de l'espèce ; il décline avec elle. L'art diminue pour l'homme, comme pour le mollusque, dans les temps de décadence.

En effet, dans les tribus et les races des coquilles, on remarque des époques de grandeur et de chute. Les Ammonites ont eu, comme Rome, leur temps de grandeur et de décadence, après lesquelles elles ont disparu, ne laissant

(1) Sven Nilsson. *Habitants primitifs de la Scandinavie. Age de la pierre*, p. 161.

que leur enceinte enroulée, comme la muraille circulaire d'une ville privée d'habitants.

Par degré, les formes de la coquille changent; les spirales, les cloisons se modifient insensiblement. L'architecture des Ammonites varie, elle se dentèle davantage; puis elle finit par réunir un mélange de formes anciennes et de formes nouvelles; sorte de construction byzantine composée d'antique et de moyen âge. En un mot, les Ammonites ont eu leur période et leurs ordres divers d'architecture dans l'époque triasique, liasique, jurassique, crétacée, comme les Hellènes ont eu leurs ordres différents, dans les époques homériques, classiques, alexandrines, byzantines.

Après le règne classique des Ammonites, vient une époque où les anciennes formes régulières se décomposent en une foule de formes déréglées et barbares. Aux enroulements circulaires se succèdent des constructions coniques, elliptiques, arquées, ogivales, turriculées qui s'éloignent de plus en plus du plein cintre.

Les belles et calmes nervures disparaissent; une époque chaotique commence, véritable moyen âge des Ammonites. C'est ce que les naturalistes appellent le dévergondage (1) des formes des céphalopodes; une multitude de coquilles irrégulières, tourmentées, capricieuses, remplacent les voûtes à arcades de l'époque secondaire, comme la variété fantasque du chapiteau gothique succède à la belle unité du chapiteau grec.

D'où il semble résulter que la même loi de succession dans l'engendrement des lignes et des formes parcourt toute la nature et se réalise dans les époques des mollusques comme dans celles des empires. Non assurément que les sociétés humaines modèlent leur art sur celui du plus inférieur des êtres, et que Phidias prenne conseil du Nautile, mais parce que la même pensée circule à travers les mondes et s'incarne dans le plus petit, comme dans le plus grand, dans la coquille du céphalopode, comme dans le temple d'Osiris, ou de Jupiter Olympien.

Cela est si vrai que certains naturalistes ne peuvent décrire les coquilles sans se servir, à chaque moment, de comparaisons tirées de l'architecture civile. En entrant dans cette idée, ne pourrait-on

(1) D'Orbigny, Pictet.

pas, au lieu des dénominations absolument arbitraires des coquilles, établir des rapports avec l'histoire du développement des formes dans l'architecture, et s'en servir pour marquer la différence des familles, suivant la progression zoologique, au lieu de dénominations fantasques, tirées, par exemple, de la guerre?

Ne vaudrait-il pas mieux dire, en faisant allusion aux formes de plus en plus complexes du chapiteau : ammonites, doriques, ioniques, corinthiennes, gothiques, etc. ? Le mollusque se trouverait classé selon son apparition historique dans l'ordre des temps.

CHAPITRE V.

LES LACUNES DANS LA NATURE ET DANS L'HISTOIRE.

C'est ici que la mort perd son aiguillon. L'homme se sent d'accord avec l'universelle vie. Regarde-t-il le passé, il voit tout le passé qui le prépare et l'annonce. Regarde-t-il l'avenir, il voit tout l'avenir qui le continue et le porte en avant.

Entre ces deux rives, un point est à franchir, un moment, moins que cela, un atôme noir dans la durée. Voilà l'homme abandonné et seul pour un instant, privé de l'univers; qui le soutiendra, qui le portera d'un bord à l'autre?

La même puissance d'ascension, qui l'a tiré des cercles de vie antérieure, l'abandonnera-t-elle à cette heure? Ou plutôt le grand élan qu'il a pris dans les âges antérieurs ne lui fera-t-il pas franchir le point ténébreux, imperceptible, qu'on appelle la mort, et qui disparaît au milieu de l'inépuisable vie dans laquelle il sommeille?

Mort, cesse donc ici tes épouvantes. Ce siècle qui nous a émancipés de tant de choses, a surtout à nous émanciper de la peur de mourir.

Ce qui a été l'œuvre patiente des éternités ne peut périr en un clin d'œil. La nature n'a pas préparé de si loin, enfanté, par un si long travail, le divin ouvrage de l'esprit, pour le détruire, en un instant, sans en conserver aucun vestige.

La nature, dites-vous, est prodigue. Oui, sans doute ; mais elle est aussi économe. Ce qu'elle a fait patiemment, en tant de siècles, elle ne le défera pas en un instant.

Je me confie dans les éternités, en qui tout se confie.

Vous vous plaignez que la chaîne des êtres organisés soit si souvent rompue dans le monde fossile. Les mêmes vides se retrouvent dans l'histoire. Les variétés transitoires ont disparu.

Quels peuples ont laissé des traces encore visibles? Ceux qui ont supplanté, exterminé les autres. Mais, pour un peuple dont la mémoire survit, essayez de compter ceux qui n'ont rien laissé d'eux-mêmes. Où est leur langue ? où sont leurs tombeaux ?

Entre le monde oriental et le monde gréco-romain, je ne trouve que variétés transitoires, sociétés rudimentaires, nations ébauchées dont le nom même nous échappe. Nous ne saisissons que les cimes élevées de l'histoire; le reste est caché pour nous dans l'ombre impénétrable. Heureux, quand de toute une race d'hommes, il nous reste un crâne que nous restaurons en imagination. Mais les sociétés de transition qui formaient le lien entre l'Asie et la Grèce ou Rome, quel monument dépose pour elles ? Nous sommes réduits à les supposer. Les premiers livres d'Hérodote sont pleins de ces ténèbres.

Peu s'en est fallu que le monde celtique ne nous ait laissé aucun témoignage de son existence. Quelques patois qui se perdent chaque jour, voilà tout ce qui nous en reste. Car on ne croit plus à ses tombeaux. Et la société ibère, où la chercher ? Dans le basque, dit-on ; mais le basque nous échappe ; il périt sous nos yeux.

Ainsi les vastes anneaux qui liaient entre

elles les époques de l'espèce humaine sont rompus. Nous ne connaissons, dans cette mer du passé, que certains points qui surnagent; le reste a été enseveli pour toujours; il n'en est pas autrement des espèces organisées dont quelques-unes seulement ont laissé des vestiges.

Chaque société qui s'est immortalisée dans l'histoire recouvre et suppose une multitude de sociétés antérieures moins fortes, dont elle a dévoré, non-seulement l'existence, mais le souvenir. Elle s'est emparée des vies moins résistantes qui l'entouraient, et les a fait passer dans sa propre substance.

Cherchez, sous ces noms éclatants, Perse, Égypte, Grèce, Rome; vous serez obligé de supposer des multitudes de petits États transitoires que l'histoire ne connaît pas et qui ont servi à alimenter les vastes organisations sociales dont le souvenir a survécu. Les Doriens se sont abîmés dans le grand nom de Sparte, les Minyens dans celui de Thèbes, les Osques, les Ombriens dans celui de Rome, comme les premiers carnassiers, les premiers grands chats de caverne, ont été se perdre dans les lions du monde actuel.

Dès qu'elle se montre, Carthage apparaît

toute formée et adulte dans l'histoire. Ses commencements et son enfance se dérobent encore.

Bactres, Persépolis, Memphis, Jérusalem, Athènes nous semblent se succéder l'une à l'autre, dans l'ordre des temps; en réalité, nombre de formes intermédiaires se sont éteintes sans nous laisser un seul monument. Ces grands Etats seuls figurent dans l'histoire, comme le paléothérium, le mégathérium, le mastodonte, le dinothérium, se dressent pour nous, à l'extrémité des temps dans les âges géologiques. Les populations intermédiaires qui les rattachaient à leurs ancêtres ont disparu.

CHAPITRE VI.

COMMENT LES TYPES CHANGENT DANS L'HISTOIRE UNIVERSELLE.

Un type nouveau dans les sociétés humaines, c'est une ère nouvelle.

L'origine, les commencements de ces types, la manière dont ils s'introduisent dans le monde, tout cela conduit à une science nouvelle de l'homme et de la nature. Que sont les changements de civilisation? Ils sont pour l'homme ce que les changements de flore et de faune sont pour le monde végétal et animal.

Mais comment le genre humain passe-t-il d'une ère à une autre ère, c'est-à-dire d'une faune historique à une autre faune, du monde antique au monde moderne, du paganisme au christianisme? Ce n'est pas l'empire assyrien, ou égyptien, ou romain qui, changeant brusquement de mœurs, de tempérament, s'il a été reptile, se met tout à coup à se dresser sur ses pieds, à se faire mammifère ou à prendre des ailes.

Non; c'est, dans quelque région inconnue, un type négligé, perdu, dont le développement a été jusque-là impossible; c'est une peuplade oubliée, égarée aux confins de l'histoire; c'est l'imperceptible nation juive; c'est une peuplade germaine; c'est une tribu arabe qui apporte une forme imprévue, un moule nouveau dans lequel se fondent les antiques organisations sociales. Il en sort la nouvelle faune humaine.

Cela me conduit à penser que, dans la nature, il se passe quelque chose de semblable, que les grands reptiles, par exemple, ne changent pas leur mode de progression, mais qu'un type jusque-là invisible, celui des mammifères du trias, trouve un monde qui lui répond dans une nouvelle distribution des terres et des eaux. Ce type se développe, il envahit les autres; l'ordre des mammifères s'ajoute à ceux qui ont précédé. Voilà une ère nouvelle dans la nature vivante.

Ce sont les petits, les invisibles qui ont édifié les principales couches du globe. Ne peut-on pas dire aussi que ce qui fait le fond des choses humaines, je veux dire les langues, les religions, les croyances, les légendes, les traditions, a été bâti par une foule invisible, par des artisans inconnus et innombrables qui restent ensevelis dans l'œuvre de tous?

Sur ce premier fond fourni par les petits, se détachent plus tard de grands noms, des individus auxquels on est tenté de tout attribuer. En les regardant de plus près, on reconnaît que leur action a été faible en comparaison de celle de la masse anonyme.

Nul individu n'a créé une langue. Les petites causes qui se répètent, à chaque moment de la durée dans les choses humaines, sont comme les rhizopodes, les bryozoaires, les radiaires qui, sans se lasser, travaillent nuit et jour dans les abîmes.

Les infiniment petits ont bâti les fondements de l'histoire, comme les fondements du globe.

Quand une espèce animale ou végétale va disparaître, le premier indice est celui-ci : La région qu'elle occupait sur la terre devient de jour en jour plus étroite. Elle se retire de la plus grande partie des lieux qu'elle habitait. A la fin elle se confine, comme en une île, dans un point où elle achève de périr.

C'est là ce que l'on voit dans l'humanité, quand un type social, caste, aristocratie, noblesse, approche de sa fin. Les races qui le représentent encore semblent se retirer de l'espace qu'elles remplissaient autrefois. La surface ou l'aire qu'elles occupaient dans les choses humaines diminue à vue d'œil; elles se font, comme une île, au milieu des intérêts et des passions de leur temps. Cette île décroît; elles y végètent encore, séparées de tous les affluents de la vie universelle où se retrempent les peuples dont elles sont séparées. A la fin, le sol même semble manquer; la caste disparaît avec lui.

Il est rare que de petits États, s'ils ne sont confédérés, produisent de grands hommes dans l'ordre moral, politique et littéraire. Chaque individu est trop occupé à se circonscrire, à borner son horizon, à se détacher de tout intérêt pour les peuples étrangers, à n'avoir rien de commun avec l'humanité en général. Avec l'horizon, l'âme se rétrécit, le cœur s'atrophie. On conserve les petites vertus ou les petits savoir-faire, qui s'adaptent à une ville, à un district. Mais cette âme qui déborde par-dessus les montagnes, qui va puiser des forces, des énergies inconnues dans la communication intime avec le genre humain, cette âme-là, qui est le grand homme, ne peut se dilater et se former au milieu des petits partis d'une petite ville, en restant neutre entre le bien et le mal, dans toutes les grandes affaires humaines.

Les grands quadrupèdes à sang chaud n'ont jamais été découverts dans une île trop éloignée des continents.

CHAPITRE VII.

LES ESPÈCES PROPHÉTIQUES. — LES PROPHÈTES DE LA NATURE.
APPLICATION A LA CRITIQUE LITTÉRAIRE ET PHILOSOPHIQUE.

Il y a dans l'humanité des individus qui sortent des proportions ordinaires ; ils s'élèvent au-dessus de leur espèce et produisent une humanité nouvelle dans la postérité. Après eux, tout diffère, hommes et choses.

Qui nous dit que quelque événement de ce genre ne s'est pas passé dans la succession des êtres organisés ? Pourquoi certains individus, par un génie ou une vertu particulière, n'auraient-ils pas laissé après eux une révolution ou végétale ou animale ? Pourquoi n'y aurait-il pas eu des prophètes (1), des Moïse ou des Mahomet,

(1) V. mon ouvrage *La Révolution*. T. I, p. 47.

des Lycurgue, des Solon, parmi les brins d'herbe? Ils auraient changé la face de leur espèce.

C'est déjà beaucoup que d'en finir avec cette vue fausse, que la nature ne se soucie pas des individus, quand il devient si manifeste que c'est par les individus que les races se réparent. Un pas de plus, et il sera évident que c'est par eux qu'elles se produisent.

Comment une force nouvelle commence-t-elle à se manifester dans la nature?

La masse des individus ne change pas brusquement à la fois. La révolution se produit d'abord dans un seul être ou dans quelques-uns. Tel végétal, ou tel animal apparaît comme un précurseur isolé, il semble condamné à périr. Tout le contredit dans ce qui l'environne.

Cependant d'autres êtres semblables à lui naissent de lui. Ce groupe devient foule, elle règne. L'époque de sa domination est celle où les individus qui la composent, sont le plus nombreux.

Le temps arrive où cette population nouvelle, marquée du sceau des précurseurs, vient elle-même à diminuer; commencement de sa décadence.

Toujours plus rare, elle se réduit à la fin à quelques individus. Ils disparaissent et l'espèce s'éteint avec eux, finissant comme elle a commencé, par quelques exemplaires d'un même type.

Ainsi les révolutions de la vie vont du petit nombre au plus grand, pour retomber du plus grand nombre au plus petit.

Chaque espèce, avant de se répandre dans le monde, a devant elle un avant-coureur ou plutôt une espèce prophétique qui l'annonce et la prépare. L'hipparion est le précurseur du cheval, le xyphodon de la gazelle, l'amphicyon du chien, le mastodonte et le dinothérium de l'éléphant.

C'est ainsi que, dans l'histoire civile, des caractères, d'abord isolés, finissent par faire souche. Ils étonnent, quand on les rencontre pour la première fois. On ne sait où les classer; ils apportent avec eux la guerre et tout se tourne contre eux. Saint Jean-Baptiste est le précurseur des chrétiens, Jean Huss des protestants, J.-J. Rousseau des révolutionnaires. Ils ne sont qu'un individu, ou un groupe avant de devenir un peuple, une classe, un monde.

Ici la ressemblance est telle entre la nature et

l'histoire, que l'une est l'interprète naïve de l'autre. Exemple : la nature aurait montré combien il est faux qu'Homère ait commencé par être un personnage collectif. Il n'est pas vrai, comme le croyait Vico, que toute la masse de la race hellénique ait inventé l'Iliade et l'Odyssée. Au contraire, c'est un individu qui a ouvert le chemin, fourni le type. Après lui ont paru d'autres rhapsodes, nés de lui, qui ont formé la famille, le genre, l'espèce dont Homère est resté l'ancêtre commun, le précurseur (1).

Voilà ce que la nature eût enseigné à la critique littéraire. D'autre part, l'histoire civile eût depuis longtemps redressé l'histoire naturelle, en lui enseignant à chercher les antécédents de chaque flore, de chaque faune; elle eût fait pressentir que le travail de la nature entière est une approximation constante vers le monde actuel. Pour chaque forme vivante, on eût cherché la forme antérieure qui la contient et l'annonce.

L'histoire civile avait d'avance révélé toutes

(1) C'est la conclusion à laquelle j'étais arrivé, en 1836, dans mon examen de la critique moderne sur Homère. Voyez, dans mes *Œuvres complètes*, l'*Histoire de la poésie*, l'*Épopée grecque*. T. IX, p. 269 et p. 281.

les lois de succession que le hasard des fouilles nous découvre aujourd'hui, par les espèces prophétiques végétales et animales. Le papillon, aussi, a eu ses précurseurs et ses prophètes.

Le plus souvent, les précurseurs passent sans laisser de mémoire dans l'histoire civile ; ne vous étonnez plus s'ils passent de même sans laisser de vestige et pas même un ossement dans l'histoire de la nature.

CHAPITRE VIII.

SI L'HISTOIRE CONFIRME OU RÉFUTE LA DOCTRINE DE L'EMBRYOGÉNIE.
L'HUMANITÉ, UN EMBRYON QUI CROIT TOUJOURS.

Les naturalistes entrevoient que l'embryon des mammifères, avant de parvenir à son état complet, parcourt l'échelle inférieure. On découvre des analogies entre les systèmes nerveux du ver de terre, de l'insecte, et de l'homme embryonnaire (1). Après cela, le poisson se montre en lui, puis le reptile, enfin paraît le mammifère.

(1) Certaines parties du système nerveux offrent des exemples de la persistance de l'état qui s'observe chez les animaux inférieurs.

Les formes permanentes chez les invertébrés s'observent aussi chez les vertébrés, où elles sont temporaires, et s'observent dans la période embryonnaire. Claude Bernard. *Leçons sur la Physiologie et la Pathologie du système nerveux*, p. 514.

Cette loi, les savants la pressentent, ils la possèdent à demi, ils la cherchent encore.

Rien ne serait donc plus important que de voir s'il ne s'en trouve pas une analogue, dans une autre sphère, surtout dans ce que nous pouvons appeler le règne humain. Comment y parvenir? Je l'ai cherché longtemps en vain. L'idée véritable m'échappait par sa simplicité même. Je crois enfin la saisir. La voici telle qu'elle se présente à moi.

Je considère le tout de l'histoire universelle, comme un embryon qui, passant par diverses formes, se développe d'époque en époque dans le sein du genre humain. Tel peuple s'arrête à telle période de l'embryon, et marque ainsi une époque du monde civil; en sorte que toutes les époques coexistent en même temps sur la terre; d'où la variété des nations, des États, des populations, des langues même qui répondent à la variété des espèces dans les êtres organisés.

Voilà pourquoi l'histoire des origines des peuples est si importante. Tout est là. En effet, la moindre modification qui affecte le jeune embryon s'étend à toute l'organisation de l'adulte. Entre des peuples semblables à leurs commencements, une imperceptible différence dans l'embryon en produit d'immenses à l'âge de la maturité.

Voyez ce petit hameau de bergers sur le mont Palatin ; vous ne le distinguez pas des villages du reste de l'Italie. Pourtant, approchez. Examinez de près cet empire à l'état de larve. Il est clos d'un fossé plus profond qu'ailleurs ; franchissez-le. Telle circonstance insignifiante, tel genre de vie, tel caractère individuel, ce troupeau mieux gardé, ce taureau plus farouche, ce chien plus vigilant, ce soc de charrue mieux aiguisé, ce sillon mieux tracé, ces ruches d'abeilles plus nombreuses et plus riches, cette cabane plus haute, cette moissonneuse plus grave, ce laboureur plus fier, voilà les traits qui annoncent la majesté future de Rome et la maîtresse du monde.

Telle langue monosyllabique, par exemple, celle de la Chine, s'est arrêtée à l'époque antérieure aux Aryens ; elle marque aujourd'hui le premier moment de la société humaine. Telle population, munie encore de haches de silex, représente l'âge de la pierre. La plupart des populations de l'intérieur de l'Afrique, armées encore d'épieux et de boucliers, sont demeurées au point d'arrêt de la période de Méléagre ou d'Hercule dans le crépuscule mythologique.

Les Sénégaliens qui élèvent de petits temples aux vipères sacrées et aux flamants, sont restés au point de départ du peuple des Pharaons. Avec le culte des serpents et des ibis, ils ont gardé le premier trait de l'Afrique.

Les Arabes nomades n'ont pu dépasser le monde patriarcal d'Abraham dont ils sont les analogues et les représentants.

Lorsque Cook abordait dans les îles de l'Océanie, que trouvait-il? L'époque encore vivante des Phéaciens de l'Odyssée à Otahiti, et les Lestrigons d'Ulysse dans les mornes de la Terre de Feu. Fernand Cortès, en arrivant au Mexique, y retrouva l'âge vivant d'Agamemnon dans Montézuma, et l'État embryonnaire d'Argos et de Mycènes dans Mexico.

Qu'est-ce en soi que l'islamisme moderne? L'époque de Moïse que les musulmans n'ont pu dépasser et qu'ils éternisent. Toute une race d'hommes éblouis encore par le buisson ardent de l'Horeb. Cette illumination, réfléchie par le Coran, les a empêchés longtemps de rien voir, de rien entendre de ce qui se passe autour d'eux dans le monde nouveau.

Que font les Anglais dans l'Inde? Ils retrouvent l'embryon de l'humanité dans sa première forme de caste, telle qu'elle existait à l'époque védique.

Chaque période du passé a laissé ainsi son représentant vivant dans la société humaine.

La Russie de nos jours, c'est l'Europe du xve siècle, modelée sur le type du khan mongol.

Hier encore l'aristocratie de Berne s'était arrêtée dans les formes de la vieille aristocratie du Latium. Niebuhr retrouvait dans Berne un analogue de la Rome des décemvirs.

L'époque des clans se retrouvait dernièrement comme une espèce demi-perdue chez les Circassiens, les Albanais, les Écossais.

Quant au moyen âge, en combien de formes ne s'était-il pas perpétué jusqu'à nos jours? Il vivait encore en Espagne et même en France au siècle dernier.

Ce qui fait l'intérêt historique de la papauté, c'est qu'elle conserve encore vivant, comme dans une arche de Noé, le type social le plus éloigné de nous, la théocratie, qui sans cela existerait à peine dans la mémoire des hommes.

Il est donc vrai que la diversité des sociétés humaines n'est pas autre chose que la diversité des époques dans la vie de cet embryon qui croît toujours, sans s'arrêter jamais, et dont le genre humain est en travail. Le poisson reste poisson parce qu'il n'a pu dépasser cette ère de la vie universelle et se faire reptile. Thèbes est restée Thèbes parce qu'elle n'a pu se faire Athènes ou Rome. Au fond, le principe est identique.

Ce qui forme l'espèce est ce que les naturalistes appellent le point d'arrêt dans le développement du germe embryonnaire. Je retrouve la même loi dans le monde civil, sous d'autres noms. Là aussi, les organisations ne sont pas autre chose qu'une certaine période de la vie et comme un certain témoin qui se fixe sur la route du temps.

De là tous les efforts que font les sociétés pour arrêter le temps et l'empêcher de couler. Elles voudraient se ressembler toujours, parce qu'elles sentent qu'en changeant, elles s'échappent à elles-mêmes. Comme chaque espèce voudrait rester fixe, il y a aussi, dans chaque société, une force de durée qui résiste aux transformations. Quand il faut céder et changer, il sort des sociétés un cri de détresse. On en a vu rester pendant des milliers d'années en proie à des souffrances intolérables plutôt que de se détacher de cette forme du temps qu'elles représentaient. Qui n'eût cru au temps d'Hérodote que l'Égypte était une espèce fixe et immuable?

Mieux examinée, on a vu que l'Égypte même a eu ses variations; elle a changé d'humeur. Tel dieu qu'elle avait commencé par adorer, elle a fini par le maudire. Elle avait élevé des statues à Typhon, dans la dix-huitième dynastie; elle les a brisées dans la vingtième. De son dieu préféré, elle a fait un *mauvais démon*.

L'apparente immobilité de ses temples nous abusait. En les connaissant mieux, nous découvrons des changements, des révolutions qui nous avaient échappé. Éternité métamorphique comme le rocher lui-même.

Concluons que la loi entrevue par les naturalistes trouve sa confirmation dans le monde civil. Le parallélisme entre le développement du germe dans l'individu et le développement de l'univers organisé peut se suivre en traits frappants sur le front des peuples et des États.

L'histoire aussi n'est rien autre chose que le spectacle de ces formes organisées qui s'arrêtent, se fixent et se pétrifient, l'une après l'autre, sur le chemin du temps.

CHAPITRE IX.

LOIS D'ALTERNANCE ET DE RÉGRESSION. — UN PRINCIPE NOUVEAU
DE CRITIQUE HISTORIQUE.

Une loi d'alternance (1) fait que deux végétations différentes se succèdent alternativement dans le même lieu. Telle prairie produit tour à tour d'elle-même des légumineuses et des graminées ; tel arbre qui couvrait la terre et régnait sans partage cède à un autre d'une autre espèce qui lui cédera plus tard. Il y a des forêts qui, à certains intervalles, changent entièrement

(1) Alphonse de Candolle. *Géographie botanique.* « Ce sont des espèces de haute futaie qui succèdent naturellement, sans cause apparente, les unes aux autres. Toutes les plantes sociales sont probablement soumises à cette loi. » P. 472, 473 et 1066.

leur essence (1); composées de chênes, elles se peuplent de hêtres; réciproquement, les hêtres font place aux chênes.

Quelque chose de semblable se passe chez les peuples qui sont en proie à des esprits divers. L'un succède à l'autre, à certains intervalles, sans qu'on puisse en dire la raison.

Dans la forêt de l'histoire grecque, l'esprit ionien et l'esprit dorien; à Rome, le génie du Latium et le génie de l'Italie, se remplacent alternativement l'un l'autre, comme le hêtre et le chêne.

En Angleterre, au xvie siècle, l'esprit saxon supplante l'esprit normand; en France, l'esprit gaulois supplante le latin. Plus tard, il arrive le contraire. Au xviie siècle, le latin extirpe, en France, le gaulois; en Angleterre, l'anglo-saxon.

Ainsi des esprits alternent dans le même peuple, comme les essences de végétation ou les espèces de plantes sociales dans la même forêt.

Les naturalistes n'ont pas encore trouvé la

---

(1) Cf. Lubbock, tr. par E. Barbier. *L'Homme avant l'histoire*, p. 234, 235.

vraie cause de ces révolutions végétales (1). C'est peut-être aux historiens des révolutions civiles à la découvrir. Examinons.

Telle nation renferme, dans son passé le plus lointain, des germes qui sont restés enfouis, des semences d'un âge antérieur qui n'ont pu éclore en leur temps. Une autre époque arrive; les germes ensevelis sortent de terre; ils s'épanouissent sous un souffle inattendu.

D'autres fois les germes nouveaux viennent d'un peuple voisin qui fleurit et jette au loin ses semences. Une nation change alors d'essence parce qu'elle reçoit du dehors une essence étrangère.

N'est-ce pas l'équivalent de la succession et de l'alternance des générations dans les plantes sociales (2)? Les graines des bois résineux, ou

(1) « Les espèces qui abondent et qui excluent les autres dans certaines localités et à certaines époques, deviennent rares, soit par le changement de quelque cause, soit par la rotation naturelle, dont le principe n'est pas certain, mais dont les effets sont évidents. » Al. de Candolle. *Géog. Botan.*, p. 472.

(2) « Si une alternance naturelle se manifeste, après plusieurs siècles, pour certaines espèces, et sur une étendue un peu considérable dans certains pays, elle devient une loi géologique. » Al. de Candolle. *Géog. Botan.*, p. 473.

des chênes, ou des hêtres, ont longtemps dormi sous la terre. Le jour vient où elles s'épanouissent et dominent à leur tour, soit qu'elles sortent du sol natal, soit qu'elles aient été apportées d'une contrée voisine.

La même forêt se couronne ainsi de feuillages tout différents. Quelquefois elle retourne à la végétation primordiale en revenant du chêne au sapin (1). J'ai vu aussi la même nation se couronner tour à tour de générations humaines, non-seulement différentes, mais ennemies ; autres racines, autres fruits, autre essence ; quelques-unes retournaient jusqu'aux ombrages qu'elles avaient quittés depuis des siècles.

Il y a des peuples qui semblent appartenir à des règnes absolument différents, dans leur enfance ou dans leur maturité. Vous diriez qu'ils changent d'espèce ou plutôt qu'ils passent d'un règne à l'autre.

Voici un être étrange qui tapisse le fond des plus anciens océans. C'est le crinoïde.

Est-ce une plante, est-ce un animal ? Tout

(1) M. Al. de Candolle cite le docteur Unger, sur les alternances séculaires des arbres forestiers en Allemagne et dans le nord-ouest de l'Europe, *Géog. Botan.* p. 1066.

fait penser que c'est une plante, car elle a une racine ; elle est attachée, enracinée au rocher silurien par une longue tige. Au sommet de cette tige, elle s'ouvre en un large calice cupuliforme à cinq pétales. C'est donc une fleur.

Oui, en effet, c'en est une en forme de lys dans son premier âge. Elle s'épanouit comme dans son Éden, au fond des tièdes mers du monde naissant. Mais devenue adulte, la fleur se fait animal ; elle se détache de sa tige et s'en va librement où il lui plaît. Voilà la vie libre entrée dans le monde ; le règne animal a succédé au règne végétal.

La Grèce, dans son premier âge, liée à l'Orient comme par un pédoncule, et la Grèce adulte sont deux êtres presque aussi différents que le crinoïde attaché à sa tige et le crinoïde devenu libre et capable de se mouvoir. De là, que d'écrivains se sont mépris sur la nature des Grecs primitifs et en ont fait des Orientaux, des Égyptiens ! Hérodote lui-même s'y trompait, comme les naturalistes qui, voyant le calice lié au rocher, l'ont pris pour une plante.

De même que cette plante s'est mise à marcher, les dieux, les statues de l'époque de Dédale, jusque-là immobiles, les pieds pédonculés, sortent de leur gaîne. Eux aussi sont libres, détachés de leur tige. C'est la différence d'avec les dieux indiens qui restent plantés.

La loi de régression vers le type primitif ou l'ancêtre commun se retrouve dans l'histoire humaine. Témoin les Français qui rappellent si souvent les Gaulois. Par combien de traits les Anglais remontent aux Anglo-Saxons, les Allemands de nos jours aux Germains ! Cela est vrai aussi des individus.

Virgile, dans les Géorgiques, redevient le berger du Palatin. L'intervalle qui les sépare semble disparaître. Ne retrouvez-vous pas, à certaines pages, dans Bossuet, le druide, dans Byron, le pirate scandinave des Eddas? La beauté antique ne reparaît-elle pas à l'improviste dans Raphaël? la Vénus ne ressuscite-t-elle pas dans la Madone? Souvent dans le Christianisme vous croyez revoir le Paganisme; dans les Médicis, les Mécènes; dans les Papes, les Aruspices. A chacun de ces moments, le fleuve humain remonte à sa source. Ce serait là tout un principe nouveau de critique littéraire et historique.

CHAPITRE X.

LA LOI DE SÉLECTION APPLIQUÉE A L'HISTOIRE UNIVERSELLE.
QUE SONT LES PEUPLES ÉLUS. — BOSSUET ET DARWIN.

Dans un peuple se trouve un individu supérieur aux autres. Il arme sa nation d'un instrument, d'une pensée, quelquefois d'un mot qui manque aux nations voisines; et voilà que la première les supplante, les absorbe, leur prend jusqu'à leur nom. D'une végétation luxuriante de tribus, une seule subsiste; les autres disparaissent sans rien laisser dans la mémoire des hommes.

N'est-ce pas là toute l'histoire des Romains? N'a-t-on pas vu une tribu de bergers du Palatin prendre tout à coup la place de celles qui l'entouraient en Italie, les étouffer de son ombre, leur ôter jusqu'à leur langage, compter seule pour quelque chose dans l'univers ?

Cette histoire est aussi celle des Arabes. Une multitude innombrable de tribus étaient semblables entre elles dans le désert. Le palmier n'était pas plus semblable au palmier. Vous n'auriez pu les distinguer l'une de l'autre. Et voici soudain que l'une de ces tribus obscures se trouve armée d'une vertu particulière ; elle absorbe toutes les autres, elle les entraîne après soi. Elle rayonne de la Mecque sur le monde. Et pour ce changement qu'a-t-il fallu ? un homme ; un caractère particulier qui devient celui de la tribu, puis de la race. Tout s'abaisse devant elle, les choses, les hommes, les dieux.

Qu'est-ce que cela, sinon la loi d'élection que Darwin vient de jeter avec tant de puissance dans la science de la nature ? Cette loi ne se montrait-elle pas dans l'histoire ? N'était-elle pas, à vrai dire, le fond des événements ? La lutte des peuples entre eux depuis l'origine des choses, qu'est-ce, sinon cette lutte pour l'existence, qui devient aujourd'hui l'explication de tant de mystères dans les règnes végétal et animal ?

Les petits États n'ont-ils pas lutté contre les

grands, et ceux-ci entre eux, Jérusalem contre Babylone, l'Abyssinie contre l'Égypte, la Grèce contre la Perse, la Sabine contre Rome, comme les variétés de la même espèce, jusqu'à ce que la moins douée ait été absorbée ou supplantée par l'espèce supérieure?

La découverte d'un métal nouveau, le cuivre, le bronze, le fer, puis l'arc, l'épée, la phalange, la légion marquent autant d'époques diverses par la supériorité d'un peuple sur un autre. La courte épée romaine, les longues flèches des Parthes, sont des supériorités analogues à celles du bec, des mandibules ou de la mâchoire, dans l'insecte, l'oiseau ou l'alligator. On juge par là à qui appartient le monde.

Quand Bossuet montre ce petit peuple élu qui sort de sa tente, s'arme d'une pensée divine, s'élève, grandit par ses chutes et lègue au monde une vie nouvelle, que fait-il, sinon appliquer instinctivement la loi d'élection naturelle, dont le sens était, en apparence, si différent dans sa bouche? Jérusalem était une variété de cette grande famille d'États orientaux marqués du type de la théocratie. Cette variété se trouve posséder une vertu qui manque aux autres; aussitôt le monde antique paraît converger vers Jérusalem. Même dans ses ruines, elle triomphe.

Ainsi, lutte pour l'existence, loi d'élection naturelle, ces principes éclatent dans l'histoire universelle à chaque ligne. Quand cette loi était si visiblement écrite sur le front des empires (1), l'étonnant est qu'on ait tardé si longtemps à la reconnaître dans les règnes inférieurs.

On aurait pu la rencontrer jusque dans l'histoire des langues. Les mots luttent entre eux pour se supplanter les uns les autres. Les plus robustes ou les plus faciles étouffent les plus faibles ou les plus maladroits; c'est pour cela que des familles de mots vieillissent et disparaissent dans une langue.

Encore un exemple. Considérez la croissance de Byzance. Qu'était-elle dans l'antiquité? La moindre des cités grecques, un fort, un village crénelé, rien de plus. Personne n'avait songé à elle tant qu'avait duré l'éclat des républiques helléniques.

---

(1) C'est, faute d'avoir observé l'histoire, que des naturalistes ont pu dire que l'homme a échappé à la *sélection* naturelle. Cf. Lubbock, *L'Homme avant l'histoire*, p. 491. Wallace, *Revue anthropologique*. Mai, 1864.

Elle était la plus obscure et la plus dénuée. Cependant, à un certain moment, un avantage auquel on ne songeait pas, la distingue des autres ; c'est sa position sur deux mers qui en fait le lien de deux mondes. Cet avantage est pour elle un organe nouveau qui lui permet d'étendre ses bras, comme des tentacules, au loin en Europe et en Asie.

Supériorité incontestée sur ses rivales ; celles-ci ne peuvent soutenir la concurrence, elles lui cèdent de toutes parts. Athènes, Sparte, Thèbes, Messène, disparaissent comme une forme de végétation qui cède à une autre forme.

Dans la disparition des petits États grecs, nous surprenons ici une véritable extinction d'espèces dans la faune et la flore historique. A leur place, reste une ville monstre, Byzance, organisme nouveau, mégalosaurien éclos d'un lézard, mammifère énorme né d'un imperceptible insectivore, géant sorti du nain, souche mère des grandes monarchies modernes.

LIVRE DOUZIÈME.

L'ESPRIT DE CRÉATION DANS L'HOMME.
CONCILIATION DE L'ORDRE MORAL ET DE L'ORDRE PHYSIQUE.

CHAPITRE PREMIER.

COMMENT SE FORME UNE SCIENCE NOUVELLE.

Deux idées préconçues ont longtemps arrêté l'esprit humain, l'une que la nature vivante a commencé par des formes colossales, l'autre, que les organisations n'ont pas changé depuis les origines du monde fossile au moins pour les êtres les plus élevés. Ces deux vues qui ont troublé les plus grands esprits, se sont trouvées fausses. Mais lors même que l'expérience parlait, les plus hautes intelligences refusaient de la croire ; et, comme il arrive, les vieux systèmes duraient encore longtemps après que les faits les avaient réfutés.

Le premier pas fut de considérer les fossiles, comme un monceau de médailles frustes qu'il s'agissait de restaurer. Cuvier retrouva l'effigie complète, il rendit à chacun son empreinte et son type. Miracle du génie qui suffit d'abord à la curiosité humaine.

Second progrès. Les médailles ainsi restaurées, voici la question qui se présente. Elles n'ont pas été frappées toutes, en même temps ; au contraire, elles portent l'empreinte d'époques essentiellement différentes. D'où il suit qu'elles peuvent servir à dater les périodes géologiques, comme les médailles ordinaires les périodes de l'histoire civile.

Dans ce qui semblait un chaos de pierre, voilà le moyen trouvé d'établir une chronologie, de reconnaître à l'effigie la jeunesse ou la vieillesse du monde. De ce moment, la critique historique est entrée dans la science des géologues. L'*Art de vérifier les Dates* n'a plus été seulement le privilége des annales humaines ; il est devenu le fond de l'histoire des révolutions du globe.

De même que de nos jours on travaille à retrouver la succession des dynasties égyptiennes, assyriennes, perses, on retrouve aussi, par un procédé analogue, au moyen d'une inscription végétale ou animale, les dynasties perdues des époques siluriennes, permiennes ou jurassiques. On déchiffre les lignes principales de la Genèse nouvelle; c'est à quoi travaille heureusement l'esprit de nos jours.

Voyez comment se forme sous vos yeux une science nouvelle. Ce spectacle en lui-même est peut-être aussi intéressant que l'objet dont elle s'occupe.

Quelles nouvelles étranges se renvoient aujourd'hui les savants d'un bout du monde à l'autre! et quelles inductions inattendues ils en tirent! On vient de découvrir un scarabée de bois dans l'époque du lias : preuve que les îles de l'époque secondaire étaient déjà couvertes de forêts.

Voici une aile de mouche ou de fourmi; elle a été trouvée dans un dépôt d'oolithe inférieure; il y avait donc déjà un continent formé.

Dans le carbonifère, un insecte d'eau douce, une libellule a été signalée. Témoin qu'un fleuve d'eau douce aboutissait à l'estuaire voisin.

Au milieu de la Suisse, à Olten, on annonce la découverte d'une feuille de cycadée sur un banc de corail. Concluez que la terre ferme s'exhaussait déjà au-dessus de la mer helvétique, et que la Suisse se couronnait des arbres du Chili.

D'Amérique, d'Angleterre, du Wurtemberg, la nouvelle se confirme que les fouilles ont mis au jour les dents d'un petit mammifère de la famille des rongeurs, dans le jurassique inférieur; la nouvelle est grave. Elle atteste que l'ordre des mammifères existait à cet âge reculé du monde.

Un papillon nocturne s'est montré, en Bavière, à Solenhofen, dans l'oolithe. C'est le premier qui ait paru dans la création. Il y avait donc alors des plantes florales dont ce papillon buvait le nectar? mais quelles fleurs?

Nous surprenons ici l'esprit humain à la recherche d'un monde nouveau. Le fait le plus petit a pour lui une importance énorme. Laissez-le s'élancer. Sur l'aile d'une libellule, il va d'inductions en inductions qui enveloppent peu à peu l'univers. Cela ressemble au journal de Christophe Colomb, sur la caravelle amirale, naviguant à la recherche de l'Amérique. Une herbe flottante (1), une mousse, un tronc d'arbre qui vient battre la proue de la Pinta, un oiseau qui rase au loin l'océan inconnu ; qu'est-ce que cela ? Rien, les messagers d'un monde (2).

Voyons maintenant ce que ce monde nous apprend sur nous-mêmes.

(1) V. mon histoire des *Révolutions d'Italie*. *Le Nouveau Monde*, p. 344.

(2) V. Oswald Heer. Die Urwelt der Schweitz, p. 464.

Dans cet ouvrage capital, les détails les plus minutieux s'accordent avec les vues les plus hautes. M. Heer ne croit pas que l'imagination soit inconciliable avec la science. Tout au contraire, il s'en fait un instrument de précision. Au milieu de ses chapitres d'entomologie fossile, éclatent des odes en vers, dont je traduis seulement les strophes suivantes :

« Si nous nous penchons sur le gouffre et si nous regardons dans l'ancien royaume des ombres, nous voyons, au lieu de spectres, se dresser des êtres qui ressemblent à ceux d'aujourd'hui. Ce ne sont plus les épouvantements de Pluton, ni les sphinx, ni les harpies, ni les chimères qui vomissaient les flammes dans la fournaise et sur les tisons de l'enfer.

» Non! A travers les espaces tranquilles où l'on se représente l'orcus, nous voyons des millions d'êtres rêver, plongés dans l'éternel sommeil. Jadis, ils ont joui du monde sous la tente bleue du ciel.

» Maintenant, scellés dans le rocher, ils habitent le noir monde souterrain. »

CHAPITRE II.

NOUVELLE CONCEPTION DE L'ART, FONDÉE SUR LA CONCEPTION NOUVELLE DE LA NATURE.

Qu'est-ce que l'art? songez à ce que ce mot contient. Entre tous les êtres que la terre renferme, j'en rencontre un, l'homme, qui se fait à lui-même une image sculpturale des créatures qui frappent ses regards.

Chose étrange, ces images ne sont pas la reproduction simple des formes existantes. Il ajoute, il retranche, il corrige, il refait ce qui est.

Quoi donc! est-ce que la nature ne lui semble pas achevée? est-ce qu'il conçoit quelque chose de supérieur? Orgueil, démence, génie, quel nom donnerai-je à cet instinct?

Refaire les créatures les plus accomplies!

Est-ce donc qu'il veut continuer le travail de la nature ?

Oui, c'est là justement ce qu'il veut. Il entreprend de continuer à lui seul cet édifice de vie dont les fondements sont cachés dans les entrailles du globe et les étages successifs des êtres inférieurs. Est-ce que la force qui a fait surgir les flores et les faunes successives s'est concentrée dans son sein ? Apparemment ; elle le tourmente, et que fait-il ? il prend les œuvres de la nature comme des ébauches, et il ose les achever.

Sans doute, il ne peut donner l'être à de nouvelles créatures vivantes, inconnues. Mais il les pétrit dans l'argile, il les taille dans la pierre, il les évoque sur la toile. Quelle étrange fureur le possède ! il voudrait, dans sa vie rapide, s'approprier d'avance l'œuvre mystérieuse et la forme des siècles à venir.

Sous les êtres actuels, il pressent des êtres plus élevés, plus complets, que l'avenir porte dans ses flancs ; ne pouvant leur donner la vie, il en trace du moins la figure élémentaire, prophétique, telle qu'elle est déposée en germe, au fond de son esprit.

Que sont la Vénus de Milo, le Jupiter de Phidias, les fresques de Michel-Ange et de Raphaël, sinon un grand élan de l'esprit humain, au devant d'êtres qui n'existent pas encore, qui peut-être n'existeront jamais et qui pourtant sont dans le développement des mondes organisés? L'homme est impatient d'entrer dans le plan des formes futures. Il en prend d'avance possession par l'art. Qui a le plus de génie se rapproche le plus de la réalisation du développement possible des êtres, par de là les organisations actuelles. Si la progression des êtres devait un jour continuer, si la nature voulait ajouter quelques traits aux types actuels, le changement se ferait dans le sens des organisations entrevues par Phidias, Michel-Ange et Raphaël.

Concluons donc que l'art est le pressentiment des formes supérieures qui dorment encore dans le sein des choses actuelles.

Je veux comparer les œuvres fossiles de la nature et les sculptures de l'art humain. Les unes et les autres sont de pierre. Mais les premières ont eu leur vie réelle ; les secondes ont toujours été ce qu'elles sont aujourd'hui, inanimées. La ressemblance entre elles, c'est qu'elles représentent toutes des formes étrangères au monde actuel, les unes au-dessous, les autres au-dessus des types que nous connaissons.

Qu'est-ce à dire, encore une fois, sinon que l'homme par l'art, cherche, à son insu, à se placer d'avance dans le plan des œuvres futures de la nature, à le pénétrer, à le pressentir, le réaliser? Et il essaie cela non-seulement par la sculpture et la peinture, mais aussi par la parole et la musique. Il sent qu'il n'est pas le dernier mot des choses; il tente de presser le dénoûment, de déchirer le rideau. Tout son art n'est que la vision d'une créature qui perce d'avance les mystères des êtres encore enveloppés dans les êtres actuels.

Chaque forme sociale, comme chaque être, contient en soi le principe d'une forme plus haute, d'un être plus achevé qui y est renfermé ainsi qu'un âge géologique dans l'âge qui le précède. Phidias, Michel-Ange, Raphaël, vous font voir, en idée, ce que contient le développement possible du type humain dans la progression de la nature et de l'homme.

De cette nouvelle conception, je pourrais tirer toute une théorie nouvelle des arts. Si l'artiste s'en tient à reproduire les formes actuelles, sans aucune modification, il ne se place pas dans le plan vivant de la nature; son œuvre est morte. Si, au contraire, il imagine des formes capricieuses, sans rapport avec le réel, c'est pis encore.

Comme la nature ne modifie son œuvre que par des transitions insensibles, le véritable artiste est celui qui, tout en restant homme, vous transporte dans un règne humain supérieur.

Vous êtes encore sur la terre, déjà il vous fait toucher le dieu.

Un autre ordre naîtra, et vous le voyez dans la pierre ou sur la toile, avant qu'il soit. Voilà le prodige de l'art.

CHAPITRE III.

PREMIÈRE ALVÉOLE DE L'ART HUMAIN.
DU RHYTHME DANS LA NATURE ET DANS L'HOMME.
MUSIQUE, POÉSIE. — LE DIEU DANS L'HOMME.

Que fait le musicien de génie ? Toute son œuvre est d'abord renfermée, comme en un point vivant, dans un germe animé, dans un groupe de sons, une mélodie qu'il appelle un motif. Sans s'expliquer où il l'a trouvé, il s'en saisit. Il le fait d'abord apparaître dans sa simplicité originale ; puis il le déroule, il le renouvelle sans le changer, en le faisant passer par tous les timbres, cordes, bois, métal, voix humaine ; en sorte que, sur un même type, il crée une foule de formes diverses.

Il en remplit l'oreille, il en tire tout un monde

d'harmonie ; et c'est seulement quand ce type a achevé de produire ses formes, qu'un homme tel que Mozart, Beethoven, passe à un autre motif pour le dérouler de même en une succession de formes mélodiques qui s'engendrent les unes les autres.

N'est-ce pas là aussi la marche de la nature créatrice? Ne passe-t-elle pas aussi, de motif en motif, tirant de chacun d'eux tout ce qu'il renferme de vie, de formes, d'accords organiques?

Ne déroule-t-elle pas ses œuvres, comme un monde harmonieux où chaque note est un être vivant qui en appelle, en suscite une série indéfinie?

Avec le même type ou le même motif, qu'elle répète sur des timbres différents, qu'elle confie à des instruments différents, minéral, végétal, animal, homme, ne produit-elle pas des variétés inépuisables d'êtres, de formes, de mouvements, d'organes? La succession des êtres n'est-elle pas ce que les modulations sont dans l'œuvre du compositeur? La nature module les êtres, comme le musicien module les sons.

Assurément, le musicien qui vient de produire une œuvre immortelle, ne se doute pas qu'il a obéi au même esprit de création que la nature en déroulant les âges successifs du monde organisé. Il croit n'avoir obéi qu'à un instinct particulier.

Pourtant, quand il fait, avec quelques notes, une œuvre multiple, inépuisable, impérissable, je ne doute pas qu'il a suivi la même méthode que la nature créatrice dans la succession harmonieuse des êtres.

Où a-t-il trouvé cette loi? il ne sait; elle est là, dit-il, en se frappant le front. Non, il se trompe. Elle est le principe des choses vivantes. Elle donne son rhythme non pas seulement au musicien, mais à tout l'univers vivant : voilà l'harmonie des sphères qu'entendait Pythagore.

Si vous pouviez interroger les plus grands poëtes, sur l'origine de leurs poëmes, ils répondraient que le premier élément fut un point initial imperceptible, un nom, moins encore. On verrait dans quelle étroite alvéole, dans quelle invisible cellule a été renfermée d'abord la création immense, qui fut plus tard l'Iliade, l'Odyssée, la Comédie divine, Hamlet ou Faust.

« Lois éternelles d'où les nôtres sont dérivées, » dit Bossuet. Et quelles sont ces lois éternelles ? Ne sont-ce pas celles qui ont présidé au développement de la vie, avant que nous fussions ? Elles nous ont précédés, elles nous régissent, elles nous survivront. On les cherchait dans les nues ; les voici écrites dans le livre de vie, qui vient de s'ouvrir à nous dans les entrailles du globe.

Génie, création, invention du poëte, quand pour les expliquer, vous avez constaté les milieux, les circonstances, les ancêtres, les aliments bons ou mauvais (1), vous n'avez rien fait encore ; il ne manque plus que cette merveille d'une personne qui s'appelle Homère, Dante, Shakespeare.

(1) L'exemple de Buckle est navrant. Il a voulu déduire de l'économie politique toute l'histoire humaine ; à la fin de son ouvrage, il reconnaît que cela est impossible et que son travail est vain. Quel accent de désespoir ! Il en est mort. *Histoire de la civilisation en Angleterre.* Voyez les dernières pages.

CHAPITRE IV.

COMMENT L'HOMME, PAR L'ART, CHANGE L'ANIMAL.

Tout être nouveau, en apparaissant sur la terre, a changé les conditions des êtres déjà existants. Quand les polypiers et les mollusques ont apparu, les spongiaires se mirent à ronger leurs coquilles et leurs constructions. De là, que de nouveaux genres de vie chez les invisibles !

Le premier quadrupède carnassier qui se montra et chercha une proie, jeta l'épouvante chez les herbivores. Il les obligea de chercher leur salut dans la fuite et de se faire des pieds plus rapides. Peut-être le reptile fut-il cause que le premier oiseau déploya ses ailes pour lui échapper.

Passons à l'homme. Comptez les changements

qu'il a imposés aux animaux domestiques dont il a fait ses compagnons. Il les a maniés comme l'argile, il a allongé ou raccourci à son gré leurs corps et leurs membres, il les a peints d'autres couleurs. Il ôte ou rend des cornes au bœuf, au bélier; il donne au chameau deux bosses et des pieds palmés à son chien en le faisant vivre dans l'eau; il fait des monstres de grandeur ou de petitesse; il accroît ou diminue le bec, l'aile, les vertèbres du pigeon; il fait au ramier une queue d'hirondelle (1).

Caprices, dites-vous! Heureusement, ils ne sauraient durer.

Dites mieux : l'homme fait des êtres de fantaisie ; et ces êtres subsistent de génération en génération, comme s'ils avaient reçu le sceau de l'éternité. Il ne grave pas seulement sur le marbre et l'airain, ses goûts, ses idées, ses volontés; il les grave aussi dans la chair et le sang des êtres vivants; et ses fantaisies se changent en lois. La nature s'y soumet; car elles se propagent de l'individu à la race entière, selon

---

(1) Charles Darwin. *De la variation des animaux et des plantes.* Trad. par Moulinié. T. I, p. 163.

le bon plaisir de l'homme. Même ses manies les plus futiles, ses modes, presque ses ridicules, s'impriment héréditairement sur les animaux qu'il façonne à son image, tels que le pigeon à jabot, le coq huppé. Demi-dieu qui crée, non pas, il est vrai, des ordres ou des genres, mais assurément des races, peut-être des commencements d'espèces.

Quant aux animaux auxquels il a déclaré la guerre, il les proscrit en des régions chaque jour plus étroites. Déjà (1) on prévoit le temps où toutes les bêtes de proie, toutes les plantes venimeuses auront disparu devant lui. L'Éden que l'on cherche dans le passé s'ouvre dans l'avenir.

---

(1) Lubbock. *L'Homme avant l'histoire*, p. 495.

CHAPITRE V.

CONFIRMATION DES VÉRITÉS MORALES ET PHILOSOPHIQUES. MOYEN DE JUGER DES DÉCOUVERTES PAR LEUR PARALLÉLISME AVEC LES RÈGNES DE LA NATURE.

Si Descartes, Leibnitz avaient eu quelque connaissance de ces âges successifs de la nature vivante, assurément leurs vues en eussent été profondément modifiées. Ils auraient fait entrer ces époques dans leurs systèmes. En voyant le monde se continuer sous leurs yeux, étage par étage, ils auraient eux-mêmes construit, sur un plan analogue, l'édifice de leurs philosophies.

Que n'eussent pas enseigné les travaux patients, presque éternels des imperceptibles, les bryozoaires, les foraminifères, les nummulites, à l'auteur des *Méditations* ou à celui de la *Théodicée!* Ces points vivants qui engendrent perpétuellement des lignes et des surfaces continentales eussent ajouté une géométrie vivante aux mathématiques abstraites.

Il a manqué à Spinoza, à Pascal, de voir à l'œuvre l'infiniment petit dans la cellule du rhizopode, de l'infusoire. Ce ciron que Pascal a aperçu ou plutôt deviné aux confins du néant n'eût pas été pour lui seulement un *raccourci d'atôme;* il eût pu en raconter les histoires et les actions. Car il eût vu cet invisible élever mieux que les titans, Ossa sur Œta, construire sans se lasser les blocs des pyramides d'Égypte, bâtir de sa substance les degrés de l'Himalaya, où s'assiéront plus tard, dès leur naissance, les grands dieux védiques de Cachemire et du Bengale.

Leibnitz pressentait que dans l'univers la partie représente le tout. Quelle confirmation lui eût offert le monde, s'il eût pu, comme nous, voir l'architecture successive des continents se réfléchir dans la constitution des êtres organisés! Sans doute, l'apparition d'une espèce nouvelle n'eût été pour lui que le sceau du monde s'imprimant à une certaine époque sur la nature vivante. Ce qu'il y a de vrai dans sa philosophie, eût été ainsi démontré par l'avénement des êtres qui portent en eux l'empreinte d'un certain état de l'univers. Il n'eût pu expliquer comment cette empreinte a été tirée ; mais il aurait vu les espèces se succéder conformément à l'image changeante du monde. L'idée de l'harmonie à laquelle il s'était élevé par l'abstraction aurait pris un corps à ses yeux.

Le reptile aurait été conforme à la nature insulaire, le mammifère à la nature continentale ; l'homme aurait apparu comme l'expression vivante du monde entier. Ce qui n'était qu'une formule, un pressentiment, serait devenu une vérité naturelle. Leibnitz l'eût suivie dans le détail ; et avec cette pensée tombée dans son esprit : « Que la partie représente le tout, » il eût pu reconstruire la nature entière depuis ses premiers âges, et retrouver dans le mollusque, dans le reptile, le mammifère et dans l'homme, la figure du tout changeant que nous appelons aujourd'hui l'histoire de la terre.

Il y a ainsi des pensées qui naissent dans l'esprit des grands hommes et sont comme des pierres d'attente pour un édifice à venir. Elles manquent de soutien et l'on ne sait à quoi elles répondent; elles semblent jetées témérairement, suspendues dans le vide.

Mais que des faits nouveaux se révèlent au jour. Tout ce qu'il y a de vrai dans ces pensées se manifeste en même temps; l'édifice de l'esprit humain qui n'était que suspendu, interrompu, s'achève. Les grandes voûtes hardies qui penchaient sur l'abîme, rencontrent inopinément des colonnes d'airain qui surgissent de terre pour les soutenir et les éterniser.

Je ne puis ici faire comparaître toutes les grandes idées qui ont surgi dans l'esprit humain et rechercher comment elles se concilient avec cette histoire de la nature nouvellement découverte. Il me suffit d'avoir indiqué cette voie. Je suis convaincu qu'en y entrant davantage, on trouverait d'étonnants rapports entre ce qu'il y a de solide dans les conceptions des grands hommes et le secret du monde souterrain qui vient de se révéler au jour. C'est là une pierre de touche à laquelle il ferait beau soumettre les constructions des diverses philosophies qui se sont succédé dans le monde.

L'idée de la progression et du développement des choses serait entrée, dans l'esprit humain, par la voie des sciences naturelles, sans attendre que Condorcet la tirât du spectacle et de l'expérience des choses humaines.

CHAPITRE VI.

DE L'INFINIMENT PETIT DANS L'HOMME ET DANS LA NATURE.

L'homme est plein de sentiments obscurs dont il n'a pas conscience. Mille fois j'en ai fait sur moi l'expérience décisive. Ma volonté avait chassé de mon esprit telle pensée, tel regret, tel souvenir, au point de ne plus leur permettre aucun accès dans mon intérieur. Elle pouvait donc se croire maîtresse absolue du champ de bataille et se vanter de la victoire; car il ne restait aucun vestige de lutte ni même de douleur.

Les pensées que j'avais condamnées, les noms que j'avais effacés, les émotions que j'avais voulu proscrire, ne m'importunaient plus; il s'était fait un silence, un calme profond en moi-même. Ma volonté avait fermé la porte à tout un cortége d'impressions, de sentiments; ils avaient obéi, ils s'étaient retirés en silence.

Par exemple, lorsque je résolus de ne pas rentrer en France, à la première réquisition de l'amnistie, cette décision se prit sans combat. Je renvoyai, je congédiai toutes les images attendrissantes qui sont renfermées dans l'idée de patrie; et comme mon âme était parfaitement calme, je pus croire et je crus, en effet, que cette décision ne m'avait rien coûté. Car je ne ressentais aucune ombre de douleur qui ne fût étouffée sur-le-champ au premier ordre de la volonté.

Il ne me serait donc resté que l'impression de sa toute-puissance, si pendant mon sommeil, la nature n'eût repris une sorte de revanche. Non pas qu'elle se permît les songes qui vont visiter la patrie absente ou perdue. Même les rêves cédèrent au commandement intérieur; ils n'osèrent désobéir, ils se dissipèrent.

Une seule chose me fut impossible : ce fut d'empêcher que, pendant le sommeil, le cœur ne restât meurtri, sans que j'eusse ressenti aucune douleur; et cette blessure, dont je ne m'apercevais qu'au réveil, me prouvait que les pensées, les images, les regrets que j'avais crus anéantis, survivaient quelque part, et continuaient, à mon insu, leur travail dans une partie cachée de mon être qui m'échappait à moi-même.

Par cette expérience et par d'autres du même genre, j'ai fini par reconnaître avec certitude, que nous n'avons conscience que d'une partie de notre être moral. Nous régnons sur quelques points visibles, sur quelques dehors plus apparents, sur quelques plages avancées de notre monde intérieur. Mais notre empire s'arrête à ces frontières ; il n'atteint pas les parties obscures et inconnues de nous-mêmes.

Les pensées que nous reléguons ne nous obéissent qu'en apparence. Refoulées, elles se réfugient plus loin, dans le for intime de notre être ; poursuivies jusque-là, elles se retirent plus loin encore, dans je ne sais quelles fibres, où elles règnent sur nous, malgré nous, à notre insu. Elles nous deviennent imperceptibles comme les vibrations qui nous échappent par leur ténuité. Insaisissables, elles travaillent sans relâche et composent la trame de notre existence. Surtout, elles se dérobent à notre volonté ; elles nous régissent et nous ne pensons jamais à elles, tout occupés de l'apparent, du superficiel, en nous et hors de nous.

Mystères qui nous enveloppent encore, je ne dis pas dans le ciel ou sur la terre, mais dans la moëlle de nos os, dans nos fibres, dans nos nerfs. Il n'est pas besoin pour rencontrer l'inconnu de nous perdre dans la région des astres. Ici tout près de nous, en nous est l'insaisissable.

Dans la physiologie, chaque nerf a son histoire. On explique ainsi la volonté, c'est-à-dire, ce qu'il y a de plus actuel, par un état précédent, une sensation antérieure qui persiste comme souvenir ; il n'est pas distinct et je ne sais où il est enfoui. Est-ce qu'il agit sans être perçu ? Peut-être. La vie, en ce qu'elle a de plus spontané, ne serait donc qu'une série de réminiscences qui s'engendrent et se perpétuent l'une l'autre, vibrations d'une corde qui s'enchaînent dans une suite continue ? Mais, véritablement, ne suis-je qu'une réminiscence sans objet, un écho sans voix ? Par delà ces échos qui remontent à l'infini, je discerne, j'entends clairement une voix qui est la mienne. Tout l'infini ne peut l'étouffer.

De la même manière que le monde est fait, en

grande partie, d'êtres imperceptibles qui construisent les continents, pareillement l'homme est tout rempli de perceptions obscures, de sentiments inconscients qui sont le fond de son être et auxquels il ne songe jamais.

Aujourd'hui encore, il est comme un continent, un monde dont on n'a reconnu que les grèves, les falaises, quelques paysages côtiers et les promontoires escarpés. Mais l'intérieur de ce monde, et dans cet intérieur, les formations successives, les dépôts séculaires, l'ouvrage accumulé des agents imperceptibles, voilà une *terra incognita*. J'ai tenté dans cet inconnu, un voyage de découvertes.

CHAPITRE VII.

LOI DU MÉLANGE DES RACES DANS L'HISTOIRE UNIVERSELLE.

C'est une loi de la vie nouvellement aperçue, que les races des plantes et des animaux gagnent à être mêlées, croisées avec des races, des souches, des lignages différents. La plante gagne en grandeur, l'oiseau en beauté, le mammifère en puissance, tous en fécondité. Au lieu que le même végétal, le même animal, s'ils ne s'allient à aucune des variétés de leur espèce, et seulement à des parents rapprochés, tendent l'un et l'autre à diminuer, à se détériorer, sinon à s'éteindre.

Ceci donne de grandes lumières sur les choses humaines; car il est certain que les peuples qui ne se sont point mélangés, ont pu avoir une époque de floraison brillante. Mais cette époque a été courte. Ceux-là seulement ont parcouru une vaste carrière, à travers des temps différents, qui se sont mélangés à d'autres peuples de même race, soit par la guerre, soit par la paix, soit par la fusion de deux cités en une seule, soit au moins par l'alliance intime de populations diverses dans une même fédération.

Par là se découvre une des causes de la stagnation des anciens empires orientaux. Les races ne s'y mélangeaient pas; elles étaient superposées les unes aux autres, sans s'unir. Cela formait le monde des castes, où aucune race ni variété ne prêtait sa vie aux autres : toutes restant indéfiniment étrangères; nulle fusion, nul mariage, chacune ayant sa loi, sa langue, presque ses dieux. Les temps se suivaient sans amener aucun changement apparent. L'Afrique entière versait en vain ses peuples dans l'Égypte, l'Asie dans l'Inde. Stérilité qui ressemblait à la mort.

Le premier mélange des races se fit en Grèce; aussi est-ce en Grèce que le mouvement de la vie semble commencer. Les Spartiates qui se tinrent le plus à l'écart, qui se mêlèrent le moins au reste de la famille hellénique eurent une époque splendide; ce ne fut qu'un moment. Une fois le déclin commencé, on a peine à les reconnaître. L'isolement continuant pour eux, la décadence fut irrévocable.

Alexandre achève de détruire la Grèce que nous aimons. Mais il en allie les restes aux barbares de Macédoine et d'Orient. La plante dépouillée reverdit; elle pousse de nouvelles branches, sinon aussi belles, du moins plus riches, plus opulentes, plus spacieuses que les précédentes. STATURA PORTENTOSA, AMBITUS VASTISSIMUS : ces caractères donnés par le naturaliste aux plantes croisées, sont aussi ceux qui spécifient le mieux, l'ancienne Grèce de Thémistocle, croisée ou mariée par Alexandre avec la Grèce de Macédoine, d'Égypte et de Phrygie. Alliance d'où naquit à la place du beau, le colossal.

Comment le monde romain a-t-il pu s'étendre et se perpétuer? Par une loi analogue. D'abord les patriciens et les plébéiens vivaient en face les uns des autres comme deux races ou deux variétés végétales ou animales. Cela compose les premiers temps de Rome. Plus tard, la vieille souche du Palatin se croise avec la race sabine.

Les plébéiens, en obtenant le mariage avec les patriciens, suivent la loi même de la vie. Nouvelle époque pour Rome. Enfin, les races diverses de l'Italie entière finissent par être admises et par épouser la Rome ancienne et moyenne. La plante romaine qui s'alanguissait reçoit une dernière forme. Elle ombrage le monde. AMBITUS VASTISSIMUS.

Quand des races humaines, trop éloignées, sont réunies et mariées forcément par la volonté, le caprice d'un conquérant et d'un maître, qu'arrive-t-il? Précisément ce qui se passe, lorsque la fantaisie d'un horticulteur ou d'un éleveur unit des espèces végétales ou animales trop éloignées l'une de l'autre. Il en résulte des hybrides qui, le plus souvent, ne peuvent se reproduire et disparaissent.

Cambyse, Attila, Tamerlan, Gengis-Khan, en contraignant des races absolument étrangères, de s'épouser sous le glaive, qu'ont-ils fait? De grands empires hybrides qui se sont trouvés incapables de se propager et de durer au delà de deux générations. J'en dis autant de l'empire de Charlemagne, et à plus forte raison, de celui de Napoléon. Marier ensemble les Saxons et les Italiens, Moscou et Cadix, Hambourg et Rome, c'était sortir des conditions et des lois de la vie. L'empire hybride dura moins que l'empereur.

N'oublions pas les Arabes de Mahomet. Ils parurent un moment marier l'une à l'autre toutes les races humaines de l'Indus à l'Euphrate, au Nil, au Guadalquivir, au Rhône. Mais ces épousailles des races sous le cimeterre ne produisirent qu'un empire hybride; il tomba d'autant plus promptement en Occident, que l'union entre les races arabes et latines y fut toujours impossible.

Aujourd'hui, ce qui achève la décadence des Arabes, c'est qu'ils ne peuvent et ne veulent s'allier à aucun des rameaux florissants des races humaines.

Sans sortir d'une même espèce, vous parvenez quelquefois à former une plante monstrueuse, une fleur double que la nature ne produirait pas. Plus composée, elle ne vit qu'à force d'art, déguisant sa pauvreté réelle et ses infirmités, sous la magnificence et le luxe, d'ailleurs sans âme et sans parfum. Le Bas-Empire est une production de ce genre, sa beauté n'est que luxe et stérilité. Société double, il lui manque aussi le parfum qui s'exhale des sociétés premières.

Ceci explique bien des choses autrement inconcevables, par exemple, pourquoi des races humaines qui ne se sont alliées à aucune autre, telles que la race juive, sont tombées prématurément dans la décrépitude; pourquoi, après son contact avec ses congénères de Chaldée, à Babylone et à Ninive, cette même race juive, presque disparue, a eu une époque de renaissance et d'épanouissement, où elle a reverdi; pourquoi, n'ayant plus été mélangée depuis ce temps-là, elle a recommencé à s'éteindre, sans trouver une seule occasion de se réparer et de revivre.

Ce n'est pas, comme on le répète, le seul dogme de la fatalité qui fait la ruine des Turcs d'Europe et d'Asie. La vraie cause est celle-ci : ils se sont séparés de leur souche native, éparse dans les steppes; et il ne leur a servi de rien de tenir sous leur joug des races étrangères, la grecque et la latine, puisqu'ils n'ont pu s'unir à elles. C'est la même situation qui amène le dépérissement d'un groupe végétal ou animal, lorsqu'il est séparé de ses congénères et que l'individu ne peut plus se retremper dans la race, ni la race dans l'espèce.

Ce sujet m'entraînerait trop loin. Il faut me borner ici aux conséquences qui nous tiennent de plus près. Abrégeons :

Première conséquence : ce que j'aperçois d'abord, c'est une lumière qui peut éclairer les peuples de nos jours sur un des points les plus importants de leur destinée. Tous sont entraînés à se rattacher étroitement à leur nationalité. Rien de mieux, assurément ; mais qu'ils y prennent garde ! Sous couleur de nationalité, il ne faudrait pas arracher de son sein toutes les variétés de race que le temps a rassemblées. On stériliserait l'arbre de vie au lieu de l'émonder.

Où se rencontrent plusieurs variétés de races humaines, il n'est pas bon de les assujettir à une seule qui finit par étouffer les autres. D'où il suit que la confédération qui laisse subsister chaque variété est la forme sociale par excellence, telle qu'elle résulte aujourd'hui de l'universelle expérience des lois de la vie dans la nature et dans l'homme.

C'est une richesse et non une pauvreté pour une nation, de contenir des variétés de l'espèce humaine, quand le temps les a mariées l'une avec l'autre. Ce serait désobéir aux lois de la vie que de vouloir séparer ce qu'il a uni.

Qui doute que la race allemande par l'Alsace, l'armoricaine par la Bretagne, l'ibère par les Pyrénées, sans parler de la race latine par la Provence et par le Nord, ne soient toutes nécessaires à la richesse comme à la fécondité de cette fleur composée qu'on appelle la France? Qui doute que si l'on séparait ces groupes divers sous prétexte de les affranchir, ils ne seraient stérilisés et la plante-mère condamnée au dépérissement? Toutes ensemble se fécondent l'une l'autre; isolées, elles ne retrouveraient pas l'ancienne vigueur première; elles décroîtraient.

Ainsi s'éclaire la question aujourd'hui si obscure des nationalités. Ne tranchez pas dans le vif jusqu'à ôter la vie.

Expérience. — Voulez-vous assister à une expérience (1) gigantesque où ces problèmes se décident pour tout un monde? Regardez l'Amérique. La nature elle-même y travaille, sous vos yeux, à former un nouveau monde civil. Comment s'y prend-elle?

Des points principaux du vieux monde arrivent

(1) J'ai montré une autre face de cette expérience dans mon ouvrage, *La Révolution*. T. II, p. 607.

des migrations annuelles et comme des représentants des variétés principales de l'espèce humaine. Les races allemandes, anglo-saxonnes y sont surtout en foule ; la race gallique y arrive par les Irlandais ; la race latine y est semée dans les anciennes colonies françaises. Ces souches différentes ne sont point étouffées par une seule. Au contraire, elles subsistent au moyen de la confédération ; en sorte que, suivant la loi de vie que nous avons reconnue, les races épousent les races, les variétés épousent les variétés ; d'où résultent une force d'accroissement, une fécondité sociale qui étonnent le monde.

Comme personne n'agit en vertu d'un plan réfléchi, il semble que ce soit la nature seule qui fasse tout dans cet édifice d'un nouvel ordre social. En le construisant sous nos yeux, sur des fondements gigantesques, en rassemblant, groupant ces cent millions d'hommes (chose inconnue jusqu'ici), elle nous montre ses propres lois, celles de la distribution des êtres organisés, appliquées à l'origine, à la formation, à l'extension d'une grande société humaine.

CHAPITRE VIII.

EXPLICATION D'UN VERS D'HOMÈRE PAR LA PALÉONTOLOGIE.

J'arrive à une vérité cruelle, odieuse, qu'il faudrait cacher sous la terre, si vous n'êtes décidé à en tirer les conséquences qu'elle renferme.

Vous m'annoncez votre dernière découverte ; tous les savants vous confirment. Je ne puis en douter ; vous avez trouvé que la capacité matérielle du crâne humain diminue, de classe en classe, à mesure qu'augmentent l'ignorance, l'inertie de l'esprit, la captivité de l'intelligence, la misère. Le Français du moyen âge avait la tête physiquement plus étroite que le Français moderne. La même inégalité de cerveau se montre dans les cimetières des pauvres et dans les cimetières des riches (1).

Voilà le dernier mot de la science. Tirez, je vous prie, vous-même, la conséquence qu'elle porte avec elle. Il s'ensuit qu'imposer aux peuples l'inertie de l'intelligence, ou, ce qui revient au même, leur ôter la liberté, ce n'est pas seulement attenter à leur vie morale, à leur droit (chose sans doute peu importante!); c'est encore dégrader en eux les organes physiques des facultés qu'il ne leur est plus permis d'exercer.

Ce n'est pas seulement étouffer l'âme; c'est ravaler le corps, mutiler le cerveau, rétrécir le crâne, faire reculer la nature humaine dans la série des êtres organisés.

Réciproquement, les peuples qui s'abandonnent à un maître, ne livrent pas seulement leur esprit; ils livrent bien réellement leurs corps; ils subissent le rapetissement du crâne, la dégénération des lobes cérébraux. Ils sont en toute vérité dimi-

(1) L'ensemble des observations de Broca présente le résultat remarquable, que le crâne de la population parisienne a évidemment augmenté de capacité dans le cours des siècles.

Vogt. *Leçons sur l'homme.* 3ᵉ leçon, p. 113, 1865.
De Ferry. *Discours de réception*, p. 19, 1867.

nués de la tête, *diminuti capitis,* comme le disait de l'esclave le droit romain, par une singulière intuition de la vérité physiologique.

J'ai moi-même montré ailleurs que le moyen âge italien avait eu un pressentiment de ce genre, quand il distinguait les hommes en deux classes, le peuple gras, le peuple maigre; l'un qui développait ses organes, l'autre qui les laissait atrophier.

Qui eût pu mesurer la capacité crânienne des Romains avant et après le césarisme, eût certainement trouvé une diminution des arcades frontales.

Voilà pourquoi les peuples se ressemblent si peu à eux-mêmes avant ou après la servitude; pourquoi les mêmes paroles ne produisent plus du tout sur eux les mêmes effets; pourquoi ils deviennent insensibles à ce qui les passionnait, ennemis de ce qu'ils aimaient, fiers de ce qu'ils méprisaient. On a beau essayer de leur parler la langue du juste; elle n'entre plus dans leurs oreilles, et pourquoi? Je l'ai dit : ce n'est pas seulement leur âme qui a changé; ce sont leurs organes. La tête, en se déformant, est devenue trop étroite pour donner accès à ces grandes divinités, justice, vérité, raison. Elles ne pourraient entrer qu'en pliant les genoux et se ravalant jusqu'à terre.

Mais, chose étonnante, faite pour rendre l'espoir aux désespérés ! Ces mêmes populations dont l'apathie et la misère servile ont aplati le cerveau, si elles sont jetées, par hasard, dans la liberté, y recouvrent leurs organes. La capacité frontale se retrouve après deux ou trois générations.

C'est ce qui se voit dans les Irlandais de Flews, qu'un dernier instinct de salut a poussés à émigrer dans les États-Unis. Ils étaient arrivés, *diminués de la tête*, presque retombés dans le type australien. Après deux générations, sur un sol libre, mieux nourris sans doute et d'un meilleur pain, mais aussi d'idées nouvelles, enveloppés, peut-être, malgré eux, de l'âme d'un grand peuple, recueillis, comme les petits du sarigue, dans le sein de l'Amérique, ils y reçoivent une seconde naissance. Ils semblaient être retournés à l'âge de pierre ; ils redeviennent l'homme moderne. Et qui a fait ce prodige? La liberté.

Ainsi, la question du despotisme a changé. La science impartiale a démontré deux choses :

la première, qu'asservir un peuple, c'est le tuer matériellement ; la seconde, que consentir à être asservi, c'est le suicide du corps et de l'âme. Homère avait eu le pressentiment de cette vérité d'histoire naturelle, dans ces vers souvent cités : « Jupiter, à l'œil perçant, ôte la moitié de leur raison aux hommes qu'il fait esclaves (1). » La physiologie et l'anatomie ont confirmé le poëte.

Le despotisme n'est pas seulement la folie d'un maître, c'est le meurtre en grand.

La servilité n'est pas seulement l'abaissement moral. C'est la mutilation physique de la race.

Voyez donc combien les choses changent d'aspect. C'est la pensée active qui, dans le crâne humain, se creuse sa coupole. Lorsque la pensée disparaît, le crâne s'abaisse ; il revient au type simien. La coupole s'effondre, le Dieu s'en va ; reste la bête au fond de l'antre.

(1) Littéralement, « aux hommes qu'il a condamnés au jour-esclave. »

Ἥμισυ γάρ τε νόου ἀπαμείρεται εὐρύοπα Ζεύς
Ἀνδρῶν, οὓς ἂν δὴ κατὰ δούλιον ἦμαρ ἕλῃσι.

Cf. Plat. *De Leg.* vi, p. 301.

Quand on disait à l'homme que le despotisme extirpe l'âme, il en prenait cavalièrement son parti. Peut-être changera-t-il d'avis, quand il saura que le despotisme endommage en lui la boîte osseuse.

CHAPITRE IX.

QUELLE MORALE SE DÉDUIT DE LA CONNAISSANCE NOUVELLE DES LOIS DE LA NATURE. — APERÇU D'UN NOUVEAU MONDE MORAL. — ORIGINE DU MAL. — PEINTURE DE L'AME CRIMINELLE. — LE MAL DANS L'INDIVIDU, DANS L'ESPÈCE.

L'homme pourrait-il vivre sans art, sans poésie, sans morale, sans justice, sans conscience, sans raison ? Pourquoi non ? Il l'a pu, je l'ai vu ; et ce fut un grand bien pour moi. Autrement, j'eusse pu, comme tant d'autres, me mettre à l'adorer.

J'ai vu un temps où la conscience humaine était sinon morte, au moins ensevelie. J'ai cherché où et comment, dans cet évanouissement de l'âme, il serait encore possible d'orienter l'homme sur le plan universel de la nature ; car j'étais persuadé que ce plan devait s'accorder avec les lois de l'esprit.

Ne trouvant plus aucune lueur dans le cœur de l'homme, j'ai dû chercher dans les pierres cette âme que je ne découvrais plus en lui.

Je me suis épris des rochers, à mesure que j'ai trouvé l'homme plus dur. Voilà l'origine de ce livre.

Grand art, grande poésie, morale, justice, conscience, sont-ce là des espèces qui s'éteignent comme le dronte, le bouquetin des Alpes, l'aurochs de Lithuanie? Déjà les plus hautes cimes morales ont disparu (1); viendra-t-il un jour où toute élévation disparaîtra à son tour? Il y a des changements qui sont, non pas une suspension de vie, mais un changement de tempérament dans l'espèce humaine.

De tout ce que j'ai senti, éprouvé dans ma vie, ce qui m'a le plus étonné a été de voir avec quelle facilité les honnêtes gens acceptent les crimes consommés, dès qu'ils espèrent en profiter. Ils affectent d'abord de n'en rien savoir et ils les nient; bientôt ils leur trouvent tant d'excuses,

---

(1) Écrit en 1867.

tant de bons côtés, tant de louables intentions, qu'ils en font une vertu.

S'ils finissent par les blâmer d'un air distrait, c'est qu'ils ont cessé d'en tirer avantage.

Voilà ce que j'ai vu sur d'immenses proportions qui comprenaient l'espèce humaine, presque entière.

Qu'est-ce donc que la conscience humaine? Je le sais maintenant. La conscience est plus fragile que nous ne pensions. Elle peut disparaître, pour un temps, d'un peuple, même de l'espèce humaine presque entière et ne survivre que dans quelques rares individus oubliés, ensevelis vivants. Elle n'est pas ce fait indomptable, cette colonne d'airain que l'on imaginait. Bien souvent, c'est un roseau, moins encore si le vent se déchaîne. De là, cet échafaudage de religions, de systèmes, de codes; contreforts amassés pour soutenir ce brin d'herbe; bien souvent ils l'écrasent.

En tous cas, c'est une plante cultivée; si la culture manque, l'homme retourne à l'état sauvage; il produit des fruits barbares, empoisonnés pour celui qui s'en contente.

L'animal aussi a sa conscience. Si un chien a

dérobé, si un cheval ou un bœuf a manqué à sa tâche accoutumée, et si vous les châtiez, ils acceptent le châtiment; ils reconnaissent la vertu du fouet et de l'aiguillon; c'est la justice établie entre eux et vous. Les frappez-vous sans cause, ils se révoltent.

Dans cette échelle des êtres qui remplissent et mesurent les époques du monde, chacun d'eux reste conforme à lui-même. Chacun tient sa place dans le temps, sans usurper ni déroger. Le moindre bryozoaire, perdu dans l'abîme, a son caractère auquel il reste fidèle. C'est pour cela que chaque être peut être pris pour le représentant, non-seulement de son espèce, mais de l'univers contemporain.

L'homme seul a la faculté de retourner en arrière, de tomber au-dessous de lui-même, de redescendre les degrés qu'il avait franchis. Par là, il confond l'ordre universel, il dément le plan qui se découvre dans tout le reste. Il cesse d'être homme pour redevenir brute. Ce désordre, n'est-ce pas ce que nous appelons le mal?

Quand l'espèce humaine déroge, on peut dire qu'elle fait rebrousser la nature, qu'elle rentre dans le passé, qu'elle revient à certaines époques du monde, que le monde a dépassées. Le livre si bien ordonné des âges successifs où chaque date était exactement marquée par l'avénement des faunes et des flores est subitement brouillé par l'homme; il en mêle les pages toutes les fois que sa conscience se trouble. De l'œuvre la plus réglée il fait un chaos. Chaque crime est un anachronisme sanglant.

Supposez qu'à un certain jour, les espèces actuelles se dénaturent, qu'elles tentent de rentrer dans les moules brisés, qu'au lieu de monter dans l'échelle de vie, elles essayent de descendre, que l'oiseau se mette à ramper, que le mammifère, las d'allaiter, prenne les mœurs de l'ovipare, que le quadrupède, dégoûté de la marche, renonce à ses pieds et aspire à se clouer immobile au rocher, ce serait la confusion dans la vie universelle. Chaque être entrerait en révolte contre lui-même. Voilà le mal dans la nature.

Mais l'homme seul est capable de ce genre de désobéissance. Lui seul peut, à certains moments, renoncer à son espèce pour se ravaler dans les espèces inférieures. Ceci nous fait toucher du doigt aujourd'hui, mieux qu'on ne le pouvait hier, comment le mal est un désordre dans le plan universel des êtres.

Si les anciens moralistes eussent connu ces secrets de la terre, s'ils eussent vu les populations des différents âges du globe, se pousser l'une l'autre vers la condition actuelle, assurément ils en auraient tiré quelque règle pour retenir l'homme à son rang et l'orienter au milieu du monde.

Ils lui auraient dit : vois comme tous les êtres t'ont préparé, prophétisé, d'âge en âge. Reste à la place qui t'a été assignée par le travail de la vie universelle depuis l'origine des choses. Le moindre coquillage a son caractère que le monde n'a pu briser ni entamer. Aie donc aussi le tien : fais que toi aussi, tu puisses fournir ta médaille, sans la laisser altérer ou fausser au contact des choses.

Voici de fragiles animalcules qui ont su rester eux-mêmes à travers des millions de siècles, et résister sans fléchir au poids des Alpes. Garde donc aussi, toi, ton caractère humain ; porte-le en toutes choses, comme cette ammonite ou cette belemnite est demeurée fidèle à elle-même et à son espèce. Les siècles des siècles n'ont pu lui ôter son empreinte ; et toi, tu laisses la tienne s'effacer au moindre souffle qui passe.

Quand tu fais le mal, que fais-tu ? Sache-le, tu rentres dans les âges du monde où la conscience n'existait pas encore.

Effort monstrueux, de ramener la nature vers des âges où elle ne veut pas rentrer. Les plus imperceptibles des êtres te résistent en cela. Chacun, sans déchoir, reste à son rang de bataille, continue son œuvre, se plaît à son travail, s'élève vers la lumière. Même cet insecte laborieux que je viens de rencontrer ne se laisse pas convertir à retourner en arrière. Il veut laisser sa forme entière, telle qu'il l'a reçue, à sa postérité.

Nul ne se renie ici-bas que toi-même. N'espère pas faire rebrousser le monde vers le temps où la conscience manquait au monde.

L'homme, à l'origine de son histoire, n'est pas tombé d'un état supérieur ; c'est le contraire qui est vrai. Quand il déchoit, il retourne à l'état antérieur d'où il s'était élevé. Il sort de l'humanité ; il rentre dans l'animalité du monde tertiaire, par une sorte de régression, vers des ancêtres sans postérité.

La vieille nature gronde toujours au fond de la nature humaine; si l'homme ne fait effort pour se tenir à son rang, il retourne parmi les êtres inférieurs qui l'ont précédé, et du milieu desquels il a surgi. Déchéance, mésalliance avec un monde dont la nature vivante ne veut plus. Il retombe dans ces cercles souterrains du passé, bons en leurs temps, exécrables dans le nôtre, s'ils tentaient de renaître. L'homme criminel essaye de les ramener. Il veut faire reculer le flot des choses.

Sa chute n'est pas chose antique, elle est actuelle, spontanée, volontaire. Par le crime, il se précipite du haut de la chaîne des êtres, au-dessous du ver de terre.

Toute la nature travaille obscurément à s'élever jusqu'à la conscience de l'homme de bien, faîte et couronnement de l'univers. Lors donc que l'homme se sépare de la conscience, il se précipite du sommet des êtres. Voilà la chute.

S'il rentre dans la classe des êtres sans mémoire, s'il prend l'âme de l'hydre ou du chat de caverne, il sort des conditions de l'univers actuel; il en renverse la loi; il fait le mal.

Ainsi l'homme criminel offense tous les êtres;

il découronne l'univers, il décapite l'œuvre des siècles; la terre en gémit.

Quelle avidité de proie, quelle cruauté! Quelles embuscades tendues de tous côtés! Quels plis et quels replis pour étouffer le plus faible!

De qui parlez-vous? est-ce de l'homme ou de l'animal? De l'homme.

Tout cela eût été bien, dans le temps où régnaient les reptiles. Cette âme de colère eût été à sa place. On eût dit : Cette gueule endentée et sanglante, voilà le chef-d'œuvre de la nature. Mais, aujourd'hui, dans le cœur de l'homme, cela s'appelle crime, péché, chute. Et quelle chute, que de tomber en un clin d'œil, de la culture actuelle, dans la région morale des reptiles grouillant de l'époque secondaire!

« Tu portes au dedans de toi le sanglier d'Érymanthe, l'ours de caverne, le lion de Némée. Dompte-les (1). »

J'ai fait quelquefois un effort d'imagination pour me placer, en esprit, dans la situation d'un criminel vulgaire qui va accomplir son crime. Je n'y ai jamais réussi et je suis persuadé que

---

(1) Cf. Épictète.

celui qui prétend y avoir réussi se vante. Il y a dans l'âme criminelle, un désordre, un bouleversement, un vertige, un retour furieux vers un état perdu de la nature. Ni logique ni imagination ne suffisent à rétablir pour nous un moment semblable.

Point de grand crime, sans un instant de folie. Ce n'est qu'un point si vous voulez. Mais ce point existe. Le criminel, aveuglé par son crime, a sa logique, son monde à part, qui ne sont ni notre logique, ni notre monde; il reprend des instincts qui sortent des conditions de notre existence actuelle. Il s'enfuit dans le passé, et croit s'y cacher. Mais le soleil qui nous éclaire le poursuit et le dénonce. Toute la nature actuelle s'écroule sous ses pas.

Peu de gens savent être de leur temps. Il y a toujours quelque partie de nous-même engagée et empêtrée dans les âges antérieurs. Tel vit au milieu de nous qui n'a pas dépassé le moyen âge. J'en connais qui datent des Mérovingiens. Aveuglément criminels, quelques-uns sont demeurés au degré des sauvages; il ne leur manque pour en être tout à fait, que des dieux cannibales. Dans le petit nombre qui sont de leur époque, combien peu le sont en toutes choses ! Après cela, montrez-moi ceux qui restent à la hauteur de cette année, de ce jour, de ce moment qui lui-même, pendant que je parle, est déjà suranné.

Le mal, n'est pas la rébellion contre un âge d'or dont on ne trouve aucune trace dans la réalité.

Chute primitive, fausse légende. La vérité au contraire, est que l'homme a peine à rester dans le rang où il est placé. Mille choses le sollicitent à déchoir de cette noblesse légitime ou usurpée, à revenir à son point de départ, à se perdre dans la plèbe des êtres aveugles ou muets d'où il a été tiré.

Ce n'est pas un roi de droit divin, à qui appartient la royauté, sans travail, sans science, sans vertu.

C'est un roi qui ne l'est que par sa volonté, sa pensée, son art, son effort quotidien. Là où ce travail s'arrête, l'homme recule dans la plèbe de l'univers ; le moindre des êtres, un ver de terre lui ôte la couronne.

Oter la liberté à l'homme, c'est donc le ramener à la bête, le refouler dans les âges antérieurs, où l'air de la justice lui manque pour respirer. Quel crime, pensez-vous! Oui, il n'y en a pas de plus grand. Eh! que direz-vous si au lieu d'un homme, je parle d'un peuple entier? (1)

(1) Hésiode: « Aux animaux, les Dieux ont assigné la loi du plus fort; à l'homme, ils ont prescrit la justice. »

CHAPITRE X.

QUE L'HOMME EST UN COMMENCEMENT.
L'HOMME DANS LE PLAN DE L'UNIVERS. — QUE L'AME VRAIE
EST SUR LE CHEMIN DE TOUTES LES VÉRITÉS.

Qu'est-ce donc que l'homme ? Un commencement, une ébauche ; il n'a que des commencements de vérité, de sagesse, de raison. Il n'est qu'à l'aube, à l'époque *Éocène* de la justice. Même vieux et mourant, c'est encore un embryon.

Dieu, qui aujourd'hui te voiles la face, ne laisse pas avorter la justice.

Nous voyons toutes choses comme un fragment. Notre intelligence n'atteint qu'un moment de la durée. Qu'est-ce que notre vie ? Une perpétuelle attente. Notre science même la plus sûre est intermittente et fiévreuse. A chaque pas, nous sentons qu'elle n'est qu'au début. Rien d'achevé. Nous-mêmes, que sommes-nous? Un fragment de nous-mêmes.

De nos sciences la plus féconde en douleurs est la politique. Pourquoi? Parce qu'elle est la plus fragmentaire. Morcellement, déchirement plutôt que science. Nous ne saisissons par elle que des embryons d'événements, des germes imprégnés d'avenir, des membres séparés d'un corps que nous ne voyons nulle part.

Qu'arrivera-t-il demain? Nous ne le savons, nous qui prétendons à l'éternité. O misère!

Le livre à demi entr'ouvert du monde fossile est un ancien testament qui demande une nouvelle exégèse. Croit-on vraiment que ce soit une idée digne de la majesté de Dieu que de le faire intervenir pour chaque apparition successive d'organisations; par exemple pour le mammifère insectivore que l'on vient de découvrir dans le trias? N'est-il pas plus conforme à la grandeur divine que chaque être naisse en vertu d'une loi, sans avoir besoin pour apparaître d'un miracle particulier à chaque règne, à chaque couche du globe, que dis-je, à chaque coquille nouvelle?

L'homme que l'on veut me faire adorer, est une créature encore si incomplète qu'il ne peut porter plus d'une idée à la fois. Hier, tout entier à l'esprit, il ne voyait pas la nature. Aujourd'hui, tout entier à la nature, il ne voit plus l'esprit. De grands hommes, et avant tous les autres Aristote, ont seuls suffi a embrasser ces deux mondes. Les autres se débarrassent de la moitié du fardeau en la niant.

Le matérialisme actuel est une hardie amputation d'une portion de la nature humaine pour en sauver quelque chose. Oui, coupez, amputez, retranchez; je ne m'en plains pas. Le cadavre est là sur les dalles. Peut-être le cœur se retrouvera-t-il et il finira par crier.

J'ai vu toute la nature graviter vers l'esprit c'est-à-dire, vers la liberté morale. Nier à l'homme qu'il est libre, ou ce qui revient au même lui affirmer qu'il l'est à l'égal du mollusque ou de l'arachnide, ou du reptile qui ne peuvent faire autre chose que ce qu'ils ont fait, c'est fermer les yeux à la marche des êtres; c'est contredire l'univers.

J'ai fait des choses qui m'étaient absolument insupportables. Je me suis abstenu d'autres qui dépendaient de moi et que je désirais de toute la force de mon cœur. Pourquoi ai-je agi ainsi ? Parce que j'ai commandé à la vieille nature qui continuait de ramper en moi, et elle n'a osé désobéir. Elle a exécuté, en esclave, en frémissant, avec horreur, ce qui lui a été ordonné. Un seul souvenir de ce genre réfute pour moi à jamais tous les docteurs de l'esprit-serf, évangélistes ou matérialistes.

Non, la moralité n'est pas seulement un don. Elle s'acquiert par l'effort ; elle s'affermit par la volonté ; elle grandit par la même loi qui fait que tout être lutte, combat, résiste dans la nature et dans l'homme. Qui s'excepte de cette loi se met en dehors de la nature et de l'humanité. Il tombe dans le sophisme, et le sophisme est le commencement du mal.

Un peuple entier peut-il faire du crime la vertu, et de l'iniquité le droit ? Il peut, en s'identifiant au crime, s'avilir, mais non le légitimer. Le peuple romain a eu beau applaudir aux crimes de ses Césars, il n'a pu les absoudre ; il n'a réussi qu'à se déshonorer, sans trouver ni merci, ni miséricorde devant la postérité.

Au lieu d'un peuple, mettez en compte l'espèce

humaine. Qu'elle s'évertue tant qu'elle voudra à ce jeu. Qu'elle essaye de piper les dés, de fausser les cartes ; qu'elle se vante de son nombre et de sa toute-puissance à étouffer le bien, à glorifier le mal. Je me ris de sa toute-puissance. Le nombre ne fait rien, ne peut rien, dans cette affaire. L'espèce humaine, innombrable et flétrie, ne sera qu'un zéro au prix de la conscience d'un homme de bien.

Qu'est-ce en soi que la guerre? Le retour au temps où l'humanité n'existait pas encore, le règne de la dent du serpent, de la griffe, de l'écaille, de la mâchoire endentée. L'homme disparaît. Il se revêt d'une cuirasse comme d'un système d'écailles rugueuses ; il s'arme de l'épée comme d'une griffe de lion ou de tigre. Le voilà redevenu lion, tigre, ours de caverne, serpent typhon. Le reconnaissez-vous?

Toutes les lois humaines suspendues, la parole faussée, c'est, dites-vous, l'état de guerre. Dites plutôt : c'est l'état de la vieille nature.

Si elle se prolongeait, que deviendrait l'homme? il n'en resterait que l'ébauche, le carnassier.

De la connaissance nouvelle de la nature, il y a donc une morale qui se déduit d'elle-même. La voici: Aidons en nous l'homme nouveau à paraître. Nous sentons (1) les ailes intérieures qui battent au dedans. Aidons cet être nouveau à sortir de sa chrysalide, à rompre son enveloppe, à prendre son essor. Dépouillons les écailles, les griffes du monde tertiaire.

Le dernier mot de la sagesse antique était de vivre selon le plan de la nature (2). Or, le dessein caché que les anciens ignoraient, vient de se dévoiler à nous. L'homme peut donc désormais s'adapter sciemment à l'ordonnance de l'univers, et achever en lui l'édifice sur le plan de l'architecte. Principe nouveau d'éducation.

Ne dis pas que la vie est triste. Elle est heureuse, tant que tu peux faire un progrès sur toi-même ; et tu le peux jusques à ta dernière heure.

(1) Voyez les œuvres posthumes d'un sage qui m'a soutenu de son amitié pendant les plus mauvais jours et dont je ressens la perte plus vive à mesure que la solitude devient plus grande. Quelqu'un l'a nommé un Vauvenargues plus âgé. Je voudrais y ajouter quelque chose d'Épictète. V. *Simples pages et pensées diverses*, par Théophile Dufour.

(2) Consentire naturæ. Secundùm naturam vivere, id est, virtute adhibità, frui præmiis à naturà datis. Cic. de fin. bon. Lib. II, II.

« Vois, examine de près, comme tous les
» êtres se transforment les uns dans les autres.
» Exerce à cela constamment ta pensée. Rien
» n'agrandit davantage l'esprit (1). »

Qui dit cela? qui fait de cette transformation des êtres, un des fondements de la morale? Est-ce un homme de nos jours? C'est Marc-Aurèle.

Par delà dix-huit siècles, il a entrevu le principe de la science de notre temps. En effet, une âme qui se tient droite au point le plus élevé de la nature humaine, se trouve dans le plan de la nature universelle; elle rencontre les vérités sur lesquelles repose le monde.

Avant que l'expérience les lui arrache, la nature confie d'avance ses secrets à la conscience du grand homme de bien; l'âme vraie est sur le chemin de toutes les vérités.

---

(1) Πῶς εἰς ἄλληλα πάντα μεταβάλλει,... Οὐδέν γὰρ οὕτω μεγαλοφροσύνης ποιητικόν. Marc. Anton. Lib. X, II, p. 59.

CHAPITRE XI.

UNE PROPHÉTIE DE LA SCIENCE.

Les géologues qui se sont le mieux renfermés dans l'observation, laissent échapper des paroles qui sont pour moi un sujet de surprise toujours croissante. Si la poésie osait ouvrir de pareilles perspectives, on l'accuserait de s'être enivrée à la coupe des Ménades. Mais non. Les savants les plus circonspects nous jettent en pâture ces mots étranges : que la création n'est pas finie (1),

---

(1) « La création est-elle finie parce que l'homme est arrivé?..... L'induction, d'une part, et de l'autre un regard jeté sur le passé, pourraient nous faire entrevoir que la création n'est pas finie. » V. D'Archiac. *Introduction à l'étude de la paléontologie stratigraphique.* T. II, p. 467.

« Alors probablement, au moyen d'un de ces phénomènes biologiques dont Dieu seul a le secret, il arrivera sur la terre une nouvelle faune et une nouvelle flore. » Alphonse Favre. *Recherches géologiques.* T. III, p. 531.

qu'elle ne s'arrêtera pas à l'homme, qu'elle enfantera de nouvelles flores, de nouvelles faunes, un monde supérieur à l'humanité. Et sur cela, ils ferment leur livre et prennent congé de nous, comme s'il s'agissait de la proposition la plus simple du monde.

Pour nous, il en est autrement. Nous les avions pris pour guides, et ils nous ont conduits de rochers en rochers, d'observations en observations, au bord d'un précipice où le monde actuel disparaît. Pourquoi nous laissent-ils errants et désarmés, en face de cet inconnu où le plus ferme esprit a peine à se défendre du vertige? Pressons leur texte et voyons ce qu'il renferme.

Étrange prophétie que les naturalistes nous jettent en se jouant! Y ont-ils bien pensé? Savent-ils qu'elle surpasse toutes les prophéties des Isaïe et des Ézéchiel? Dans celles-ci il s'agissait presque toujours de pauvres empires, Égypte, Médie, Babylonie, condamnés à périr. Maintenant ce n'est pas d'un empire qu'il s'agit, c'est du genre humain lui-même. Sa disparition est annoncée; on lui marque ses jours. L'heure viendra où il ne sera plus, et pourtant la terre sera encore habitée. Ce dernier point est celui qui nous pèse le plus.

L'homme savait, en effet, qu'il n'est pas immortel ; mais jusqu'ici, il s'était persuadé que, s'il devait périr, tout ce qui a vie périrait avec lui. Il se figurait qu'il avait si bien pris possession de la terre, qu'elle ne pouvait désormais appartenir qu'à lui. L'idée d'avoir des successeurs n'était jamais entrée dans son esprit. Si jamais il venait à manquer au monde, le vide qu'il laisserait ne pourrait se combler ; tant il croyait avoir rempli de lui la terre et le ciel.

Toujours l'homme s'était représenté qu'il est devenu nécessaire à l'univers, en sorte, que lui disparu, l'univers aussi disparaîtra à son tour. Il s'était même imaginé qu'à l'origine des choses, sa chute seule a entraîné la chute de la nature entière ; tout s'était obscurci avec lui. Que serait-ce donc de l'anéantissement de son espèce ? sans doute, l'anéantissement de toute chose animée. Son dernier jour devait être un jour d'horreur pour l'univers.

Sans lui, plus de vie, plus de progrès, une terre vide et désolée, orpheline, qui porterait à jamais le deuil de l'homme disparu, le globe, devenu un sépulcre; partout le silence, le froid des continents déserts. Pour pleurer à jamais une si grande perte que celle de l'homme, il fallait le pleur éternel de la terre et des cieux.

Voilà comment ce demi-dieu se consolait de la mort par la mort de tout ce qui a vie aujourd'hui dans le monde. Quelle fleur oserait encore se montrer et s'épanouir, quel oiseau chanter, quand le monde serait dans un tel veuvage? Les étoiles même devaient tomber de la voûte du firmament.

Tout au contraire, il faut maintenant nous accoutumer à cette nouvelle, que l'homme passera, comme ont passé les ammonites et les roseaux primaires, et que d'autres vies plus complètes, sans doute meilleures que la sienne, s'épanouiront à sa place.

De tout le bruit qu'a fait le genre humain, que restera-t-il? Ce qui reste aujourd'hui du murmure des insectes dans la forêt carbonifère.

Eh quoi! est-il possible qu'un être supérieur à l'homme surgisse un jour, pour le dominer, comme l'homme domine maintenant les animaux? Cet être supérieur refoulera-t-il dans les bois, dans les îles, l'espèce humaine, comme nous refoulons à ce moment le bison ou le bouquetin ? Est-ce ainsi qu'elle est destinée à périr ?

L'orgueil de l'homme est aussi sa puissance ; il sait aujourd'hui qu'il est le roi de la nature, et cela l'aide à rester à la hauteur de son personnage. Mais, si tout à coup cette royauté absolue lui était disputée au coin de quelque rocher, s'il venait à rencontrer son maître, je crains bien qu'il ne perdît du même coup, ses facultés acquises. Car il n'est pas de ces rois qui survivent à leur détrônement. Après avoir été le souverain du globe, comment se le figurer l'animal domestique de son successeur ? Un tel mécompte l'accablerait ; la honte, la stupeur feraient le reste ; son âme le quitterait. Comme il ne pourrait accepter le second rôle, ni soutenir le premier, il sortirait de la scène.

Admettons, sur la terre, ce successeur de l'homme, cet héritier triomphant, tel que l'annoncent les géologues. Serait-il possible qu'il n'admirât pas, comme nous, nos arts, nos poëmes, la Vénus de Milo, Homère, Raphaël ? Au moins il respecterait notre géométrie. Oui, sans doute, mais peut-être comme nous respectons et admirons les hexagones de l'abeille et le nid de l'oiseau. Quel beau banc de polypiers, dirait-il ! il s'agirait du Parthénon. Quel beau chant d'oiseau ! ce serait l'Iliade.

Dans le pressentiment de l'immortalité, n'y a-t-il pas quelque chose qui répond aux avertissements de la science ? Par delà la mort et le tombeau, nous appelons un monde meilleur, des vies plus élevées, des formes plus belles, des êtres plus achevés ; c'est là une croyance que l'on n'arrachera pas du cœur de l'homme. Je ne voudrais pas borner cette croyance à n'être que la vision anticipée des développements de la vie, à travers les âges futurs géologiques ; il est certain que, dans cet instinct d'un monde meilleur, se trouve la loi qui est aujourd'hui révélée, publiée, manifestée par la science de la nature.

FIN DU TOME SECOND ET DERNIER.

TABLE

DU TOME SECOND

LIVRE SEPTIÈME

L'HOMME.

Pages.

CHAPITRE I. — Si la première époque de l'apparition de l'homme a été l'époque glaciaire ? — Tableau de cette époque. — L'homme et l'ours de caverne. — L'homme et le mammouth.................... 1

CHAP. II. — L'homme et le renne. — Première éducation de l'homme par l'animal. — Art du dessin de l'homme fossile. — Age du renne. — Comparaison avec l'état de l'homme dans la Sibérie actuelle....................................... 12

CHAP. III. — La France centrale à l'époque du renne 20

CHAP. IV. — Première idée de l'immortalité dans l'homme fossile. — Premier germe des religions et des dieux..................................... 23

Chap. V. — Que l'homme n'a pu naître à l'époque glaciaire.................................... 30

Chap. VI. — Une ère nouvelle. — Disparition du renne de l'Europe centrale....................... 36

Chap. VII. — Un pressentiment confirmé......... 39

LIVRE HUITIÈME.

LES PROPYLÉES DE L'HISTOIRE.

Chapitre I. — Premier refuge de l'homme. — Comment de chasseur, il est devenu pasteur. — Comparaison des castors cabanés et des lacustres...... 43

Chap. II. — Tableau de la vie lacustre. — Premier sommeil tranquille de l'homme. — Construction d'un village. — Pourquoi la cité lacustre ne grandit pas. — Embryon de l'histoire du peuple suisse.... 49

Chap. III. — Les trois âges dans la cité lacustre. — L'Ulysse hyperboréen. — Pourquoi les lacustres sont restés inconnus des anciens. — Sacrifices humains dans l'âge de fer. — Comment l'homme peut devenir plus industrieux et plus cruel. — Parti que les anciens poëtes auraient tiré des lacustres. — La vierge contemporaine de l'ours de caverne et Iphigénie en Tauride........................ 58

Chap. IV. — Découverte du feu. — Premier effet de cette découverte sur l'esprit de l'homme. — Comment le premier foyer est devenu le principe des religions et des civilisations. — L'histoire humaine vue dans son embryon. — Premier chant des bergers pour évoquer le feu. — Naissance du monde civil.................................... 65

Chap. V. — Embryon des religions. — Comment le principe des cultes est né du premier foyer. — Nativité du Dieu. — Sacrifices, Oblation. — L'Enfant divin. — Le Dieu pasteur. — L'Oint. — Le Sauveur. — Le Médiateur. — Incarnation, Dieu triple. — Que les divinités grecques sont un reflet du premier foyer. — Comment Agni du Rig-Véda est devenu Apollon pasteur............................ 75

Chap. VI. — Premier moment d'éclat de la société humaine. — Pourquoi cette première forme de religion est plus près de nous que la religion des Grecs et des Romains. — Le monument le plus ancien de la parole. — Les hymnes de l'Himalaya expliqués par les Alpes...................... 83

LIVRE NEUVIÈME.

PALÉONTOLOGIE DES LANGUES. — LES LOIS DE LA VIE ET DE LA PAROLE.

Chapitre I. — Le langage des oiseaux............ 97

Chap. II. — Comment se forment les variétés et les dialectes dans les chants ou les langues d'oiseaux..................................... 115

Chap. III. — Les langues de l'âge de pierre. — Que les premiers éléments de la philologie comparée ont été découverts par les naturalistes.......... 123

Pages.

Chap. IV. — Ce que les mythologies doivent à la langue des oiseaux. — Explication d'une partie des métamorphoses.................................... 134

Chap. V. — Rapports de l'anatomie comparée et de la philologie comparée. — Comment l'une de ces sciences conduit à l'autre...................... 142

Chap. VI. — Si la science du langage appartient aux sciences naturelles ou aux sciences historiques et morales.. 145

Chap. VII. — Création simultanée de l'anatomie comparée et de la philologie comparée.............. 151

Chap. VIII. — Comment les langues meurent et renaissent.. 154

Chap. IX. — Application des lois de l'histoire naturelle à la science des langues et réciproquement. — Qu'est-ce que l'espèce en philologie? — Que la vie et la parole ont les mêmes lois................. 166

Chap. X. — La génération des langues. — Embryogénie de la parole humaine.................... 178

Chap. XI. — Application à l'art d'écrire........... 198

Chap. XII. — Langues mortes. — Langues fossiles. — Application de la paléontologie à la formation des langues néo-latines....................... 202

LIVRE DIXIÈME.

PRINCIPES D'UNE SCIENCE NOUVELLE. PARALLÉLISME DES RÈGNES DE LA NATURE ET DE L'HUMANITÉ.

Pages.

CHAPITRE I. — Quelles sont les lois de l'histoire universelle qui peuvent s'appliquer à l'histoire du monde fossile et réciproquement. — En quoi l'historien et le naturaliste se ressemblent. — Unité de composition.................................... 225

CHAP. II. — Loi d'atavisme. — Retour aux ancêtres. — Archaïsme dans la nature. — Qu'il n'y a pas de ligne droite dans l'histoire...................... 233

CHAP. III. — Comment la véritable notion du progrès a été rétablie par l'histoire naturelle. — Les historiens corrigés par les naturalistes. — Que tout n'est pas progrès dans les êtres organisés, ni dans l'histoire universelle. — La nature s'est trouvée moins fataliste que l'homme..................... 240

CHAP. IV. — Loi des douze tables................. 246

CHAP. V. — Première application des lois sociales à la découverte des lois de la nature. — La division du travail 249

CHAP. VI. — Comment les lois de l'économie sociale peuvent servir à découvrir les lois de la nature vivante. — Malthus et Darwin................. 253

CHAP. VII. — Si les lois de l'histoire naturelle peuvent servir à découvrir les lois de l'économie politique et sociale. — Théorie des machines industrielles, comparées aux êtres organisés. — Qu'est-ce que le capital et le revenu de la nature ?......... 262

Chap. VIII. — Solution d'un problème d'histoire naturelle par l'histoire universelle.................. 269

Chap. IX. — Vérités de l'histoire universelle qui s'imposent à l'histoire naturelle. — Que les flores et les faunes s'enchaînent comme les empires. — Que le fil de la vie organique n'a jamais été brisé. 278

Chap. X. — Autres lois de la vie historique. — Comment elles peuvent passer dans l'histoire naturelle.. 284

Chap. XI. — Membres atrophiés dans les peuples. — Des organes rudimentaires dans la civilisation et dans le règne organique. — Des monstres dans l'art et dans la nature. — Quelle est leur signification ? — Le balancement des organes............ 289

LIVRE ONZIÈME.

PRINCIPES D'UNE SCIENCE NOUVELLE. PARALLÉLISME DES RÈGNES DE LA NATURE ET DE L'HUMANITÉ.

Chapitre I. — Préambule..................... 295

Chap. II. — Les origines de la vie................ 300

Chap. III. — L'origine des formes. — Comment des générations successives d'individus peuvent travailler sur un plan général qu'elles ne connaissent pas. — Une cité de bryozoaires. — Image de la première cité humaine........................ 305

Chap. IV. — Les époques des coquilles comparées aux époques des architectures humaines. — Que la succession des mêmes ordres d'architecture eût pu révéler d'avance la permanence des mêmes types d'organisation dans la même contrée............ 310

Chap. V. — Les lacunes dans la nature et dans l'histoire.................................... 319

Chap. VI. — Comment les types changent dans l'histoire universelle........................... 324

Chap. VII. — Les espèces prophétiques. — Les prophètes de la nature. — Application à la critique littéraire et philosophique.................... 329

Chap. VIII. — Si l'histoire confirme ou réfute la doctrine de l'embryogénie. — L'humanité, un embryon qui croît toujours.................... 334

Chap. IX. — Loi d'alternance et de régression. — Un principe nouveau de critique historique...... 342

Chap. X — La loi de sélection appliquée à l'histoire universelle. — Que sont les peuples élus? — Bossuet et Darwin................................ 348

LIVRE DOUZIÈME.

L'ESPRIT DE CRÉATION DANS L'HOMME. — CONCILIATION DE L'ORDRE MORAL ET DE L'ORDRE PHYSIQUE.

Chapitre I. — Comment se forme une science nouvelle...................................... 353

Chap. II. — Nouvelle conception de l'art, fondée sur la conception nouvelle de la nature............ 358

Chap. III. — Première alvéole de l'art humain. — Du rhythme dans la nature et dans l'homme. — Musique. — Poésie. — Le Dieu dans l'homme.... 363

Chap. IV. — Comment l'homme par l'art change l'animal. 367

Chap. V. — Confirmation des vérités morales et philosophiques. — Moyen de juger des découvertes par leur parallélisme avec les règnes de la nature. 370

Chap. VI. — De l'infiniment petit dans l'homme et dans la nature............................ 375

Chap. VII. — Loi du mélange des races dans l'histoire universelle................................ 380

Chap. VIII. — Explication d'un vers d'Homère par la paléontologie. 389

Chap. IX. — Quelle morale se déduit de la connaissance nouvelle des lois de la nature. — Aperçu d'un nouveau monde moral. — Origine du mal. — Peinture de l'âme criminelle. — Le mal dans l'individu, dans l'espèce...................... 395

Chap. X. — Que l'homme est un commencement. — L'homme dans le plan de l'univers. — Que l'âme vraie est sur le chemin de toutes les vérités....... 407

Chap. XI. — Une prophétie de la science........... 414

FIN DE LA TABLE DU TOME SECOND.

IMPRIMERIE L. TOINON ET Cᵉ, A SAINT-GERMAIN.

www.ingramcontent.com/pod-product-compliance
Lightning Source LLC
Chambersburg PA
CBHW072214240426
43670CB00038B/1477